Annette Zimmer · Eckhard Priller

Gemeinnützige Organisationen im gesellschaftlichen Wandel

Bürgergesellschaft und Demokratie
Band 7

Herausgegeben von
Ansgar Klein
Ralf Kleinfeld
Frank Nullmeier
Dieter Rucht
Heike Walk
Ulrich Willems
Annette Zimmer

Annette Zimmer · Eckhard Priller
unter Mitarbeit von Lilian Schwalb und Thorsten Hallmann

Gemeinnützige Organisationen im gesellschaftlichen Wandel

Ergebnisse der Dritte-Sektor-Forschung

2. Auflage

VS VERLAG FÜR SOZIALWISSENSCHAFTEN

Bibliografische Information Der Deutschen Nationalbibliothek
Die Deutsche Nationalbibliothek verzeichnet diese Publikation in der
Deutschen Nationalbibliografie; detaillierte bibliografische Daten sind im Internet über
<http://dnb.d-nb.de> abrufbar.

1. Auflage 2004
2. Auflage 2007

Alle Rechte vorbehalten
© VS Verlag für Sozialwissenschaften | GWV Fachverlage GmbH, Wiesbaden 2007

Lektorat: Frank Schindler

Der VS Verlag für Sozialwissenschaften ist ein Unternehmen von Springer Science+Business Media.
www.vs-verlag.de

Das Werk einschließlich aller seiner Teile ist urheberrechtlich geschützt. Jede Verwertung außerhalb der engen Grenzen des Urheberrechtsgesetzes ist ohne Zustimmung des Verlags unzulässig und strafbar. Das gilt insbesondere für Vervielfältigungen, Übersetzungen, Mikroverfilmungen und die Einspeicherung und Verarbeitung in elektronischen Systemen.

Die Wiedergabe von Gebrauchsnamen, Handelsnamen, Warenbezeichnungen usw. in diesem Werk berechtigt auch ohne besondere Kennzeichnung nicht zu der Annahme, dass solche Namen im Sinne der Warenzeichen- und Markenschutz-Gesetzgebung als frei zu betrachten wären und daher von jedermann benutzt werden dürften.

Umschlaggestaltung: KünkelLopka Medienentwicklung, Heidelberg
Druck und buchbinderische Verarbeitung: Krips b.v., Meppel
Gedruckt auf säurefreiem und chlorfrei gebleichtem Papier

ISBN 978-3-531-15692-7

Inhalt

1.	Einleitung	9
2.	**Der Dritte-Sektor-Ansatz und seine Begrifflichkeiten**	15
2.1	Bereichsbezeichnung und Steuerungslogik des Dritten Sektors	15
2.2	Zur Entwicklung des Ansatzes und der Dritte-Sektor-Forschung	18
2.3	Der Dritte Sektor im aktuellen gesellschaftspolitischen Diskurs	20
3.	**Der Dritte Sektor im internationalen Vergleich**	29
3.1	Dritter Sektor auch international lange Zeit Niemandsland	29
3.2	Anlage und Methodik des Johns Hopkins Comparative Nonprofit Sector Project	31
3.3	Zu den Ergebnissen des internationalen Vergleichs	38
4.	**Der deutsche Dritte Sektor – Überblick und Analyse**	45
4.1	Historischer Rückblick	45
4.2	Zur Struktur und Entwicklung des Sektors – eine Betrachtung auf der Makroebene	54
	4.2.1 Größe und arbeitsmarktpolitische Bedeutung des Sektors	54
	4.2.2 Zur ehrenamtlichen Arbeit	59
	4.2.3 Zur Finanzierung des Sektors	60
	4.2.4 Der Dritte Sektor in Ostdeutschland: Bilanz einer erfolgreichen Transformation	65
4.3	Ergebnisse der Organisationsbefragung	73
	4.3.1 Methodisches Vorgehen	73
	4.3.2 Organisationsstruktur und Tätigkeitsfelder von Nonprofit-Organisationen	75
	4.3.3 Finanzierung und Mittelerschließung	80
	4.3.4 Personal, Beschäftigung und Ehrenamt	85
	4.3.5 Probleme und Einschätzungen aus der Innenperspektive	102

4.3.6	Die Spezifik der Nonprofit-Organisationen in Ostdeutschland	107
4.3.7	Das Bild eines heterogenen Sektors	111

5. Bereichsspezifische Betrachtungen ... 117

5.1 Heterogenität durch Bereichsspezifik ... 117

5.2 Kultur ... 118

5.3 Sport ... 125

5.4 Umwelt und Naturschutz ... 132

5.5 Internationales ... 138

5.6 Gesundheit und Soziales ... 142

5.7 Identität und Image der Organisationen ... 147

6. Modernisierungstendenzen auf lokaler Ebene: Public-Private Partnership in Münster und Jena ... 157

6.1 Zum Hintergrund der Fallstudien ... 157

6.2 Verwaltungsmodernisierung und der Stellenwert von Nonprofit-Organisationen ... 157

6.3	Methodik und Feldbeschreibung		160
	6.3.1	Methodik	160
	6.3.2	Städteprofile im Vergleich	161
6.4	Der Bereich Soziale Dienste und Gesundheit		164
	6.4.1	Gesetzliche Rahmenbedingungen	164
	6.4.2	Zur Stellung des Nonprofit-Sektors	164
	6.4.3	Die interne Strukturierung des Nonprofit-Sektors in Münster und Jena	166
	6.4.4	Kommunale Förderung	170
	6.4.5	Kooperation zwischen Nonprofit-Organisationen und der Kommune	173
	6.4.6	Perspektiven und Trends	177

6.5 Der Bereich der Kinder-, Jugend- und Familienpolitik 181
    6.5.1 Gesetzliche Rahmenbedingungen 181
    6.5.2 Kommunale Förderung und Vergabepraxis 184
    6.5.3 Perspektiven und Trends 187

6.6 Der Bereich Kultur 188
    6.6.1 Kontextbedingungen und historisches Erbe 188
    6.6.2 Trägerstrukturen in Münster und Jena 189
    6.6.3 Kommunale Förderung und Vergabepraxis 191
    6.6.4 Perspektiven und Trends 195

6.7 Kooperationen zwischen Nonprofit-Organisationen und der Kommune in Münster und Jena 197

7. Perspektiven 207

7.1 Der Dritte Sektor als Arbeitsmarkt und Wirtschaftskraft 207

7.2 Strategiefähigkeit des Dritten Sektors 212

7.3 Reformunfähigkeit des Staates – Beibehaltung überholter Rahmenbedingungen 215

8. Literatur, Materialien und Quellen 221

8.1 Literatur 221

8.2 Weitere Materialien 234

1. Einleitung

Gemeinnützige Organisationen gehören seit langem zum festen Bestandteil moderner Gesellschaften. Obwohl sie historisch auf eine lange Vergangenheit zurückblicken und aus dem alltäglichen Leben nicht mehr wegzudenken sind, weiß man über ihre Strukturen, Leistungen und bisher nicht genutzte Potenziale vergleichsweise wenig. Eine der Ursachen ist darin zu sehen, dass sie im Unterschied zu anderen gesellschaftlichen Akteuren wie Wirtschaftsunternehmen, dem Staat mit seinen Einrichtungen und Institutionen, der Familie und dem einzelnen Bürger bislang in der Wissenschaft und Politik kaum Beachtung fanden. Bestehen zur Untersuchung und Betrachtung der anderen Gesellschaftsbereiche umfangreiche und detaillierte statistische Erfassungs- und Analysesysteme sowie zahlreiche hochspezialisierte wissenschaftliche Institute und Lehrstühle, fehlen diese im Bereich der gemeinnützigen Organisationen fast völlig. Erst in den letzten Jahren wurde damit begonnen, diesen weißen Fleck auf der Landkarte sozialwissenschaftlichen Wissens durch Ergebnisse aus empirischen Untersuchungen auszufüllen (Salamon et al. 1999; Bode 1999; Betzelt/Bauer 2000; Evers 1998) und die Thematik in ausgewählte Ausbildungsrichtungen und in die Akademische Lehre einfließen zu lassen (Schauer et al. 2002: 399ff.).

Der vorliegende Band stellt Ergebnisse eines der Forschungsprojekte vor, das in Deutschland eine Pionierrolle auf diesem Gebiet hatte. Mit dem von der Hans Böckler Stiftung geförderten Forschungsprojekt „Arbeitsplatzressourcen im Nonprofit-Sektor – Beschäftigungspotenziale, -strukturen und -risiken" standen dabei jene Aspekte im Mittelpunkt, die den besonderen Stellenwert der gemeinnützigen Organisationen – sie werden in ihrer Gesamtheit auch als Nonprofit- oder Dritter Sektor bezeichnet – für die Zukunft der Arbeit ausmachen. Mit den vorliegenden Ergebnissen sollen vor allem folgende Fragen beantwortet werden: Welche arbeitsmarktpolitische Relevanz hat der Dritte Sektor? Können die Organisationen die in sie gesetzten Erwartungen als Wachstumsbranche des Arbeitsmarktes in Deutschland erfüllen? Wie sehen die Beschäftigungsverhältnisse in den Organisationen aus und wie verändern sie sich? Welche spezifischen Unterschiede und Besonderheiten weisen einzelne Bereiche des Tätigkeitsspektrums der Organisationen auf? Wie kommunizieren die Organisationen mit ihrer Umwelt und welche spezifischen Arrangements gehen sie mit ihr ein?

Angesichts anhaltend hoher Arbeitslosigkeit und weitgehend fehlender oder nicht spürbar greifender Maßnahmen auf dem Arbeitsmarkt sind gerade Fragestellungen, in denen nach Antworten für die Schaffung neuer Arbeitsplätze gesucht wird, von hoher Aktualität. Dass dabei alle Bereiche der Gesellschaft eine kritische Durchleuchtung erfahren müssen (vgl. Kocka/Offe 2000), gehört bislang noch nicht zur Normalität. Stattdessen werden neue Arbeitsplätze nur in der Wirtschaft erwartet. Der Dritte Sektor wird in dieser Frage eher als minderwertiger Konkurrent oder als mehr oder weniger notwendige Bürde betrachtet. Mit der Einbeziehung des Dritten Sektors in die Diskussion zur Schaffung von Arbeitsplätzen sowie zur Bestimmung des Platzes und der Funktionen gemeinnütziger Organisationen in der Gesellschaft findet der Betrachtungshorizont eine wesentliche Erweiterung.

Vorrangig wurde im Rahmen des Forschungsprojekts untersucht, welche interne Strukturierung der Sektor in unterschiedlichen Arbeitsfeldern und Tätigkeitsbereichen aufweist und welche Ressourcen- und Finanzierungsstrukturen diese auszeichnen. Durch eine bereichsspezifische Betrachtung der Beschäftigungspotenziale des Sektors wurden zudem die jeweils spezifischen Bedingungen und Entwicklungsperspektiven unterschiedlicher Arbeitsbereiche berücksichtigt.

In engem Bezug zu den Entwicklungspotenzialen des Sektors steht die Frage nach den Beschäftigungsstrukturen seiner Organisationen. Zugewinne an Arbeitsplätzen ergeben sich in der Gesamtwirtschaft mehrheitlich aufgrund von Veränderungen der Beschäftigungsformen. Ein herausgehobener Stellenwert kommt hierbei der Flexibilisierung von Beschäftigung zu. Die vorliegende Studie folgt diesem Kontext und fragt, inwiefern Entwicklungstrends des Arbeitsmarktes Dritter Sektor denen der Gesamtwirtschaft entsprechen bzw. davon abweichen. Die Herangehensweise ist dadurch in gewisser Hinsicht auch anschlussfähig an die Debatte über Arbeit als Tätigkeit und selbstbestimmtes Handeln, da sie einen Überblick über die ehrenamtlich im Nonprofit-Sektor geleistete Arbeit vermittelt.

In den Diskursen über die „Zukunft der Arbeit" wurden gemeinnützige Organisationen als Akteure jenseits von Markt und Staat in Deutschland bis Anfang der 1990er Jahre des letzten Jahrhunderts kaum beachtet (Priller et al. 1999: 12). Die gestiegene Aufmerksamkeit, die ihnen in den darauf folgenden Jahren zukam, ist heute unter der Dominanz neoliberaler Konzepte erneut einer weitgehenden Ignoranz und einer nur geringen Aufmerksamkeit gewichen. Dies steht in einem deutlichen Gegensatz zu gesellschaftlichen Modernisierungsdebatten, in denen dem Sektor und seinen gemeinnützigen Organisationen im Rahmen einer beschäftigungsorientierten und gleichermaßen gesellschaftspolitisch-integrativen Politik ein doch beachtlicher Stellenwert beigemessen wird (Dettling 1995, 1998; Rifkin 1998; Beck 1997, 1997a, 1997b, 2000). Will man die Bedeutung des Sektors und seiner Organisationen im Kontext einer zukunftsorientierten Gesellschaftspolitik angemessen beurteilen, kommt man nicht umhin, die Multifunktionalität von Dritte-Sektor-Organisationen in die Betrachtung mit einzubeziehen. Denn gerade aufgrund der Multifunktionalität seiner Organisationen entzieht sich der Sektor einer einseitigen ökonomischen Sichtweise, in der gemeinnützige Organisationen ausschließlich als Arbeitsplatzressourcen betrachtet werden. Vielmehr erfahren der Sektor und seine Organisationen heute auch als infrastrukturelle Basis von Zivilgesellschaft eine hohe Wertschätzung. Neben der innovativen Funktion bei der Modernisierung der Gesellschaft, dem Beitrag zur Wohlfahrtsproduktion durch die Erbringung von Dienstleistungen wird Dritte-Sektor-Organisationen ferner aufgrund ihrer Integrations-, Partizipations- und Interessenartikulationsfunktionen ein hoher Stellenwert beigemessen (Anheier et al. 2000; Simsa 2001).

Besonders herauszustellen ist, dass die Untersuchung „Arbeitsplatzressourcen im Nonprofit-Sektor" in ein großes internationales Forschungsprojekt eingebunden werden konnte. Es handelt sich dabei um das Johns Hopkins Comparative Nonprofit Sector Project (Salamon/Anheier 1994, 1998), das bis heute Ergebnisse zu 32 Ländern zusammengetragen hat (Salamon et al. 2003) und hinsichtlich des Umfangs und der Detailliertheit eine einmalige Datenbasis liefert. Für die Realisierung des Vergleichs erwies es sich für Abstimmungs- und Synergieeffekte als vorteilhaft, dass für beide Projekte – den Länderreport Deutschland des Johns Hopkins Comparative Nonprofit Sector Project sowie für das Projekt der Hans Böckler Stiftung „Arbeitsplatzressourcen im Nonprofit-Sektor" – die Autoren dieses Bandes zuständig waren. Beide Vorhaben sind zwar auf die Erforschung des Nonprofit-Sektors ausgerichtet, allerdings mit unterschiedlicher Akzentsetzung. Das Johns Hopkins Comparative Nonprofit Sector Project nimmt eine Beschreibung und Vermessung des Sektors sowie seiner einzelnen Bereiche auf nationaler Ebene vor und liefert hauptsächlich Angaben zu deren wirtschaftlichem Stellenwert auf der Makroebene. Das Forschungsprojekt „Arbeitsplatzressourcen im Nonprofit-Sektor – Beschäftigungspotenziale, -strukturen und -risiken" basiert hingegen überwiegend auf Angaben gemeinnütziger Organisationen bzw. untersucht deren Strukturen, Aktivitäten, Beziehungen und betrachtet damit vor allem die Mesoebene. Letztlich werden aus beiden Betrachtungsebenen Aussagen zur Situation und zur Entwicklung des Dritten Sektors in Deutschland möglich. Dennoch ist an dieser Stelle die Unterschiedlichkeit der Herangehensweise hervorzuheben.

Die im Folgenden vorgestellten Ergebnisse basieren somit auf einem Projekt- und Methodenmix. So wurde die Position des deutschen Nonprofit-Sektors im internationalen Vergleich hauptsächlich im Rahmen von sekundärstatistischen Analysen aus dem Datenmaterial der amtlichen Statistik sowie ausgewählter Organisationen ermittelt. Eine ausführliche Beschreibung des methodischen Vorgehens findet sich im Kapitel „Der deutsche Nonprofit-Sektor im internationalen Vergleich", in dem maßgeblich die Ergebnisse der deutschen Teilstudie des Johns Hopkins-Projektes vorgestellt werden. Die Aussagen zur Beschäftigungsstruktur sowie zur Entwicklung der Beschäftigungsformen in Nonprofit-Organisationen gehen im Wesentlichen auf die Ergebnisse einer im Jahr 1998 durchgeführten postalischen Befragung zurück, bei der ein bereichsspezifisch gewichtetes Sample des deutschen Nonprofit-Sektors verwandt wurde und an der sich mehr als 2.000 Organisationen beteiligten. Auf das methodische Vorgehen bei der Organisationsbefragung wird explizit im Kapitel „Ergebnisse der Organisationsbefragung" eingegangen. Die Einbettungsstruktur von Nonprofit-Organisationen auf der lokalen Ebene wurde in ausgewählten Bereichen durch Fallstudien auf der Basis einer Dokumentenanalyse sowie mittels leitfadengestützter Experteninterviews erhoben; nähere Angaben zum methodischen Vorgehen der Fallstudien finden sich im Kapitel „Modernisierungstendenzen auf lokaler Ebene – Public-Private Partnership in Münster und Jena".

Die vorliegende Studie umfasst empirisch gesicherte Aussagen zur arbeitsmarktpolitischen Bedeutung des Sektors in Deutschland insgesamt, zu seiner Bedeutung in den neuen Bundesländern und in unterschiedlichen Arbeitsbereichen und Tätigkeitsfeldern. Die Betrachtung der Beschäftigungsentwicklung des Sektors erfolgt sowohl aus retrospektiver wie auch aus prospektiver Sicht. Neben den Beschäftigungsstrukturen wird auf die Entwicklung der verschiedenen Beschäftigungsformen eingegangen und es werden die Potenziale für Beschäftigungszuwächse sowie die Risiken von Beschäftigungsabbau dargestellt. Die bereichspezifische Einbettung von Nonprofit-Organisationen in den kommunalen Kontext wird anhand von lokalen Fallbeispielen betrachtet, wobei der Einbettung des Sektors in die Kommune ein wichtiger Stellenwert zukommt. Historisch bedingt ist die lokale Ebene nicht nur das zentrale Tätigkeitsfeld von Nonprofit-Organisationen, aufgrund der Tradition der Selbstverwaltung sind die Kommunen auch die Hauptansprechpartner und Förderer des Nonprofit-Sektors in Deutschland (Zimmer 1997).

Der vorliegende Band ist in sieben Kapitel gegliedert. Nach der Einleitung wird im zweiten Kapitel im Rahmen von Begriffsbestimmungen der Dritte-Sektor-Ansatz vorgestellt und besonders auf die unterschiedliche Kontextbindung und die Multifunktionalität der gemeinnützigen Organisationen eingegangen.

Im dritten Kapitel wird der Nonprofit-Sektor Deutschlands im internationalen Vergleich betrachtet, wobei die arbeitsmarktpolitische Bedeutung im Zentrum steht. Die Aussagen basieren vor allem auf den Ergebnissen des Johns Hopkins Comparative Nonprofit Sector Project, beziehen aber auch andere Untersuchungsresultate mit ein.

Daran anschließend behandelt das vierte Kapitel die arbeitsmarktpolitische Relevanz des Sektors im Vergleich zu den Konkurrenzbereichen Markt und Staat in Deutschland. Ausgehend von einem historischen Rückblick zum Dritten Sektor werden die interne Strukturierung des Sektors nach Tätigkeitsbereichen und Arbeitsfeldern beleuchtet sowie die Ressourcenausstattung unter Einbeziehung der Faktoren Ehrenamtliches Engagement und Freiwillige Arbeit bereichsspezifisch dargestellt.

Im fünften Kapitel erfolgt eine differenzierte Betrachtung ausgewählter Bereiche des Sektors. Neben Gemeinsamkeiten werden die Unterschiede der Bereiche Gesundheit und Soziales, Kultur, International tätige Organisationen, Umwelt und Sport diskutiert und Fragen von Image und Identität der Organisationen behandelt.

Im anschließenden sechsten Kapitel werden Nonprofit-Organisationen in ihrer Funktion als Dienstleister vor Ort betrachtet, am Fallbeispiel der Universitätsstädte Münster und Jena wird untersucht, welche Bedeutung dem Sektor im Rahmen der kommunalen Daseinsvorsorge zukommt, auf welcher Grundlage Nonprofit-Organisationen und Kommunen jeweils zusammenarbeiten und ob vereinigungsbedingte Unterschiede zwischen den beiden Städten festzustellen sind.

Das abschließende siebente Kapitel behandelt die Perspektiven des Nonprofit-Sektors in Deutschland anhand der vorhergehenden Ergebnisse.

Zur Erstellung dieses Bandes haben neben den Autoren weitere Kolleginnen und Kollegen beigetragen, denen wir an dieser Stelle herzlich danken möchten. Dank schulden wir Thorsten Hallmann und Lilian Schwalb, die an der Überarbeitung der Manuskripte beteiligt waren. Ursula Gerlach hat die technische Fertigstellung der Manuskripte tatkräftig unterstützt. Dank gilt auch all jenen Kolleginnen und Kollegen, die an der Organisationsbefragung und deren Auswertung sowie an der Durchführung der Fallstudien beteiligt waren.

Besonderen Dank möchten wir der Hans Böckler Stiftung und hier vor allem Gudrun Linne aussprechen, die das Projekt seitens der Stiftung tatkräftig begleitet hat. Ihre Unterstützung und die Mittel der Stiftung haben die Durchführung und Realisierung des Projekts erst ermöglicht.

2. Der Dritte-Sektor-Ansatz und seine Begrifflichkeiten

2.1 Bereichsbezeichnung und Steuerungslogik des Dritten Sektors

Gemeinnützige Organisationen begegnen uns im täglichen Leben in unterschiedlichen Funktionen und Varianten. Ob in der Freizeit, in der Kultur, bei sozialen Diensten oder in lokalen, beruflichen und anderen politischen Interessenvertretungen finden wir sie als Vereine, Verbände, Stiftungen, gemeinnützige GmbH oder auch in Form von Selbsthilfegruppen und Bürgerinitiativen. Neben gemeinschaftlicher Freizeitgestaltung, Aufgaben der Wohlfahrtspflege und humanitärer Hilfe zählt politisches bzw. bürgerschaftliches Engagement zum Funktionsspektrum der Organisationen. In dieser Hinsicht sind sie auch in der Lage, Gegenöffentlichkeiten und Potenziale des gesellschaftlichen Wandels zu mobilisieren. Das hat sich nicht nur am Beispiel der vielfältigen Projekte, Initiativen und Szenen der Alternativbewegung der 1970er bis 1990er Jahre des letzten Jahrhunderts gezeigt, sondern trifft heute ebenso für Aktivitäten der Globalisierungskritiker zu. Die eminente Bedeutung dieser Organisationen wurde auch in Situationen politischen Umbruchs und grundlegender gesellschaftlicher Neuorientierung, wie in den ost- und mitteleuropäischen Transformationsländern, sichtbar. Nicht nur hier sind Armutsbekämpfung, Verhinderung und Verminderung von politischer und sozialer Ausgrenzung, gesundheitliche und soziale Betreuung sowie sinnvolle Freizeitgestaltung wichtige Tätigkeitsfelder von Dritte-Sektor-Organisationen.

Das Aktivitätsspektrum zeigt bereits, dass ein nicht unbeträchtlicher Teil der Aktivitäten dieser Organisationen über jene Formen hinausreicht, die reine Geselligkeitsvereine auszeichnen. Ihre Tätigkeiten reduzieren sich also nicht auf Mitgliedertreffen zur Durchführung selbstorganisierter und selbstfinanzierter Aktivitäten, sondern das Tätigkeitsspektrum von Dritte-Sektor-Organisationen bedingt zum Teil den Einsatz beträchtlicher organisatorischer, finanzieller und personeller Ressourcen. Damit sind Dritte-Sektor-Organisationen nicht nur ein sozialer und politischer, sondern gleichzeitig ein wirtschaftlicher Faktor und ein Ort von Beschäftigung. Letzteres vor allem deshalb, weil sich bestimmte Aktivitäten nicht primär über ehrenamtliches und sonstiges freiwilliges, unbezahltes Engagement organisieren und durchführen lassen. Sowohl durch die Größe der Organisationen, den Umfang ihrer Tätigkeiten als auch durch die Notwendigkeit, ihre Leistungen in einer bestimmten Qualität bereitzustellen, ist bei einer ganzen Reihe eine Professionalisierung und die Beschäftigung von Hauptamtlichen erforderlich. Was macht nun das Besondere dieser Organisationen aus? Warum ist zur Bezeichnung der Gesamtheit der gemeinnützigen Organisationen der Sektorbegriff gerechtfertigt? Was konstituiert den spezifischen gesellschaftlichen Bereich, in dem gemeinnützige Organisationen tätig sind, als eigenständigen Sektor jenseits und in Abgrenzung zu den Konkurrenzsektoren Markt und Staat?

Bei der Bezeichnung Dritter Sektor handelt es sich nicht um einen Terminus technicus, sondern eher um eine Bereichsbezeichnung oder genauer um ein heuristisches Modell. Danach dient der Dritte Sektor zur Charakterisierung eines Bereichs, der durch die Pole Staat, Markt und Gemeinschaft bzw. Familie begrenzt. Den Dritten Sektor konstituieren jene Organisationen, deren Handlungslogik einem eigenen Steuerungsmodus folgt und nicht mit der der Konkurrenzsektoren Markt und Staat übereinstimmt. So zeichnen sich Dritte-Sektor-Organisationen in Abgrenzung zur öffentlichen Verwaltung durch ein geringeres Maß an Amtlichkeit aus. Im Unterschied zu Firmen und Unternehmen besteht ihre Zielsetzung nicht in der Gewinnmaximierung, sondern sie unterliegen dem so genannten *nondistribution constraint*. Dies bedeutet, dass Gewinne zwar erwirtschaftet, aber nicht an Mitglieder oder Mitarbeiter ausgeschüttet, sondern wieder in die Organisationen reinvestiert werden müssen. Und schließlich unterscheiden sich Dritte-Sektor-Organisationen aufgrund ihrer formalen Organisationsform auch von gemeinschaftlichen Gebilden wie etwa Clans oder Familien, da die Mitgliedschaft und Mitarbeit in Dritte-Sektor-Organisationen auf Freiwilligkeit und damit auf einer individuellen Entscheidung beruht (Seibel 1992: 445; Zimmer 1996; Priller/Zimmer 2001: 209ff.). Organisationen des Dritten Sektors zeichnen sich also durch eine eigene Handlungslogik, spezifische Funktionen und spezielle organisatorische Strukturen aus.

Wenn der Terminus Dritter Sektor zur Kennzeichnung eines gesellschaftlichen Bereichs verwendet wird, der „zwischen" Staat, Markt und Privatsphäre angesiedelt ist (vgl. Bode 2000: 49; Reese 1987: 2; Schuppert 1995: 139; Pankoke 1998: 252) und der sich aufgrund der spezifischen Handlungslogik seiner Organisationen vom Staat und Markt unterscheidet, erhält die Frage nach dem ihm eigenen Steuerungsmodus besonderen Stellenwert. Bei diesem Steuerungsmodus handelt es sich um „Solidarität" bzw. um gesellschaftliche „Sinnstiftung". Während Steuerung im Sektor Staat nach der Handlungslogik „Hierarchie" oder „Macht" erfolgt, funktioniert der Sektor Markt über „Wettbewerb" oder „Tausch". Im Dritten Sektor hingegen greifen zum einen „Solidarität" als altruistische, wechselseitige Hilfeorientierung (Reichard 1988: 367) sowie zum anderen „Sinn", wobei diese Steuerungslogik durch die Facetten sozialer Sinn, Gemeinsinn sowie auch Eigensinn untersetzt ist (Pankoke 1998: 253).

Ohne kontinuierlichen Zufluss der Ressourcen „Solidarität" und „Sinn" sind Dritte-Sektor-Organisationen, im deutlichen Gegensatz zu marktwirtschaftlichen aber auch staatlichen Einrichtungen, nicht überlebensfähig. Insbesondere der Solidarität kommt als Motiv, Motivation sowie als Medium der Handlungskoordination von Mitgliedern, Mitarbeitern sowie Förderern ein zentraler Stellenwert zu. Dabei können die Formen der solidarischen Unterstützung höchst unterschiedlich ausfallen. Zu nennen sind hier die freiwillige Mitarbeit und das bürgerschaftliche Engagement der Bürgerinnen und Bürger, aber auch Geld- und Sachspenden. Eine ebenso große Bedeutung kommt der solidarischen Unterstützung der Werte und Ziele zu, die durch Dritte-Sektor-Organisationen als „Wertgemeinschaften" vertreten werden. Insofern bildet der Sektor in modernen, funktional ausdifferenzierten und an ökonomischer Effizienz orientierten Gesellschaften ein Refugium sozialer Logik, die nicht in erster Linie auf dem Kalkül des individuellen Nutzens beruht. Aus modernisierungstheoretischer Sicht bilden Dritte-Sektor-Organisationen ein Relikt der „Vormoderne", weil sie dem Geleitzug der funktionalen Ausdifferenzierung gesellschaftlicher Teilbereiche nur bedingt gefolgt sind (Zimmer 1996).

In Deutschland deckt der Dritte Sektor ein weites Spektrum von Organisationen ab, das Sport- und Kulturvereine ebenso einschließt wie die den Wohlfahrtsverbänden angeschlossenen karitativen Einrichtungen oder die Initiativen im Bereich Ökologie, Kultur oder Selbsthilfe. In der Fachdiskussion findet sich für die Charakterisierung dieses weiten Organisationsspektrums neben den Bezeichnungen Dritter und Nonprofit-Sektor auch noch die Bezeichnung intermediärer Bereich (Bauer 1992; Evers 1995). Damit wird auf die integrative Funktion der Organisationen verwiesen, die in gewisser Weise ein Bindeglied zwischen dem Individuum und der Gesellschaft darstellen. Durch aktive Teilnahme in Form ehrenamtlichen Engagements sowie durch Mitgliedschaft wird der Einzelne in den gesamtgesellschaftlichen Kontext integriert, wobei den Organisationen in der Tradition von Talcott Parsons wesentliche Integrations- und Sozialisationsaufgaben zugesprochen werden. Gleichzeitig gelten die Organisationen in Anlehnung an demokratietheoretische Überlegungen in der Tradition von Alexis de Tocqueville und Max Weber als maßgebliche Bestandteile einer zivilgesellschaftlichen Infrastruktur, auf die ein demokratisches Gemeinwesen nachhaltig angewiesen ist. Hierbei wird vor allem auf die partizipative Funktion von Dritte-Sektor-Organisationen Bezug genommen (Anheier et al. 2000). Diese demokratietheoretische Bedeutung des Sektors wurde lange Zeit kaum berücksichtigt; erst in jüngster Zeit gewinnt dieser Aspekt in Verbindung mit der Debatte über bürgerschaftliches Engagement, Zivilgesellschaft und soziales Kapital zunehmend an Bedeutung, wie sich anhand der Veröffentlichungen der Enquete-Kommission „Zur Zukunft des bürgerschaftlichen Engagements" (Enquete-Kommission 2002) leicht nachvollziehen lässt.

2.2 Zur Entwicklung des Ansatzes und der Dritte-Sektor-Forschung

Ihren Ursprung haben Begriff und Ansatz des Dritten Sektors in den Vereinigten Staaten. Der Soziologe Amitai Etzioni hat zu Beginn der 1970er Jahre auf die Existenz einer dritten Alternative „a third alternative, indeed sector (...) between the state and the market" aufmerksam gemacht. Sein inzwischen berühmt gewordener Aufsatz „The Third Sector and Domestic Mission" (Etzioni 1973) wurde zu einer Zeit veröffentlicht, die Ralf Dahrendorf als sozialdemokratisches Zeitalter charakterisierte. In Europa ging man damals davon aus, dass es zu einer Konvergenz der Systeme bzw. zu einer Annäherung von Kapitalismus und Sozialismus kommen werde. Demgegenüber begann man in den USA bereits die Neoliberalen zu rezipieren. Mit seinem Hinweis auf eine Alternative zwischen Staat und Markt steuerte Etzioni zu Beginn der 1970er Jahre im doppelten Sinne gegen den Trend. Den Europäern zeigte er, dass der Staat nicht alles regeln kann, und dass, falls er dies doch versucht, über kurz oder lang Überlastungs- und Ermüdungserscheinungen eintreten werden. Die Amerikaner warnte er davor, zuviel vom Markt zu verlangen. Die Zielsetzung seines Artikels bestand darin, neue Wege der Erstellung von Leistungen und Diensten im öffentlichen Interesse und für das allgemeine Wohl aufzuzeigen. In diesem Kontext wurden Dritte-Sektor- oder Nonprofit-Organisationen von ihm als *organizations for the future* charakterisiert, die in der Lage seien, bei der Dienstleistungserstellung die positiven Seiten des Marktes und des Staates miteinander zu verbinden.

Insofern nahmen sich zunächst die Verwaltungswissenschaften des unbekannten Terrains Dritter Sektor an. Hierbei war in den USA entscheidend, dass die Reagan-Administration nicht nur in erheblichem Umfang den Rotstift bei den Sozialausgaben ansetzte, sondern ihr Kürzungsprogramm gleichzeitig mit dem Hinweis verband, dass der *Independent Sector,* die Dritte-Sektor- oder Nonprofit-Organisationen, die durch Kürzung der staatlichen Gelder entstandenen Lücken schließen sollten (Zimmer 1997a: 65ff.). In den USA ging man damals noch davon aus, dass die Finanzierung von Dritte-Sektor-Organisationen überwiegend durch Spendenleistungen erfolge. Wie die Ergebnisse u.a. des Johns Hopkins-Projektes zeigen sollten, war und ist dies jedoch nicht der Fall (vgl. Kapitel 3.3 Abbildung 3.3.3).

Wissenschaftstheoretisch wurde der Dritte-Sektor-Ansatz in den USA primär von den Wirtschaftswissenschaften aufgegriffen und weiterentwickelt. Im Zentrum stand hierbei die Frage, wie die Existenz von Organisationen erklärt werden kann, deren Gründung für den betreffenden Entrepreneur nicht mit einem individuellen Nutzen verbunden ist. Namhafte US-Ökonomen wie Avner Ben-Ner (1986), Henry Hansmann (1987), Estelle James und Susan Rose-Ackerman (1986) sowie Bert A. Weisbrod (1988) führten die Existenz des *Third Sector* als Reaktion auf Markt- und Staatsversagen zurück (Bauer 2001: 168; Zimmer/Scholz 1992).

Im Unterschied zu den USA etablierte sich eine Dritte-Sektor-Forschung in Europa eher zögerlich. Zudem standen im Gegensatz zur eher ökonomischen Orientierung in Nordamerika Aspekte der speziellen Handlungslogik von Dritte-Sektor-Organisationen, wie „Solidarität", „Gemeinwohlorientierung", „gesellschaftliche Nützlichkeit", „soziale Gerechtigkeit" oder „Verantwortung gegenüber der Gesellschaft" stärker im Mittelpunkt des Begriffsverständnisses. Daher wurden in einer Reihe von Ländern genossenschaftliche Formen der Selbstorganisation in die Betrachtung mit einbezogen (Bauer 2001: 168). Andererseits wurden Organisationen, die nicht primär „sozialaltruistische" Zielsetzungen verfolgten, wie etwa Sport oder Hobbyvereine, kaum beachtet. Ferner wurden zunächst auch keine Bezüge zwischen dem Dritte-Sektor-Ansatz und der sich in Deutschland wie in den USA dynamisch entwickelnden Forschung zu Neuen Sozialen Bewegungen hergestellt.

Vielmehr rückten speziell in Deutschland in Zuge der Neo-Korporatismusforschung ab Mitte der 1980er Jahre im Kontext der Beschäftigung mit dem Dritten Sektor steuerungstheoretische Motive in den Vordergrund. Rechts- und Verwaltungswissenschaften wurden verstärkt mit dem Phänomen einer zunehmenden „Ausfransung des Staates durch Auslagerung und Verselbstständigung von Aufgaben und Organisationen, einer Tendenz zur Halbstaatlichkeit und Privatisierung (aber nicht in die Gewerblichkeit, sondern in die Freigemeinnützigkeit" (Ronge 1992: 55) konfrontiert. Die Dritte-Sektor-Forschung beschäftigte sich daher hier zunächst mit Fragen des *institutional choice* bzw. der bestmöglichen Organisationsform für die kostengünstige sowie effiziente Erledigung von Aufgaben von öffentlicher bzw. primär sozialpolitischer Relevanz (Badelt 1990). Hierbei wurde u.a. von Wolfgang Seibel (1991) kritisch die These der höheren Effizienz und Effektivität von Nonprofit-Organisationen reflektiert. In grosso modo blieb die Dritte-Sektor-Forschung in Deutschland dem verwaltungswissenschaftlichen Kontext verhaftet. Fragen der demokratietheoretischen Relevanz des Sektors und der gesellschaftlichen Integrationsleistungen seiner Organisationen wurden weniger thematisiert.

Inzwischen scheint sich hier allerdings eine Trendwende abzuzeichnen. Zwar wird die Bedeutung der Dritte-Sektor-Organisationen als kostengünstige und effiziente Dienstleister im Rahmen der Diskussion um den Umbau und die Modernisierung des Wohlfahrtsstaates nach wie vor relativ hoch eingeschätzt, gleichzeitig werden aber zunehmend die zivilgesellschaftliche Relevanz und der Beitrag von Dritte-Sektor-Organisationen für die Vertiefung und Weiterentwicklung der Demokratie diskutiert (Anheier et al. 2000). Dies gilt für die lokale und regionale Ebene ebenso wie für den internationalen Kontext (Klein 2000). Während in der kommunalpolitischen Forschung unter dem Leitmotiv der Bürgerorientierung verstärkt die Potenziale von Dritte-Sektor-

Organisationen für aktives Mitmachen und Mitgestalten behandelt werden, nehmen *Non-Governmental Organizations* als nichtstaatliche und nichtmarktliche Akteure in den Debatten der internationalen Politik einen zunehmend wichtigeren Stellenwert ein (Frantz/Zimmer 2002).

2.3 Der Dritte Sektor im aktuellen gesellschaftspolitischen Diskurs

In den aktuellen Debatten lässt sich daher ein deutlicher Unterschied im Vergleich zur Frühphase der Dritte-Sektor-Forschung feststellen. Zum einen sind die Grenzen zwischen den einzelnen Sub-Disziplinen wesentlich durchlässiger geworden. Dies gilt sowohl für die eher „von unten" argumentierende Forschung zu den Neuen Sozialen Bewegungen als auch für die stärker etatistisch orientierte Neo-Korporatismusforschung. Um bei der Metapher zu bleiben: Der Dritte Sektor scheint sowohl aus der Bewegungssicht oder „von unten" als auch aus der Perspektive der Neo-Korporatismusforschung, und damit eher „von oben", als wichtiger Bereich gesellschaftspolitischer Aktivität sowie Meinungs- und Konsensbildung akzeptiert und anerkannt zu werden (Zimmer 1997b; Alemann 1996: 5). Zum anderen liegen inzwischen valide Ergebnisse im Hinblick auf die Größe und die volkswirtschaftliche Bedeutung des Sektors in ausgewählten Ländern wie auch hinsichtlich seiner Potenziale als Raum für zivilgesellschaftliches Mitmachen und Mitgestalten vor. Dies ist nicht zuletzt ein wesentliches Verdienst des *Johns Hopkins Comparative Nonprofit SectorProject*, auf das noch näher einzugehen ist. Und nicht zuletzt wird der polyvalente Charakter der Organisation bzw. ihre Multifunktionalität im gesellschaftspolitischen Diskurs zunehmend stärker berücksichtigt (Evers et al. 2002).

Multifunktionalität bedeutet, dass Dritte-Sektor-Organisationen im Gegensatz zu Firmen und staatlichen Behörden nicht auf eine primäre Funktionswahrnehmung festgelegt sind, sondern sich durch einen Funktionsmix auszeichnen. Dabei sind Sportvereine, internationale Hilfsorganisationen wie soziale Dienstleister auf die Wahrnehmung unterschiedlicher gesellschaftlicher Funktionen an sich ausgelegt. Gleichwohl findet aufgrund der in ihnen greifenden Multifunktionalität eine Annäherung an die übrigen Sektoren statt. Mit der ökonomischen Funktion der Dienstleistungserstellung haben sie, wenn auch in unterschiedlicher Ausprägung, Anteil am Sektor Markt. Aufgrund ihrer Funktion der Bündelung, Artikulation und Vermittlung von Interessen sind sie gleichzeitig politische Akteure, die in den Sektor Staat hineinwirken. Darüber hinaus erfüllen sie als häufig lokal verankerte oder sich über Mitgliedschaft konstituierende Organisationen wichtige Funktionen der sozial-kulturellen Integration und Sozialisation. Gerade aufgrund dieser Multifunktionalität ist es Dritte-Sektor-Organisationen möglich, zwischen unterschiedlichen gesellschaftlichen Teilbereichen zu vermitteln (vgl. Bauer 1993). Die Organisationen des Dritten Sektors sind somit stets gleichzeitig Sozialintegratoren, Lobbyisten wie auch Dienstleister, wenn auch jeweils in unterschiedlicher Pointierung (vgl. Abbildung 2.3.1).

Abbildung 2.3.1: Multifunktionalität von Dritte-Sektor-Organisationen

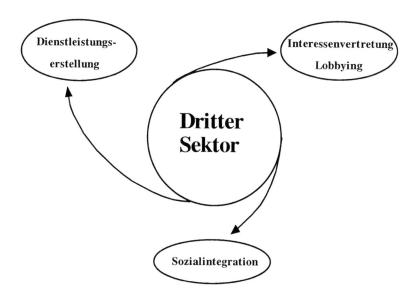

Quelle: Eigene Darstellung

Wurden die Multifunktionalität und der polyvalente Charakter von Dritte-Sektor-Organisationen lange Zeit eher als ihr Defizit angesehen (Seibel 1992), hat sich dies insofern grundlegend geändert, als sie vielmehr als Potenzial und Chance einer in die Zukunft gerichteten, weitergehenden Modernisierung betrachtet werden. Aufgrund der Multifunktionalität sind Dritte-Sektor-Organisationen für den Staat wie für die Bürger gleichermaßen interessant, obwohl diese mit den Organisationen jeweils sehr unterschiedliche Zielsetzungen verbinden. Der Bürger betrachtet Dritte-Sektor-Organisationen zum einen als gemeinschaftliches Moment und als Element gesellschaftlicher Integration und Sozialisation und zum anderen als mobilisierbare

Ressource gegen Staat und Politik bzw. als „Gegengewicht" gegenüber staatlicher Macht. Demgegenüber sind die Organisationen für den Staat interessant, weil man mit ihnen Politik sowohl legitimieren als auch umsetzen kann. Aus staatlicher Sicht sind Dritte-Sektor-Organisationen dank ihrer Multifunktionalität sowohl auf der Output-Seite als auch auf der Input-Seite des politisch-administrativen Systems verortet. Dritte-Sektor-Organisationen sind daher willkommene Partner der Politik. Dies gilt im Besonderen für sozialpolitisch relevante Bereiche, wie etwa das Gesundheitswesen oder die sozialen Dienste. Aber auch in den Bereichen Internationale Aktivitäten, im Umweltschutz oder selbst bei der Bürgerberatung kommt Dritte-Sektor-Organisationen in wohlfahrtsstaatlichen Systemen weltweit ein maßgeblicher Stellenwert zu (Gidron et al. 1992; Salamon et al. 1999). Auf der Input-Seite des politisch-administrativen Systems können Dritte-Sektor-Organisationen aus staatlicher Sicht zentrale Unterstützungsleistungen erbringen und damit wesentlich zur Legitimation staatlichen Handelns beitragen. Diese Qualität wird zunehmend von der Europäischen Union entdeckt, die in ihrem Weißbuch „Europäisches Regieren" Dritte-Sektor-Organisationen als „organisierte Zivilgesellschaft" charakterisiert, die „den Belangen der Bürger eine Stimme verleiht" (Europäische Kommission 2001: 28).

Auch folgt aus der Multifunktionalität eine Einbindung in unterschiedliche Diskurse. Insgesamt lassen sich gegenwärtig mindestens sechs unterschiedliche, oft zugleich in enger Verbindung stehende oder auch sich überschneidende Diskurszusammenhänge unterscheiden. Dabei handelt es sich um die Kontexte Wohlfahrtsproduktion, Sozialpolitik, Demokratie, Zivilgesellschaft, soziale Integration und Zukunft der Arbeit, auf die jeweils kurz eingegangen wird (vgl. Abbildung 2.3.2). Die Zusammenhänge zwischen diesen Kontexten und dem Dritten Sektor lassen sich wie folgt beschreiben.

Wohlfahrtsproduktion und Dritter Sektor

Anlass für die „Entdeckung" des Dritten Sektors als Wohlfahrtsproduzent war die sich zu Beginn der 1970er Jahre in des USA abzeichnende „politische Wende" vom Keynesianismus der Nachkriegszeit zum immer noch aktuellen Neoliberalismus. Zu denjenigen, die damals bereits Zweifel an einseitigen „Patentrezepten" in Richtung der „Selbstheilungskräfte" des Marktes anmeldeten, zählte der Soziologe Amitai Etzioni (1973). Seiner Meinung nach waren bereits damals Innovationen und zukunftsweisende Konzepte weder ausschließlich vom Markt noch vom Staat zu erwarten. Er setzte auf den Dritten Sektor, weil dessen Organisationen die spezifische Qualität haben sollten, so effizient zu arbeiten wie Unternehmen, aber dies nicht im Interesse einer individualistischen Bereicherung, sondern für die Allgemeinheit und für das Allgemeinwohl.

Abbildung 2.3.2: Konsequenzen unterschiedlicher externer
Kontextbedingungen für den Dritten Sektor

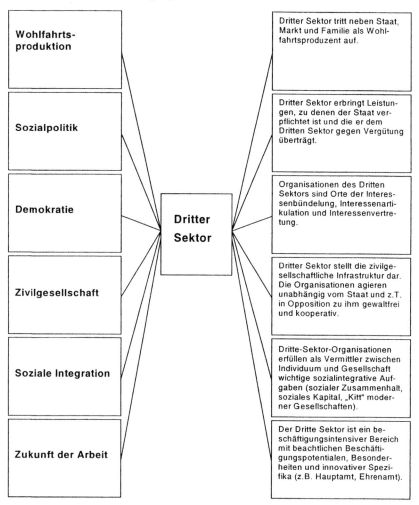

Quelle: Eigene Darstellung

Indem Dritte-Sektor-Organisationen Unterstützungsleistungen bereitstellen, sind sie als soziale Dienstleister tätig – etwa in Form der Wohlfahrtsverbände, als Beschäftigungsgesellschaften oder auch als Sport- und Kulturvereine. Auf der Output-Seite des Systems sind sie damit als Hersteller von sozialen Dienstleistungen alternative Wohlfahrtsproduzenten. Alternativ in Bezug auf den Markt, für den sich die Einsatzfelder „rechnen" müssen, sowie den Staat, der offensichtlich nicht weiter ausbaufähig ist und sich bei der Deckung von vorhandenem und neuem Bedarf sowie bei Innovationen schwer tut. Der Vorzug von Dritte-Sektor-Organisationen ist, dass sie durch ihre Innovationsfähigkeit bei der Erstellung von Leistungen relativ schnell auf gesellschaftliche Bedürfnisse reagieren und damit Wachstumsbranchen besetzen können. Die Ressource Solidarität sowie die Möglichkeit, auf multiple Finanzquellen in Form von Zeit- und Geldspenden der Bürger, auf staatliche Zuschüsse und die Eigenerwirtschaftung von Mitteln zurückgreifen zu können, ermöglichen außerdem ein Engagement über eine enge, reine Wirtschaftlichkeit hinaus.

Sozialpolitik und Dritter Sektor

Im Rahmen der Sozialpolitik greift der Staat auf unterschiedliche institutionelle Arrangements bzw. auf vier Grundtypen von Leistungsproduzenten zurück: zentrale und lokale Dienstleistungserbringer der öffentlichen Hand, private gewinnorientierte Unternehmen, Dritte-Sektor-Organisationen sowie informelle Leistungssysteme von Familie und Nachbarschaft (Badelt 2001: 24; Evers/Olk 1995: 20ff.). Der Staat bindet Dritte-Sektor-Organisationen in Deutschland durch das Subsidiaritätsprinzip in die Realisierung seiner Sozialpolitik ein. Besonders im Zuge der aktuellen Krise des Sozialstaats, die durch einen drastischen Rückgang der dem Staat für sozialpolitische Maßnahmen zur Verfügung stehenden Mittel und durch Einbußen bei den Beiträgen in die Sozialkassen gekennzeichnet ist, wird der Dritte Sektor zur Entlastung des Staates neu entdeckt. Die Organisationen sollen demnach unter dem Gesichtspunkt von Selbstverantwortung und Selbstorganisation verstärkt die Bereitstellung von Leistungen ermöglichen und die Herstellung öffentlicher Güter gewährleisten, zu denen sich der Sozialstaat nicht mehr in der Lage sieht.

Hierbei zeigen sich aber auch die Schattenseiten einer etatistischen Interpretation des Subsidiaritätsprinzips, wie sie für die deutsche Sozialpolitik charakteristisch ist (vgl. Kapitel 5, insbesondere 5.1 und 5.6) und in deren Folge Dritte-Sektor-Organisationen, namentlich die Wohlfahrtsverbände, ihren ehemals engen Bezug zur Basis sukzessive eingetauscht haben gegen den festen Einbau in das sozialstaatliche Verbundsystem öffentlicher und freier Wohlfahrtspflege, das auch als „wohlfahrtsindustrieller Komplex" charakterisiert wird (Sachße 1995: 133). Diese Einbindung sicherte zwar einem großen Teil der Organisationen lange Zeit eine Finanzierung durch staatliche Mittel bzw. Mittel der großen sozialen Versicherungssysteme, brachte aber gleichzeitig eine gewisse Abhängigkeit und Einflussnahme staatlicherseits mit sich.

Demokratie und Dritter Sektor

Für die Einbindung des Dritten Sektors in den Demokratiekontext ist gegenwärtig der Ausgangspunkt ebenfalls eher ein Krisenszenarium. Steht die liberale Demokratie durch die Internationalisierung der Problemlagen und aufgrund der Folgen der Globalisierung einerseits unter Druck, so leidet sie andererseits im nationalstaatlichen Kontext an Auszehrung, da ihr die Bürger zunehmend das Vertrauen entziehen und sich anstelle der *voice option* mehr und mehr für Nichtbeteiligung bei Wahlen oder bei der Besetzung von Gremien und Ämtern entscheiden.

In dieser Situation richtet sich der Blick wieder auf lokale Gemeinschaften als Basis demokratischer Gesellschaften und die ebenfalls von den USA ausgehende, facettenreiche Debatte, die in der Tradition von de Tocqueville vor allem das assoziative Element des liberalen Staats- und Gesellschaftsmodells herausstellt.

Der französische Adlige de Tocqueville hatte schon zu Beginn des letzten Jahrhunderts die zentrale demokratietheoretische Bedeutung der *associations*, der freiwilligen Vereinigungen in Amerika betont, und von Max Weber stammt die Aufforderung an seine Kollegen, sich schwerpunktmäßig jener gesellschaftlichen „Gebilde" anzunehmen, die in der Mitte zwischen den politisch organisierten und anerkannten Gewalten auf der einen Seite und der naturgewachsenen Gemeinschaft auf der anderen Seite liegen.

Einen aktuellen Impetus erhielt der demokratietheoretische Diskurs durch das viel beachtete Werk von Robert Putnam „Making Democracy Work" (1993), in dem die *citizenship*, die aktive Bürgerschaft, transaktionsanalytisch ergänzt und in Form des *social trust* und des „sozialen Kapitals" als notwendige Voraussetzung einer funktionsfähigen Verwaltung, einer effizienten Wirtschaft und einer soliden Demokratie herausgestellt wird. Ganz in der Tradition der klassischen politischen Kulturforschung verweist Putnam auf die Mikrofundierung emanzipatorischer Demokratie. Der Ort, wo man sich zu einem *virtuous citizen* entwickelt und „soziales Kapital" akkumuliert, wird von Putnam ebenfalls identifiziert: Es sind die *civil associations* und die *membership organizations*, auf die bereits de Tocqueville Bezug genommen hatte und die intern auf die Persönlichkeitsentwicklung und Vertrauensbildung des Bürgers wirken, während sie extern zur Effektivität und Stabilität demokratischer Regierungen beitragen (ebenda: 88f.).

Zivilgesellschaft und Dritter Sektor

Die aktuellen Debatten um die Zivilgesellschaft werden stets in einem engen Zusammenhang mit dem Dritten Sektor geführt. Sie finden mit der jüngsten

Begriffsverwendung der Europäischen Union, die von „organisierter Zivilgesellschaft" spricht (Wirtschafts- und Sozialausschuss 1999; Europäische Kommission 2001), einen besonders prägnanten Ausdruck. Dabei wird unter organisierter Zivilgesellschaft jener Teil der Zivilgesellschaft verstanden, der sich durch Organisationen artikuliert und letztlich den Dritten Sektor ausmacht.

Fast alle Ansätze, die nach neuen Möglichkeiten gesellschaftlicher Steuerung suchen, schreiben der Zivilgesellschaft und den Dritte-Sektor-Organisationen faktische und wünschenswerte Bedeutung zu (Simsa 2002: 131; Putnam 1996; Keane 1998). Von besonderer Bedeutung ist dabei, dass das Konzept der Zivilgesellschaft eine normative Zielvorstellung in Form eines positiv besetzten politischen Reformentwurfs (Sachße 2001) mit handlungstheoretischen Reformvorstellungen verbindet, bei denen dem Dritten Sektor mit seinem Set von Organisationen, Einrichtungen und Initiativen eine maßgebliche Realisierungsrolle zufällt. Als normatives und gleichzeitig deskriptiv-analytisches Konzept ermöglicht Zivilgesellschaft (Kocka 2003: 31) daher eine Koppelung von demokratietheoretischem Programm und handlungstheoretischer *policy*-Empfehlung.

Das analytisch-deskriptive Verständnis von Zivilgesellschaft geht nicht von einer Deckungsgleichheit zwischen Drittem Sektor und Zivilgesellschaft aus, sondern stellt vor allem die freiwilligen Vereinigungen als „organisatorischen Kern" oder auch als Infrastruktur von Zivilgesellschaft heraus.

Soziale Integration und Dritter Sektor

Während unter dem Demokratieaspekt des Dritten Sektors vor allem die Funktion der Interessenvermittlung im Vordergrund steht, wird unter dem Gesichtspunkt des Beitrages zur sozialen Integration die Rolle der Organisationen für die individuelle Identitätsbildung bzw. die Ausbildung einer „bürgerschaftlichen Gesinnung" sowie eines Zugehörigkeits- bzw. Selbstwertgefühls in den Mittelpunkt gestellt (vgl. Putnam 1993: 90). Ausgangspunkt sind dabei die von verschiedenen Seiten ausgemachten, mit Modernisierungsprozessen einhergehenden und durch zunehmende Individualisierung bedingten gesellschaftlichen Bindungsverluste (Beck 1996: 206). Mit der „Entdeckung" von Dritte-Sektor-Organisationen zur Herstellung des „sozialen Kitts" bzw. „sozialen Zusammenhalts" und zum Ausgleich schwächer werdender oder verloren gehender Bindungen (vgl. Kistler et al. 1999) erhalten sie eine zentrale Position im modernen Integrationsmechanismus. Dabei sollen sie einerseits einen Ersatz darstellen und die entstehenden Defizite traditioneller Bereiche, wie Familie, Arbeit und öffentliches Leben, ausgleichen, andererseits können sie ihren „Eigenwert" noch weiter entwickeln und ausbauen (Braun 2001). Dritte-Sektor-Organisationen wird dabei auch die Fähigkeit unterstellt, eine „Wertesphäre" etablieren zu können, die dem Einzelnen im praktischen Bereich die Verbindung von Mitgliedschafts- und Staatsbürgerrolle ermöglicht.

„Zukunft der Arbeit" und Dritter Sektor

Gerade in den Diskussionen zur Krise der Arbeitsgesellschaft hat der Dritte Sektor einen hohen Bekanntheitsgrad erreicht. Man erwartet, dass die Menschen im Dritten Sektor künftig verstärkt neue Tätigkeitsfelder und neue Einkommensquellen finden werden (Dettling 1995). Demnach gebe es nicht nur in den unterschiedlichen Organisationsformen, wie lokalen Beschäftigungsinitiativen und Sozialen Diensten, genossenschaftlichen Betrieben und sozialen Netzwerken, viel zu tun, sondern es ständen zugleich die verschiedenen Beschäftigungsformen – hauptamtlich, nebenberuflich, ehrenamtlich und auf Honorarbasis – zur Verfügung.

Mittlerweile wurde eine Vielfalt von Ansätzen und Konzepten entwickelt, die dem Nonprofit-Sektor eine maßgebliche Bedeutung zur Linderung der Krise der Arbeitsgesellschaft beimessen (z.B. Rifkin 1995; Giriani/Liedtke 1998; Beck 1999; Mutz 2000). Allerdings sind diese Konzepte dahingehend kritisch zu betrachten, ob sie nicht dem Sektor eine perspektivlose „Parkplatz- und Abschiebefunktion" zuweisen. Der Sektor kann sich letztlich nur dann zu einem attraktiven Arbeitsmarkt und zu einer arbeitsmarktpolitischen Alternative entwickeln, wenn eine Neuorientierung von Sozialpolitik erfolgt und diese nicht mehr nur auf individuelle Wohlstandssicherung angelegt ist, sondern sich vielmehr die Entwicklung und den Erhalt gesellschaftlicher Innovationspotenziale zur Aufgabe macht. Notwendigerweise ist hiermit eine Neudefinition der Arbeitsgesellschaft als Basis des Wohlfahrts- und Sozialstaates verbunden, die bislang noch zu stark von dem spezifischen Nimbus der traditionellen Erwerbsarbeit geprägt ist.

Betrachtet man die Einbindung des Sektors in den verschiedenen gesellschaftspolitischen Diskursen, so lässt sich nicht übersehen, dass zum einen die Multifunktionalität seiner Organisationen meist nicht berücksichtigt und stattdessen jeweils auf eine ganz spezielle gesellschaftliche Funktion der Dritte-Sektor-Organisation fokussiert wird. Zum anderen entbehren viele der mit dem Sektor und seinen Organisationen in Verbindung gebrachten gesellschaftlichen Reform- und Zukunftsperspektiven leider einer soliden empirischen Grundlage. Häufig wird übersehen, dass die Organisationen auch in der Lage sein müssen, in der Tat das zu leisten, was von ihnen im Rahmen des gesellschaftlichen Reformkurses verlangt wird. Zur Schließung dieser Erkenntnislücke leisten das Johns Hopkins-Projekt sowie die Studie „Arbeitsplatzressourcen im Nonprofit-Sektor" einen nicht unerheblichen Beitrag.

3. Der Dritte Sektor im internationalen Vergleich

3.1 Dritter Sektor auch international lange Zeit Niemandsland

Obschon der Dritte Sektor in den gesellschaftspolitischen Diskussionen in der internationalen Arena und in den jeweiligen nationalen Kontexten der letzten Jahrzehnte zunehmende Aufmerksamkeit gefunden hat, ist bisher noch recht wenig über ihn bekannt. Dies ist unter anderem darauf zurückzuführen, dass der Sektor in vielen Ländern wie auch in Deutschland von der amtlichen Statistik bisher nicht berücksichtigt und erfasst wird. Eine seit langem geforderte Dauerbeobachtung des Sektors im Rahmen der amtlichen Statistik steht in den meisten Ländern auch weiterhin aus. Neben der geringen Flexibilität des statistischen Systems ist dabei eine Ursache in einem fehlenden „Sektorbewusstsein" in den meisten europäischen Ländern zu sehen. Da die Gesamtheit der Organisationen nicht als eigenständiger Bereich wahrgenommen wird, sondern Dritte-Sektor-Organisationen in der Regel mit bestimmten gesellschaftlichen Tätigkeitsfeldern, wie etwa mit dem Sport oder der Kultur, in Verbindung gebracht werden, bleiben Umfang sowie wirtschaftliche und soziale Bedeutung dieses Bereichs unbestimmt und unterschätzt. Das Reformpotenzial des Sektors als Motor einer weiter gehenden Demokratisierung und gesellschaftlichen Modernisierung erschließt sich aber in vollem Umfang nur bei Kenntnis seiner Größe und Dynamik sowie der Einbindung seiner Organisationen in den derzeitigen kulturellen, sozialen und rechtlichen Kontext.

Als ein „Meilenstein" in der empirischen Erfassung und systematischen Analyse des Dritten oder Nonprofit-Sektors ist das Johns Hopkins Comparative Nonprofit Sector Project anzusehen. Das international vergleichende Forschungsprojekt hat sich die Aufgabe gestellt, weltweit einen wesentlichen Beitrag zur Sichtbarmachung des Dritten Sektors zu leisten und die Diskussion über die Chancen und Potenziale des Sektors auf eine gesicherte empirische Grundlage zu stellen. Das Projekt untersucht mit Hilfe eines komparativen Ansatzes nicht nur Umfang, Struktur, Finanzierung und Rolle des Nonprofit-Sektors jeweils auf nationaler Ebene, sondern im Rahmen der Zusammenarbeit mit der Statistikabteilung der UN wurde eine Methodik erstellt, die als Anleitung für die Implementierung dieses Bereichs in die nationalen Statistiksysteme dient (vgl. Handbook on Nonprofit Institutions in the System of National Accounts 2002). Gleichwohl haben sich in Europa erst einige Länder wie Belgien, Italien und Schweden zu einem solchen Schritt entschieden.

Das Johns Hopkins Comparative Nonprofit Sector Project zählt aktuell zu den größten internationalen Forschungsvorhaben in den Sozialwissenschaften, das u.a. einen beachtlichen Beitrag zur Verbesserung der empirischen Datensituation geleistet hat und auch weiterhin leisten wird. Im Rahmen des Projekts wurde erstmals systematisch eine international vergleichbare Datenbasis zum Dritten Sektor durch quantitative Erhebungen in den Projektländern geschaffen. Die Berücksichtigung der Vergleichsperspektive bei den nationalen Erhebungen liefert die Grundlage, dass die Ergebnisse zu einer internationalen Datenbasis zusammengefügt werden können. Dabei reduzieren sich die Zielstellungen des Projekts nicht allein auf eine quantitative Erfassung, sondern zugleich werden die jeweils historischen, rechtlichen und politischen Zusammenhänge in den einzelnen Ländern berücksichtigt und analysiert.

Im Einzelnen verfolgt das Johns Hopkins Comparative Nonprofit Sector Project folgende Ziele (Salamon et al. 1999; Priller/Zimmer 2001):

- die Größe, das Spektrum, die interne Struktur, die Finanzen und die rechtliche Position des Nonprofit-Sektors in den ausgewählten Ländern zu beschreiben;
- ein vertieftes Verständnis der Geschichte und der sich entwickelnden Rolle des Sektors in verschiedenen Kulturen und nationalen Kontexten zu erlangen;
- die Beziehungen zwischen Nonprofit-Sektor und Staat, Erwerbswirtschaft und internationalen Organisationen zu untersuchen;
- ein empirisches Fundament für einen verbesserten theoretischen Zugang zum Dritten Sektor zu erarbeiten;
- allgemeine politische Trends und spezielle gesetzgeberische Maßnahmen zu identifizieren, die auf den Nonprofit-Sektor im Allgemeinen und länderspezifisch fördernd oder beeinträchtigend wirken;
- den Sektor stärker im öffentlichen Bewusstsein zu verankern und praxisrelevantes Wissen für gesetzgeberische Maßnahmen, Entscheidungen und weitere politische Rahmenbedingungen zu schaffen.

In den folgenden Darstellungen werden jeweils ausgewählte Aspekte des breiten Ergebnisspektrums des Johns Hopkins-Projektes behandelt, und zwar zum einen, weil im vorliegenden Band das Projekt nicht im Mittelpunkt steht und zum anderen die Fülle des Projektmaterials den Rahmen der vorliegenden Publikation sprengen würde[1]. Dennoch hat das Johns Hopkins-Projekt insofern einen zentralen Platz, als es wichtige Ergebnisse aus der internationalen Vergleichsperspektive beisteuert und gleichzeitig zwischen den Pro-

---

1 Vgl. hierzu die im Projektkontext entstandenen Publikationen: http://www.jhu.edu/~ccss-/pubs/cnpwork/.

jekten enge Wechselwirkungen bestanden. Diese zeigen sich sowohl in der Übernahme methodischer Strukturen als auch in der wechselseitigen Bereitstellung von Ergebnissen in Form von Daten. Die folgenden Abschnitte gehen deshalb ausführlicher auf die Methodik des Johns Hopkins-Projektes allgemein sowie der deutschen Teilstudie ein und stellen die wichtigsten Ergebnisse aus der internationalen und nationalen Vergleichsperspektive vor.

3.2 Anlage und Methodik des Johns Hopkins Comparative Nonprofit Sector Project

Koordiniert von der gleichnamigen Universität in Baltimore (USA) wird seit 1990 unter Leitung von Lester M. Salamon und Helmut K. Anheier das Johns Hopkins Comparative Nonprofit Sector Project durchgeführt. Hierbei wird der Dritte oder Nonprofit-Sektor in ausgewählten Ländern sowohl quantitativ in seiner ökonomischen Struktur erfasst als auch qualitativ in seinen historischen, gesellschaftlichen und politischen Dimensionen analysiert. Waren in der ersten Projektphase sieben Industrie- sowie fünf Entwicklungsländer am Johns Hopkins-Projekt beteiligt, so konnte in der zweiten Phase der Kreis der Länder bis 1999 auf mehr als 20 Projektteilnehmer erheblich erweitert werden (Salamon/Anheier 1994, 1998). In den letzten Jahren dehnte sich der Kreis der beteiligten Länder für die zweite Phase nochmals um 13 Länder aus (Norwegen, Italien, Schweden, Polen, Ägypten, Kenia, Marokko, Pakistan, Philippinen, Südafrika, Südkorea, Tansania, Uganda), so dass zur Zeit Angaben zu insgesamt 35 Länder vorhanden sind (Salamon et al. 2003). Die folgenden Betrachtungen beschränken sich aus technischen Gründen auf jene Länder, für die Angaben bis 1999 vorlagen (vgl. Tabelle 3.2.1).

Tabelle 3.2.1: Teilnehmerländer der Phase II des Johns Hopkins Comparative Nonprofit Sector Project

Westeuropa		Mittel- und Osteuropa
Niederlande	Deutschland	Tschechische Republik
Irland	Spanien	Ungarn
Belgien	Österreich	Slowakei
Frankreich	Finnland	Rumänien
Großbritannien		
Andere Industrieländer		Lateinamerika
Australien		Argentinien
Vereinigte Staaten		Brasilien
Israel		Kolumbien
Japan		Mexiko
		Peru

Zu den damaligen Projektteilnehmern zählten insgesamt neun westeuropäische Länder und vier Länder des ehemaligen Ostblocks. Neben Europa ist Lateinamerika mit insgesamt fünf Ländern vertreten. Hinzu kommen mit den USA, Australien, Japan und Israel weitere vier Industrieländer. Deutschland zählt zu den Ländern, die von Anfang an am Johns Hopkins-Projekt beteiligt waren. Die deutsche Teilstudie wurde in der ersten Projektphase von Wolfgang Seibel (Universität Konstanz) und Helmut K. Anheier (Johns Hopkins University) geleitet (Anheier et al. 1997a). In der zweiten Projektphase ist die deutsche Teilstudie unter Federführung von Eckhard Priller und Annette Zimmer am Wissenschaftszentrum Berlin für Sozialforschung sowie am Institut für Politikwissenschaft der Universität Münster angesiedelt (Priller/Zimmer 2000).

Gegenwärtig wird eine dritte Projektphase vorbereitet, an der sich das deutsche Projektteam bei erfolgreicher Mittelakquirierung erneut beteiligen möchte.

Zur operativen Definition und International Classification of Nonprofit Organizations (ICNPO)

Im Rahmen des Johns Hopkins-Projektes wird mit einer einheitlichen Definition der Nonprofit-Organisation gearbeitet, die vorrangig an operativen Kriterien ausgerichtet ist (Salamon/Anheier 1992a). Danach sind zum Nonprofit-Sektor alle diejenigen Organisationen zu rechnen, die formell strukturiert, organisatorisch unabhängig vom Staat und nicht gewinnorientiert sind, eigenständig verwaltet werden sowie keine Zwangsverbände darstellen (Anheier et al. 1997a: 15) (vgl. Tabelle 3.2.2).

Tabelle 3.2.2: Kriterienkatalog für Nonprofit-Organisationen

Nonprofit-Organisationen sind
formell strukturiert
organisatorisch unabhängig vom Staat
nicht gewinnorientiert
eigenständig verwaltet
keine Zwangsverbände
zu einem gewissen Grad von freiwilligen Leistungen getragen.

Nonprofit-Organisationen verfügen somit über eine eigenständige Rechtsform. Hier reicht das Spektrum in Deutschland vom eingetragenen Verein über die private Stiftung bis hin zur gemeinnützigen GmbH und gemeinnützigen Genossenschaft. In der deutschen amtlichen Statistik wurde ein großer Teil dieser Organisationen lange Zeit im Rahmen der Volkswirtschaftlichen Gesamtrechnung unter der Sammelkategorie „Organisationen ohne Erwerbszweck" zusammengefasst. Durch eine Modifizierung bzw. Anpassung an die

EU-Statistik ist diese Kategorie nicht mehr vorhanden und die entsprechenden Daten stehen für Analysen nicht mehr zur Verfügung.
Nonprofit-Organisationen sind organisatorisch unabhängig vom Staat. Dies bezieht sich vor allem auf die Eigenständigkeit ihrer Verwaltung und die Unabhängigkeit ihrer Leitungsgremien. Hier besteht ein erheblicher Unterschied zu den so genannten Quangos, wobei es sich um Organisationen handelt, die aus einer Behörde hervorgegangen sind, deren interne Geschäftsabläufe aber noch wesentlich von dort mitbestimmt werden. Des Weiteren unterliegen Nonprofit-Organisationen dem *nondistribution constraint*. Damit sind sie im ökonomischen Sinn nicht gewinnorientiert tätig, sondern müssen ihre Gewinne in die Organisation reinvestieren. Man kann zur Mitgliedschaft oder zum Mitmachen in einer Nonprofit-Organisation nicht gezwungen werden. Nonprofits sind daher keine Zwangsverbände, was NPOs von Kammern und Innungen unterscheidet. Schließlich werden Nonprofit-Organisationen zu einem gewissen Grad von freiwilligen Beiträgen und Zuwendungen getragen, wozu ganz wesentlich auch ehrenamtliches Engagement und freiwillige Mitarbeit zu rechnen sind (zur Definition vgl. Seibel 1992; Anheier et al. 1997a: 15f.).

Die für den internationalen Vergleich entwickelte Definition schließt die Bereiche der privaten Haushalte und staatlichen Dienstleister[2] bewusst aus. Eine Einbeziehung öffentlicher Träger, wie man sie unter Hinweis auf die Nicht-Gewinnorientierung in anderen Ansätzen (Klös 1998) findet, würde die Autonomie des Nonprofit-Sektors jedoch nur unzureichend berücksichtigen. Daher wurden, bezogen auf die deutsche Situation, folgende Institutionen, Einrichtungen und Organisationen in die Untersuchung eingeschlossen (Anheier et al. 1997a: 15f.; Anheier/Salamon 1993):

- Vereine
- Stiftungen
- Einrichtungen der freien Wohlfahrtspflege
- Krankenhäuser und Gesundheitseinrichtungen in freier Trägerschaft
- Gemeinnützige GmbHs und ähnliche Gesellschaftsformen
- Wirtschafts- und Berufsverbände
- Gewerkschaften
- Verbraucherorganisationen
- Selbsthilfegruppen
- Bürgerinitiativen
- Umweltschutzgruppen
- Staatsbürgerliche Vereinigungen.

---

2 Z.B. Gebietskörperschaften, Sozialversicherungen oder Kultureinrichtungen in öffentlicher Trägerschaft.

Die quantitative Erfassung des Sektors auf Länderebene wurde anhand von Tätigkeitsbereichen vorgenommen. Da hier auf kein bestehendes Klassifikationssystem zurückgegriffen werden konnte, wurde den Erhebungen im Rahmen des Projektes die International Classification of Nonprofit Organizations (ICNPO) als eigenständige Taxonomie der Tätigkeitsbereiche von Nonprofit-Organisationen zugrunde gelegt (Salamon/Anheier 1992b). Das vielfältige Tätigkeitsprofil der Nonprofit-Organisationen wird hierbei in die folgenden Einzelbereiche eingeteilt:

- Kultur und Erholung
- Bildung und Forschung
- Gesundheitswesen
- Soziale Dienste
- Umwelt- und Naturschutz
- Wohnungswesen und Beschäftigung (lokale Wirtschaftsentwicklung)
- Vertretung von Bürger- und Verbraucherinteressen
- Stiftungs- und Spendenwesen sowie ehrenamtliche Arbeit
- Internationale Aktivitäten
- Wirtschafts- und Berufsverbände, Gewerkschaften
- Sonstiges.

Diese Bereiche werden jeweils differenziert betrachtet und in eine Vielzahl von Einzelaktivitäten untergliedert, so dass sich für die ICNPO Deutschlands das folgende breitgefächerte Spektrum von Nonprofit-Aktivitäten und Arbeitsbereichen ergibt (vgl. Tabelle 3.2.3):

In die deutsche Untersuchung wurden folgende Organisationen nicht einbezogen:

- Erwerbswirtschaftliche Unternehmen
- Öffentliche Unternehmen und Anstalten
- Regiebetriebe der öffentlichen Hand
- Produktions- und Verbrauchergenossenschaften
- Organisationsformen auf Gegenseitigkeit (z.B. Versicherungen)
- Politische Parteien
- Reine Kirchenverwaltungen, Glaubensgemeinschaften, Kultur.

Tabelle 3.2.3: Aufgaben- und Tätigkeitsbereiche der Nonprofit-Organisationen

Kultur
1. Medien und Kommunikation, Pressedienst
2. Bildende Kunst, Architektur
3. Darstellende Kunst
4. Musik
5. Literatur
6. Museum
7. Zoo oder Aquarium
8. Sonstige kulturelle Organisation

Sport, Freizeit
9. Sport
10. Erholung, Freizeitgestaltung
11. Sonstiges

Bildungswesen und Forschung
12. Schule (Primar-/Sekundarstufe) oder vergleichbare Ausbildungseinrichtung
13. Universitäts-, Hochschul- oder Fachhochschulausbildung
14. Berufsschulen
15. Allgemeine Erwachsenenbildung/-weiterbildung
16. Sonstige allgemeinbildende Einrichtung
17. Medizinische Forschung
18. Naturwissenschaften und Technik
19. Sozial-, Wirtschafts-, Geisteswissenschaften
20. Politikberatung
21. Politische Bildung
22. Sonstige Organisation im Bildungs- und Wissenschaftsbereich
23. Sonstige Forschungseinrichtung

Gesundheitswesen
24. Akutkrankenhaus
25. Sonderkrankenhaus (außer Psychiatrische Krankenhäuser)
26. Pflegeheim
27. Psychiatrisches Krankenhaus
28. Stationäre therapeutische Einrichtung
29. Ambulanter psychiatrischer oder psychosozialer Dienst
30. Sonstige psychiatrische, psychotherapeutische oder psychosoziale Einrichtung
31. Gesundheitsberatung/-erziehung, krankheitsspezifische Organisationen
32. Ambulanter Pflegedienst
33. Ambulante Rehabilitationseinrichtung oder -maßnahme
34. Krankentransport und/oder Rettungsdienst
35. Sonstiges

Soziale Dienste und Hilfen
36. Kleinkind- oder Vorschulerziehung, Kinderpflegewesen
37. Jugendarbeit
38. Familienhilfe, Ehe- und Erziehungsberatung
39. Frauenhaus
40. Hilfe bei Kindesmisshandlung
41. Sexualberatung
42. Behindertenhilfe/-heim (außer Pflegeheim und Rehabilitation)
43. Altenhilfe/-heim (außer Pflegeheime und Rehabilitation)
44. Mobiler Sozialer Hilfsdienst
45. Essen auf Rädern
46. Bewährungshilfe, Rehabilitation Straffälliger
47. Ausländerarbeit
48. Hilfe für Verbrechensopfer
49. Sonstiger persönlicher sozialer Dienst:
50. Gemeinwesenarbeit, Nachbarschaftshilfe
51. Katastrophenschutz und -hilfe
52. Nichtsesshaften-, Wohnungslosenhilfe
53. Hilfe für Asylbewerber, Aussiedler und sonstige Zuwanderer
54. Finanzielle Unterstützung und Hilfe, Schuldnerberatung
55. Hausnotruf
56. Sonstiges

Umwelt- und Naturschutz
57. Umwelt-, Natur-, Artenschutz
58. Landschaftspflege
59. Tierschutz, Tierheim, Tierfreunde
60. Tierärztlicher Dienst
61. Sonstiges

Wirtschaftliche Entwicklung u. Wohnungswesen
62 Organisation und Beratung lokaler Entwicklungsprojekte
63 Gemeinnützige Wohnungswirtschaft
64 Mieterorganisation
65 Sonstige Organisation im Bereich des Wohnens
66 Berufliche Fortbildung, Umschulung, Qualifizierungsmaßnahmen
67 Beschäftigungsinitiativen, Berufsförderung
68 Berufliche Wiedereingliederung (soweit nicht medizinische Rehabilitation)
69 Sonstiges

Vertretung von Bürger- und Verbraucherinteressen
70 Staatsbürgerliche Vereinigung
71 Verbrauchervereinigung (z.B. Stiftung Warentest), Verbraucherberatung, -schutz
72 Organisation einer ethnischen Minderheit
73 Minderheitenschutz
74 Geschlechterspezifische Organisation/Interessenvertretung/ Beratung
75 Vertretung von Senioreninteressen
76 Bürgerinitiative
77 Rechtsberatung
78 Frauenförderung
79 Verbrechensverhütung, öffentliche Sicherheit
80 Sonstiges

Stiftungswesen, Spendenwesen, allgemeine ehrenamtliche Arbeit
81 Fördernde Stiftung
82 Einrichtung zur finanziellen Förderung und Unterstützung von ehrenamtlicher Arbeit, sozialem Engagement und Partizipation
83 Einrichtung zur finanziellen Förderung und Unterstützung politischer Bildung
84 Einrichtung zur Organisation und Unterstützung von Spendenaktionen
85 Sonstiges

Internationale Aktivitäten
86 Völkerverständigung, Kulturaustausch, Städtepartnerschaft
87 Entwicklungshilfeorganisation
88 Internationale Hilfsorganisation
89 Internationale Menschenrechts- oder Friedensorganisation
90 Sonstiges

Wirtschaftsverbände, Berufsverbände, Gewerkschaften
91 Wirtschaftsverband/-organisation
92 Berufsverband/-vereinigung
93 Fachverband
94 Gewerkschaft
95 Sonstiges

Religion
96 Religiöse Tätigkeiten
97 Seelsorge
98 Sonstiges

99 Sonstiges

Zur Datenbasis

Abschließend ist noch auf die Vorgehensweise bei der Datenermittlung im Rahmen des Projektes einzugehen. Hierbei wurde soweit wie möglich auf vorhandenes Material zurückgegriffen und im Hinblick auf die ICNPO einer sekundärstatischen Analyse unterzogen. Die Situation stellte sich dabei in den einzelnen Ländern recht unterschiedlich dar. Teilweise konnten spezielle Erhebungen der amtlichen Statistik oder entsprechendes Material von nationalen Dachorganisationen des Dritten Sektors genutzt werden. In einer Reihe von Ländern, so auch in Deutschland, war und ist bis heute die Situation wesentlich ungünstiger, so dass vorhandene Datenlücken mit eigenständig durchgeführten Erhebungen geschlossen werden mussten. Für das deutsche Teilprojekt (Phase II) wurde insgesamt auf folgende Datenquellen rekurriert (vgl. Tabelle 3.2.4):

Tabelle 3.2.4: Datenquellen der deutschen Teilstudie des Johns Hopkins Comparative Nonprofit Sector Project

---

- *Amtliche Statistik (Statistisches Bundesamt):*
  Volkswirtschaftliche Gesamtrechnung (Beschäftigte, Finanzen), verschiedene Spezialstatistiken, Sonderauswertungen
- *Bundesanstalt für Arbeit:*
  Sozialversicherungspflichtige Beschäftigte nach Wirtschaftsklassen, jeweils am 30. Juni (Gesamtbeschäftigte, Voll-, Teilzeit unter und über 18 Stunden), Sonderauswertungen
- *Berufsgenossenschaft für Gesundheitsdienst und Wohlfahrtspflege/Berufsgenossenschaft für Verwaltung:* Beschäftigte, Arbeitsstunden, Einkommen, Sonderauswertungen
- *Statistiken der Wohlfahrtsverbände und anderer Organisationen:*
  Beschäftigte nach Voll- und Teilzeit, Differenzierung nach Bereichen
- *Weitere spezielle Statistiken:*
  Krankenhausstatistik: Beschäftigte, Finanzen, Leistungen; Statistik des Deutschen Städtetages; Stiftungsdatenbank, Erhebung MAECENATA u.a.
  Spezielle eigene Erhebungen im Projekt:
- Bevölkerungsbefragung zum Ehrenamt und Spendenverhalten 1996 und 1997 (Stichprobenumfang: 3.000)
- Organisationserhebung „Gemeinnützige Organisationen im gesellschaftlichen Wandel" (Rücklauf: 2.240 Fragebögen)

Wie die Übersicht zeigt, wurde hauptsächlich auf die amtliche Statistik zurückgegriffen sowie das statistische Material von Einzelorganisationen, wie etwa der Wohlfahrtsverbände, zu Rate gezogen. Als eigenständige Primärerhebungen wurden repräsentative Befragungen zum ehrenamtlichen Engagement und zum Spendenverhalten (Priller/Zimmer 1999) sowie die Organisationserhebung „Gemeinnützige Organisationen im gesellschaftlichen Wandel" im Rahmen der deutschen Teilstudie des Johns Hopkins-Projektes durchgeführt (Zimmer et al. 1999).

3.3 Zu den Ergebnissen des internationalen Vergleichs

Als ein zentrales Ergebnis des internationalen Vergleichs ist festzuhalten, dass der Nonprofit-Sektor in seiner wirtschaftlichen Bedeutung in allen untersuchten Ländern weitaus größer ist, als bisher angenommen wurde (vgl. Abbildung 3.3.1). Auch erweist sich der Nonprofit-Sektor nicht als ein rein amerikanisches Phänomen. Vielmehr hat der Sektor weltweit einen erheblichen Anteil am ökonomischen und sozialen Leben.

Abbildung 3.3.1: Wirtschaftliche Bedeutung des Nonprofit-Sektors (mit und ohne ehrenamtliche/freiwillige Tätigkeiten) 1995

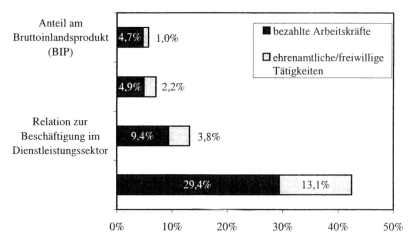

Quelle: Johns Hopkins Comparative Nonprofit Sector Project

Für 1995 weist der Sektor in der internationalen Perspektive einen Anteil von 4,7 Prozent am Bruttoinlandsprodukt (BIP) aus. Dieser Wert, berechnet auf der Basis der bezahlten Beschäftigten, erhöht sich bei Berücksichtigung der ehrenamtlich und freiwillig geleisteten Tätigkeiten auf 5,7 Prozent. Im 22-Länder-Durchschnitt beträgt der Anteil der im Nonprofit-Sektor Beschäftigten an der Gesamtbeschäftigung (ohne Landwirtschaft) 4,9 Prozent.

Mit den Projektergebnissen wird zugleich deutlich, dass allein mit der Zahl der hauptamtlichen Beschäftigten noch nicht das gesamte wirtschaftliche Potenzial des Sektors erfasst wird. Hierzu bedarf es auch der Berücksichtigung der beachtlichen Zahl der Ehrenamtlichen und sonstige freiwillige Tätigkeiten Leistenden. In den Projektländern waren im Durchschnitt 28 Prozent der Bevölkerung in Dritte-Sektor-Organisationen unentgeltlich tätig, was umgerechnet in Beschäftigtenzahlen etwa 10,6 Millionen Vollzeitbeschäftigten entspricht. Demnach würde sich die Gesamtzahl der Beschäftigten (Vollzeitäquivalente) im Dritten Sektor in den 22 Ländern auf 29,6 Millionen Personen erhöhen. Unter Berücksichtigung des Zeitaufwands für ehrenamtliche und freiwillige Tätigkeiten erhöht sich der Anteil auf 7,1 Prozent. Die Bedeutung des Sektors wird durch die Relation zu den Beschäftigten im Dienstleistungssektor und im öffentlichen Sektor als zwei weiteren wichtigen Kategorien der Volkswirtschaftlichen Gesamtrechnung unterstrichen. Der Umsatz dieses „Wirtschaftszweiges" beträgt in der Summe der 22 Länder 1,1 Billionen US-Dollar und ist damit vom Wertumfang jeweils größer als die Volkswirtschaften Brasiliens, Russlands, Kanadas oder Spaniens.

Insgesamt sind in den untersuchten Ländern, nach Vollzeitäquivalenten berechnet, rund 19 Millionen Menschen in regulären Arbeitsverhältnissen im Nonprofit-Bereich beschäftigt. Der Ländervergleich zeigt in der ersten Hälfte der 1990er Jahre ein enormes Wachstum der Beschäftigung. Zwischen 1990 und 1995 stieg der Anteil der Beschäftigten im Nonprofit-Sektor um 23 Prozent, während gesamtwirtschaftlich nur ein Beschäftigungszuwachs von sechs Prozent zu verzeichnen war. Allerdings bestehen zwischen den untersuchten Ländern erhebliche Unterschiede hinsichtlich der anteiligen Beschäftigung (Salamon/Anheier 1994: 32; Salamon/Anheier 1999: 14f.) (vgl. Abbildung 3.3.2).

Anders als gemeinhin angenommen, verfügen die USA anteilig nicht über den größten Nonprofit-Sektor. Gemessen an den Beschäftigungszahlen liegen die USA vielmehr hinter den Niederlanden, Irland, Belgien und Israel. In Europa haben die Niederlande, Irland, Belgien und Großbritannien einen überdurchschnittlich hohen Beschäftigungsanteil im Nonprofit-Sektor. Frankreich und Deutschland liegen im Durchschnitt, während der Anteil in den osteuropäischen Transformationsländern eher gering ist.

International vergleichend zeigt sich, dass der Dritte Sektor in jenen Ländern in seiner arbeitsmarktpolitischen und wirtschaftlichen Bedeutung am größten ist, in denen sich auf breiter Basis eine enge Kooperation zwischen Staat und Nonprofit-Sektor entwickelt hat. Dies gilt in Europa besonders für die Niederlande. Aufgrund der Tradition der „Versäulung" der niederländischen Gesellschaft sind hier Nonprofit-Organisationen Politikfeld übergreifend als private Partner in die wohlfahrtsstaatliche Dienstleistungsproduktion eingebunden (Dekker 2001).

Abbildung 3.3.2: Anteil der Beschäftigten des Nonprofit-Sektors an der Gesamtbeschäftigung 1995, nach Ländern

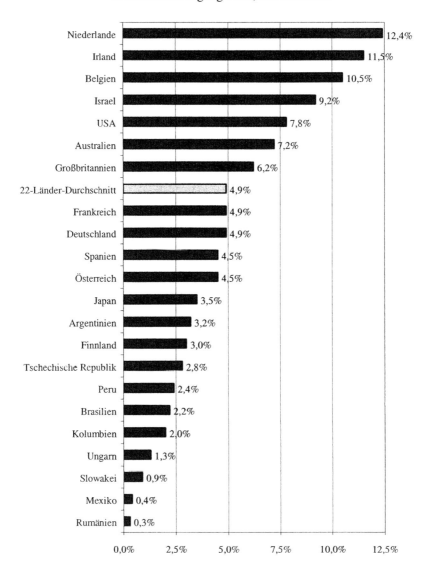

Obwohl der Nonprofit-Sektor in seiner wirtschaftlichen Bedeutung weitgehend ein Produkt der letzten zwei bis drei Jahrzehnte ist, verfügt er, entgegen einer weitverbreiteten Vorstellung, weltweit über eine lange Tradition. Die historischen Wurzeln des Sektors in Europa reichen bis in das frühe Mittelalter zurück. Weitere Traditionslinien lassen sich auf die Zeit der Reformation, die napoleonische Ära sowie auf die Epoche der Industrialisierung und Urbanisierung und somit auf das städtische Bürgertum zurückführen (Hall 1987; für Deutschland vgl. Bauer 1998; Anheier/Seibel 2001).

Aufgrund der historischen Einbettung sowie der jeweiligen staatlichen Rahmenbedingungen übernimmt der Sektor in den verschiedenen Ländern unterschiedliche Aufgaben und besetzt andere Schwerpunkte. Gemäß den Ergebnissen des internationalen Vergleichs lassen sich spezifische Strukturmuster unterscheiden (vgl. Tabelle 3.3.1). Danach ist der Nonprofit-Sektor auf Länderebene gemessen an der anteiligen Beschäftigung jeweils schwerpunktmäßig von einem Arbeitsbereich geprägt (Salamon/Anheier 1999: 21).

Tabelle 3.3.1: Beschäftigungsintensität der Bereiche nach Ländern

Dominanter Bereich im Hinblick auf Beschäftigung	Länder
Bildung und Forschung	- Argentinien, Brasilien, Mexiko, Peru
	- Belgien, Irland, Großbritannien
	- Israel
Gesundheit	- USA
	- Niederlande
	- Japan
Soziale Dienste	- Österreich, Frankreich, Deutschland, Spanien
Kultur und Erholung	- Tschechische Republik, Ungarn, Rumänien, Slowakei
Keine Dominanz eines Bereichs	- Kolumbien
	- Finnland
	- Australien

Quelle: Johns Hopkins Comparative Nonprofit Sector Project

Im Hinblick auf die Beschäftigungsintensität ist der Sektor in einer ganzen Reihe der Projektländer bildungsdominiert. So sind in acht Projektländern jeweils durchschnittlich 47 Prozent der im Nonprofit-Sektor Beschäftigten im Bildungsbereich tätig. In Europa handelt es sich hier um die Länder Großbritannien, Belgien und Irland. Demgegenüber wird der Sektor in den USA, den Niederlanden sowie Japan dominiert von den im Gesundheitswesen tätigen Nonprofit-Organisationen, während in einer Reihe mitteleuropäischer Länder, darunter auch Deutschland, der Sektor seinen Beschäftigungsschwerpunkt im Bereich Soziale Dienste hat.

Dieses Strukturmuster wird in Deutschland auf den gesellschaftspolitischen Einfluss der katholischen Kirche und des von ihr vertretenen Subsidiaritätsprinzips zurückgeführt, das vor allem im Bereich der Sozialpolitik, und hier ganz besonders bei den persönlichen sozialen Diensten, zur Geltung kommt. In den Transformationsländern Zentral- und Osteuropas hat der Sektor dagegen seinen beschäftigungsmäßigen Schwerpunkt im Sport- und Freizeitbereich. Dies wird unter anderem als Indiz für die noch starke Präsenz staatlicher Einrichtungen im Gesundheits- und Sozialwesen gewertet, die zu einer noch geringen Etablierung des Sektors in den postsozialistischen Ländern führt und von einer noch eher rudimentären Ausbildung von Kooperationsmustern zwischen Staat und Nonprofit-Organisationen begleitet wird. In drei Projektländern – Australien, Kolumbien und Finnland – ist die Beschäftigung im Nonprofit-Sektor etwa gleichmäßig auf die drei beschäftigungsrelevanten Kernbereiche Bildungswesen und Forschung, Gesundheitswesen und Soziale Hilfen und Dienste verteilt.

Nicht nur hinsichtlich der Beschäftigung lassen sich im internationalen Vergleich Strukturmuster erkennen. Entsprechendes gilt auch für die Finanzierungsmixe des Sektors. So werden weltweit Nonprofit-Organisationen nicht vorwiegend durch private Spenden, sondern durch Gebühren und staatliche Mittel finanziert. Nach den Ergebnissen des internationalen Vergleichs setzen sich die Einnahmen des Sektors zu 47 Prozent aus Gebühren, zu 42 Prozent aus öffentlichen Zuschüssen und nur zu elf Prozent aus Spenden zusammen (Salamon/Anheier 1999: 10-12) (vgl. Abbildung 3.3.3).

Abbildung 3.3.3: Einnahmequellen des Nonprofit-Sektors 1995 (19 Länder)

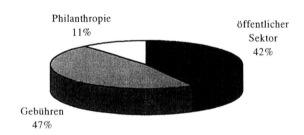

Quelle: Johns Hopkins Comparative Nonprofit Sector Project

Besonders ausgeprägt ist die Finanzierung durch Gebühren bzw. eigenerwirtschaftete Mittel in Lateinamerika, in Mittel- und Osteuropa sowie in den außereuropäischen Industrieländern (Australien, Japan und den USA). Demgegenüber ist der Nonprofit-Sektor in Westeuropa sowie auch in Israel überwiegend öffentlich finanziert. Im Rahmen des Projekts werden auch die Zahlungen Dritter bzw. die Leistungsentgelte der Sozialkassen und öffentlichen Krankenversicherungen als öffentliche Mittel behandelt, da die Mittelallokation im Wesentlichen rechtlich und somit nicht über den Markt geregelt ist und insofern auch nicht dem Preismechanismus unterliegt.

Zur Gruppe der Länder mit einem überwiegend öffentlich finanzierten Nonprofit-Sektor zählt auch Deutschland, worauf im Folgenden noch konkreter eingegangen wird. Abschließend ist zur Finanzierung des Sektors noch anzumerken, dass sich in vielen Ländern ein gewisser Kommerzialisierungsdruck nachweisen lässt, in dessen Folge Nonprofit-Organisationen stärker auf Gebühren und ähnliche selbst erwirtschaftete Erträge angewiesen sind (vgl. Salamon 1999: 11).

Für die Beschäftigung mit dem Dritten Sektor und seinen Organisationen war der Ländervergleich des Johns Hopkins-Projektes insofern von zentraler Bedeutung, als eine Reihe von Studien, angeregt durch den methodischen Zuschnitt des Projektes und die breite Wirkung, auch in den politischen Raum hinein, sich in der Folge des Themenfeldes ebenfalls aus einer vergleichenden Perspektive sowie mit dem Schwerpunkt auf dem ökonomischen Potenzial des Sektors angenommen hat. Hervorzuheben sind in diesem Kontext insbesondere die Arbeiten NPO-Instituts an der Wirtschaftsuniversität Wien.[3] Beispielsweise thematisiert Christoph Badelt (2002) den Stellenwert des Sektors und insbesondere des ehrenamtlichen Engagements vergleichend anhand des Datenmaterials der deutschsprachigen Länder. Hierbei zeigt sich, dass trotz einer nicht direkten Vergleichbarkeit der Resultate aufgrund unterschiedlicher Erfassungsmethoden ehrenamtliche Arbeit in allen drei Ländern gesellschaftlich und wirtschaftlich von zentraler Bedeutung ist (Badelt 2002: 580). In Übereinstimmung mit den Ergebnissen des internationalen Vergleichs des Hopkins-Projektes lässt sich auch in Österreich, der Schweiz und Deutschland, so Badelt, ein Trend zur stärkeren Dienstleistungsorientierung sowie insbesondere zur Professionalisierung der Nonprofit-Organisationen feststellen. Nach seiner Einschätzung wird dies vermutlich eine Veränderung der Finanzierungsstrukturen wie auch der politischen Stellung des Sektors in den betreffenden Ländern zur Folge haben (ebenda: 674ff.). Im Gegensatz dazu interpretiert Ruth Simsa (2002) die Ergebnisse des internationalen Vergleichs des Johns Hopkins-Projektes dezidiert vor dem Hintergrund der zivilgesellschaftlichen Potenziale des Sektors. Hierbei kommt sie zu dem Ergebnis, dass der Sektor und seine Organisationen weltweit gerade nicht als ökonomischer Faktor, sondern eher in seiner Integrationsfunktion an Relevanz gewinnt. Simsa betont dabei die Notwendigkeit der institutionellen und finanziellen Absicherung der Organisationen durch den Staat und damit die lediglich ergänzende Rolle des Dritten Sektors bei der Lösung von Problemen im Bereich der Arbeits- und Beschäftigungspolitik.

In seiner Anschlussfähigkeit an das Johns Hopkins-Projekt besonders herauszustellen ist das von der Europäischen Kommission geförderte Forschungsprojekt „NETS – New Employment Opportunities in the Third Sec-

---

3 Vgl. http://www.wu-wien.ac.at/npo/forschung/home.htm.

tor". Mit einer Laufzeit von zwei Jahren (Januar 1998 bis Dezember 1999) analysierten die beteiligten Forschergruppen in Italien[4], Spanien[5] und Deutschland unter anderem auch unter Rekurs auf die Ergebnisse des Johns Hopkins-Projektes und mit Hilfe von Organisationsbefragungen sowie Expertengesprächen Beschäftigungspotenziale im europäischen Dritten Sektor (Bauer/Betzelt 1999). Die Länderstudien basieren auf einem gemeinsamen Ansatz, der sich weitgehend am Vorgehen des Johns Hopkins-Projekts orientiert. Um den Spezifika der europäischen Situation des Sektors Rechnung zu tragen, wurde jedoch die Definition der Dritte-Sektor-Organisation um die Kriterien „demokratisch" sowie „gesellschaftliche Nützlichkeit" ergänzt, ferner wurde der Datenermittlung im Vergleich zu Hopkins eine leicht abgewandelte Klassifikation der Handlungsfelder von Dritte-Sektor-Organisationen zu Grunde gelegt (Bauer et al. 1998: 4ff., 8-20). Auch das NETS-Projekt kommt, analog zum Johns Hopkins-Projekt, zu dem Ergebnis, dass der Dritte Sektor sich auf Wachstumskurs befindet (Betzelt/Bauer 2000). Für Deutschland fällt allerdings die Zukunftsprognose der Wachstumsrate des Sektors im Bereich Beschäftigung im Unterschied zu den Vergleichsländern Italien und Spanien eher verhalten aus. Das am stärksten wachsende Segment des Sektors ist in Italien und Spanien das wirtschaftsnahe Genossenschaftswesen, das im Unterschied zur deutschen Situation dort als genuiner Bestandteil des Dritten Sektors betrachtet wird. Warum dies in Deutschland nicht der Fall ist und sich der Sektor hier eher durch Wirtschaftsferne und stattdessen durch Staatsnähe auszeichnet, darauf wird im folgenden Kapitel eingegangen.

---

4   Projektpartner in Italien war die Assoziatione Lunaria an der Wirtschaftsfakultät der römischen Universität La Sapienza, die auch die Koordinierung übernahm.
5   Für die spanische Teilstudie war die Stiftung Fundació Francesc Ferrer i Guàrdia in Barcelona zuständig.

4. Der deutsche Dritte Sektor – Überblick und Analyse

4.1 Historischer Rückblick

Der deutsche Dritte Sektor zeichnet sich im internationalen Vergleich durch eine besondere Staatsnähe aus (Anheier/Seibel 2001: 30-70). Diese enge Kooperation zwischen Staat und Drittem Sektor blickt auf eine lange Tradition zurück, wobei das 19. Jahrhundert prägend war. Zum einen wurden in dieser Zeit mit der Kodifizierung des Bürgerlichen Gesetzbuches die wichtigsten und heute am häufigsten zu findenden Rechtsformen der Dritte-Sektor-Organisationen – Verein und Stiftung – festgelegt und unter die Genehmigungspflicht des Staates gestellt (Neuhoff 1997; Anheier/Seibel 2001: 11-20); zum anderen erfolgte unter der Garantie ihrer Selbstverwaltung der funktionale Einbau von Dritte-Sektor-Organisationen in den staatlichen Verwaltungsvollzug. Ferner ist die privilegierte Position der im sozialen Bereich tätigen Organisationen, wie sie im Subsidiaritätsprinzip festgeschrieben ist (Anheier 1992: 32ff.; Sachße 1994), ebenfalls auf diese Zeit zurückzuführen. Und insofern ist auch die so genannte Zweiteilung des Sektors (Zimmer 1997), die Differenzierung zwischen einem eher lebensweltlichen Vereinswesen und einem Bereich, der primär soziale Dienstleistungen in staatlich-öffentlichem Auftrag erfüllt, ebenfalls ein Produkt des 19. Jahrhunderts. Mit Ausnahme der im religiös-christlichen Erbe verankerten Anstaltsstiftungen ist der Dritte Sektor in Deutschland daher weitgehend im 19. Jahrhundert geprägt worden. Im Folgenden wird auf einige ausgewählte Traditionslinien des Sektors in Deutschland eingegangen und ihre Relevanz für die aktuelle Situation des Sektors herausgestellt.

Stiftungen als traditionsreiche Organisationen des Sektors

Zu den sehr alten Organisationen des Dritten Sektors zählen in Deutschland die zahlreichen Anstaltsstiftungen, die fest in der kirchlichen Tradition verankert sind (vgl. Bertelsmann 1999). Bereits im Frühmittelalter entwickelte sich in den Ländern des Heiligen Römischen Reiches Deutscher Nation ein so genanntes Verbundsystem von „caritas" und „memoria". Gemeint ist hiermit, dass Wohlhabende ihr Vermächtnis zur Gründung von Anstalten für Notleidende, Kranke oder Alte Kirchensprengeln oder Klöstern hinterließen. Diese waren im Gegenzug jedoch verpflichtet, in bestimmten Abständen eine Messe für den Spender zu lesen. Aus dem Motiv heraus, etwas für das persönliche

Seelenheil zu tun, leisteten die damaligen Stifter einen Beitrag zu einer rudimentären Armenfürsorge sowie Alten- und Krankenpflege und stabilisierten damit gleichzeitig religiös-christliche Verhaltensnormen.

Auch heute noch sind in Deutschland zahlreiche Anstaltsstiftungen – Krankenhäuser, Alten- und Pflegeheime oder Waisenhäuser – zu finden, die ihre Gründung diesem Verbundsystem von „caritas" und „memoria" verdanken (Jacobi 2000: 251f.). Ansonsten ist das Stiftungswesen in Deutschland aufgrund der gesellschaftlich-politischen Umbrüche der Vergangenheit vergleichsweise jung und hat sich erst in den letzten Jahrzehnten wieder dynamisch entwickelt (Toepler 2000). Durch die aktuelle Reform des Stiftungswesens, die die Erleichterung der Gründung von Bürgerstiftungen (Bertelsmann 2000) sowie die Zustiftung kleiner Beträge zum Ziel hatte, ist das Stiftungswesen stärker ins öffentliche Bewusstsein gerückt (Walz 2001; Strachwitz 2000).

Der Verein als zentrale Organisationsform des Sektors

Fest im 19. Jahrhundert verankert ist das typisch deutsche Vereinswesen (Best 1993; Zimmer 1996b). Infolge von Industrialisierung und Verstädterung entfaltete es sich damals mit ungeheurer Dynamik, was August Bebel mit der Bemerkung kommentierte, dass in der zweiten Hälfte des 19. Jahrhunderts in Deutschland Vereine „wie Pilze aus der Erde" schossen. Von den Turn- und Gesangs- bis hin zu den Gesellen-, Konsum- und Arbeiterbildungsvereinen boomte das Vereinswesen hinsichtlich der Neugründungen und der Mitgliederentwicklung. Charakteristisch für die zweite Hälfte des 19. Jahrhunderts waren insbesondere Vereine, die als Reaktion auf die „Soziale Frage" entstanden. Auch heute ist der Verein noch die Rechts- und Organisationsform erster Wahl, wenn es darum geht, neue Ideen und Initiativen in die Tat umzusetzen. Als Beispiel hierfür sind die etwa ab Mitte der 1970er Jahre entstandenen zahlreichen Umweltinitiativen, die soziokulturellen Zentren und Frauenhäuser zu nennen, die der „Alternativszene" zugerechnet wurden (Zimmer 1998b).

Vereine sind Ausdruck und gleichzeitig Ergebnis gesellschaftlicher Differenzierung. Im 19. und auch noch im 20. Jahrhundert konnte man spezifische soziale Milieus oder „Lager" unterscheiden, die das gesellschaftliche und politische Leben strukturierten (Bösch 2002). Prägend für Deutschland waren lange Zeit das sozialdemokratische Lager mit seinen Arbeitervereinen, lokalen Gewerkschaftsorganisationen und SPD-Ortsvereinen sowie das katholische Lager oder Milieu mit der Zentrumspartei, den christlichen Gewerkschaften sowie den karitativen und kirchlich-konfessionellen Vereinen. Diese Milieus oder Lager spielten noch in der restaurativen Nachkriegszeit der Bundesrepublik eine wichtige Rolle. Aufgrund der Abschwächung der traditionellen sozialen Milieus sowie des Einflussverlustes der Kirchen ist ihre Bedeutung inzwischen jedoch deutlich zurückgegangen.

Dennoch kann man in Ansätzen auch heute noch Organisationen des Dritten Sektors bestimmten Milieus zuordnen. Dies gilt insbesondere für die großen, in der zweiten Hälfte des 19. Jahrhunderts entstandenen Wohlfahrtsverbände – Arbeiterwohlfahrt, Caritas, Diakonie, Paritätischer Wohlfahrtsverband, Deutsches Rotes Kreuz (Sachße 1995; Boeßenecker 1997) sowie für die als Organisationen der „Alternativszene" in den 1970er und 1980er Jahren entstandenen Initiativen und Projekte, die eine Nähe zur Partei von Bündnis'90/Die Grünen aufweisen.

Mit über 80 Prozent ist die überwiegende Mehrheit der Dritte-Sektor-Organisationen in Deutschland in der Rechtsform des Vereins organisiert. Der Verein wurde im Bürgerlichen Gesetzbuch des 19. Jahrhunderts als spezifische Rechtsform für Organisationen geschaffen, die im weitesten Sinne als gesellschaftlich zu bezeichnende Ziele und Zwecke verfolgen (Zimmer 1996b: 15-33). Als Organisationsform handelt es sich beim Verein um eine Personengesellschaft mit Klubcharakter. Damit ein Verein als Rechtsperson anerkannt wird, bedarf es der staatlichen Genehmigung. Hierbei wird die Satzung des Vereins nicht nur nach formalrechtlichen Kriterien geprüft, sondern von den staatlichen Instanzen (Amtsgerichten) wird auch eine Überprüfung der Ziele und Zwecke des Vereins vorgenommen.

Das Vereinswesen als Teil der bürgerlichen Gesellschaft wurde somit im 19. Jahrhundert „auf dem Rechtsweg" in den Obrigkeitsstaat eingepasst. Zu umfänglichen Verboten und einer starken staatlichen Reglementierung der Vereine kommt es heute zwar nicht mehr, doch der etatistische Zug ist insofern noch vorhanden, als eingetragene Vereine auch heute noch der staatlichen Genehmigungspflicht unterliegen. Entsprechendes gilt im Übrigen auch für die Rechtsform der Stiftung. Stiftungen unterliegen ebenfalls staatlicher Aufsicht und Genehmigungspflicht, wobei es zum Teil im Ermessen der betreffenden Behörde steht, die Stiftung staatlich anzuerkennen und ins Stiftungsregister aufzunehmen bzw. die Anerkennung zu verweigern (Strachwitz 2000).

Weitere Organisationsformen des Dritten Sektors

Neben Stiftungen und Vereinen existieren im deutschen Dritten Sektor die Organisationsformen der gemeinnützigen Genossenschaft und der gemeinnützigen Gesellschaft mit beschränkter Haftung (gGmbH), die ebenfalls auf eine lange Tradition zurückblicken können. Allerdings verweist der Zusatz „gemeinnützig" bereits darauf, dass diese beiden Organisationsformen im Unterschied zu Stiftung und Verein sich erst durch eine Ausnahmeregelung, die sich im Wesentlichen auf ihre steuerrechtliche Behandlung bezieht, als Dritte-

Sektor-Organisationen qualifizieren. Hierbei ist die Geschichte der *Genossenschaft* besonders interessant, da diese als genuine Organisationsform des Dritten Sektors entstanden und erst nach und nach in Deutschland in den Sektor Markt abgewandert ist, während die GmbH primär als Organisation des Marktes konzipiert wurde, heute jedoch aufgrund ihrer schlanken Managementstrukturen zunehmend für die Organisation von Nonprofit-Aktivitäten genutzt wird.

In der zweiten Hälfte des 19. Jahrhunderts entfaltete sich parallel zum Vereinswesen in Deutschland ein dynamisches Genossenschaftswesen (Pankoke 2000), das sich als Institution gesellschaftlicher Selbsthilfe und wirtschaftlicher Selbstorganisation jenseits vom klassischen Kapitalismus verstand (Eisen 2001: 285). Die Gründerfiguren der Genossenschaftsbewegung wie Raiffeisen, Schultze-Delitzsch, Huber, Pfeiffer u.a. gingen davon aus, dass durch die Selbsthilfe eine Benachteiligung wirtschaftlich Schwacher und Gefährdeter abgewendet werden könne (Hettlage 1998: 142). Damals zählten die Genossenschaften in Deutschland uneingeschränkt zum Dritten Sektor. Genossenschaften zeichneten sich gemäß den Ideen von Schultze-Delitzsch und Raiffeisen durch strikt demokratisches Reglement und uneingeschränkte Solidarität nach dem Motto „Einer für alle, alle für einen!" sowie durch die Zurücklegung der Gewinne in ein unteilbares Genossenschaftsvermögen aus. Wie der Verein ist die Genossenschaft als Rechtsform ein genuines Produkt des 19. Jahrhunderts. Im Gegensatz zum Klubcharakter und zur zivilgesellschaftlichen Orientierung des Vereins, dessen Zielsetzung auf Reziprozität angelegt ist, wurde die Genossenschaft jedoch für die Organisation wirtschaftlicher Aktivitäten konzipiert. Mit Ausnahme der Wohnungsbaugenossenschaften, denen im Rahmen sozialdemokratischer Wohnungsbaupolitik vor allem in der Weimarer Republik, aber auch in der Bundesrepublik eine wichtige Bedeutung zukam, und in deutlichem Unterschied zu südeuropäischen Ländern kam es in Deutschland in der Folge nicht zur Entwicklung eines ausgeprägt gemeinwirtschaftlichen Bereichs. Vielmehr wurde die Genossenschaft zunehmend als funktionales Äquivalent marktwirtschaftlicher Organisationsformen genutzt (Betzelt 2001: 299-303), und auch von ihrem Selbstverständnis her rechneten sich die genossenschaftlichen Organisationen in zunehmendem Maße eindeutig dem Sektor Markt zu (Pleister 2001). Heute sind Genossenschaften in Deutschland gesetzlich ausschließlich auf erwerbswirtschaftliche Ziele festgelegt und werden nicht mehr zum Dritten Sektor gerechnet. Insofern unterscheidet sich das Verständnis der Genossenschaften in Deutschland erheblich von den Genossenschaften in den südeuropäischen Ländern, die sich dem Prinzip der Gemeinwirtschaft verbunden fühlen (Pankoke 2000: 199-209; Borzaga/Defourney 2001). In fast allen europäischen Ländern findet man deshalb einen im Unterschied zu Deutschland weit „liberaleren" Zuschnitt des Genossenschaftsrechts, das gemeinwohlorientierte Ausrichtungen stärker akzeptiert und fördert. Die klassischen Grundsätze der

Genossenschaftsidee – Kooperation, Gegenseitigkeit und Demokratie (Bauer 2001: 185) – findet man derzeit in Deutschland jedoch nur noch in einigen randständigen Formen wie den so genannten Sozialgenossenschaften bewahrt, die zu den alternativen Genossenschaftsansätzen zu rechnen sind. Vermutlich wäre es nicht problematisch, den klassischen Genossenschaftsgedanken in Deutschland insofern wieder stärker zu akzentuieren, als auch die Verfolgung wirtschaftlicher Ziele genügend Spielraum für Nonprofit-Aktivitäten lässt. Unter der Bedingung, dass erzielte Gewinne nicht an Mitglieder ausgezahlt werden, dürfte eine Zuordnung zum Dritten Sektor kein Problem darstellen (Ettel/Nowotny 2002: 244). De facto muss in Deutschland jedoch heute eine Genossenschaft, falls sie sich als Dritte-Sektor-Organisation und nicht als Wirtschaftsbetrieb versteht, den Status der Gemeinnützigkeit beim zuständigen Finanzamt beantragen. In ihrem Aktivitätsradius unterliegt die Genossenschaft damit den Regelungen der Abgabenordnung. Wird sie als gemeinnützige Genossenschaft anerkannt, ist sie von der Körperschaftssteuer befreit. Sie kommt ferner in den Genuss von steuerrechtlichen Privilegien, die mit dem Status der Gemeinnützigkeit verbunden sind (vgl. Zimmer 1996: 24-27).

Schließlich ist auch die *Gesellschaft mit beschränkter Haftung* eine Organisationsform mit langer Tradition, die erstmals 1892 kodifiziert wurde. Im Unterschied zum Verein ist zur Gründung einer GmbH eine Ausstattung mit einem Stammkapital notwendig, das vom Gesellschafter oder den Gesellschaftern eingebracht wird (Minimum 25.000 €). Die GmbH ist von ihrer Gründung her eindeutig dem Sektor Markt zuzuordnen. Ähnlich wie die gemeinnützige Genossenschaft wird die GmbH zu einer Organisationsform des Dritten Sektors bei Gewährung des Status der Gemeinnützigkeit durch das zuständige Finanzamt. Mit der Anerkennung der Gemeinnützigkeit im steuerrechtlichen Sinn wird aus der GmbH eine gGmbH und damit eine Organisationsform für gemeinnützige Aktivitäten. Die gGmbH ist dem Handelsrecht in vollem Umfang unterworfen und muss nach kaufmännischen Grundsätzen ebenso wie Genossenschaften Buch führen und einen Jahresabschluss erstellen, während Vereine und Stiftungen dazu nicht verpflichtet sind. Die gGmbH ist von dem Willen ihrer Eigentümer in Form der Gesellschafter abhängig. Im Unterschied zum Verein können die im Gesellschaftsvertrag festgeschriebenen Regeln durchaus undemokratisch sein und die Satzungen lassen sich jederzeit ändern. Im Unterschied zur Stiftung stellt eine Organisationsauflösung bei der gGmbH kein Problem dar. Die gGmbH wird für die Organisation von Nonprofit-Aktivitäten aktuell in Deutschland zunehmend attraktiver, weil die Haftung auf das Gesellschaftsvermögen beschränkt ist und damit keine persönliche Haftung vorliegt, zudem erlaubt die gGmbH ebenfalls im Unterschied zum Verein die strukturelle Trennung von Eigentum und Betriebsführung bei gleichzeitiger Aufrechterhaltung der Kontrolle.

Der Dritte Sektor als Teil des Staates

Während staatliche Aufsicht über Stiftungen und bestimmte Verfahren der staatlichen Genehmigung von Dritte-Sektor-Organisationen auch in anderen Ländern üblich sind, ist darüber hinaus für Deutschland charakteristisch, dass der Sektor in hohem Maße für die Erledigung genuin staatlicher Aufgaben eingesetzt wird. Seit dem 19. Jahrhundert wird der funktionale Einbau von Dritte-Sektor-Organisationen in den staatlichen Verwaltungsvollzug im Rahmen einer „Modernisierung von oben" bewusst gefördert. Im Unterschied zu Frankreich, wo Organisationen des intermediären Bereichs damals strikt verboten waren, wurden in Deutschland Dritte-Sektor-Organisationen mit staatlichen Aufgaben betraut, wobei ihnen zum Teil sogar ein öffentlich-rechtlicher Status zugebilligt wurde und wird.

Als klassisches Beispiel hierfür sind die deutschen Kammern und Innungen anzuführen, die auf die vormodernen berufsständischen Organisationen der Gilden und Zünfte zurückgehen. Diese erhielten zu Beginn des 19. Jahrhunderts im Zuge der preußischen Verwaltungsreformen einen öffentlich-rechtlichen Status (Ullmann 1988: 23). Zwar behielten die Kammern und Innungen erhebliche Selbstverwaltungsrechte, sie wurden jedoch als unterste Instanz fest in den Verwaltungsvollzug eingebunden. Den berufsständischen Korporationen – den Anwalts-, Ärzte- oder Handwerkskammern – kommt in der mittelständischen Wirtschaft Deutschlands auch heute noch eine zentrale Bedeutung zu. Aufgrund ihres öffentlich-rechtlichen Status werden sie aber nicht mehr zum Dritten Sektor gerechnet. Entsprechendes gilt auch für die Sozialversicherungen, wie etwa die Kranken- oder Rentenkassen. Auch ihre Vorläufer waren im eigentlichen Sinn Dritte-Sektor-Organisationen. Im Zuge des Aufbaus des Wohlfahrtsstaates wurde ihnen ebenfalls ein öffentlich-rechtlicher Status zugewiesen. Heute werden diese Organisationen in der wissenschaftlichen Literatur als „Quangos" bzw. quasi-öffentliche Einrichtungen oder aber als „Parafisci" bzw. halbstaatliche Organisationen bezeichnet. Sie verfügen zwar über Selbstverwaltungsrechte, sie sind jedoch gleichzeitig integraler Bestandteil der staatlichen Administration und werden daher nicht mehr zum Dritten Sektor gezählt.

Das bekannteste Beispiel der Indienstnahme von Dritte-Sektor-Organisationen für staatliche Aufgaben bilden zweifellos die Wohlfahrtsverbände (Boeßenecker 1997; Backhaus-Maul 2000). Die Verbände – Caritas, Diakonie, Arbeiterwohlfahrt und Paritätischer Wohlfahrtsverband – gehen zurück auf jene sozial-karitativen Vereine, die ab der zweiten Hälfte des 19. Jahrhunderts als Reaktion auf die „Soziale Frage" in Deutschland verstärkt gegründet wurden (Sachße 2000: 82-86). Bereits im Kaiserreich wurden diese Dritte-Sektor-Organisationen im Rahmen des Ausbaus der kommunalen Fürsorge und Sozialpolitik sukzessive in den staatlich-kommunalen Verwaltungsapparat eingebaut. Pionierarbeit leistete hier die Stadt Frankfurt am

Main, die als erste Kommune private Vereine hinsichtlich der Aufgabenzuweisung und Ressourcenausstattung mit kommunalen Stellen gleichstellte. In Frankfurt wurden die karitativen Vereine auch frühzeitig als Partner in den kommunalen Planungsverbund integriert. Damit war der Kern des für Deutschland typischen „privat organisierten Wohlfahrtsstaates" als „gesetzliche Bestands- und Eigenständigkeitsgarantie der freien Träger bei gleichzeitiger Förderverpflichtung und Gesamtverantwortung des Staates" (Sachße 1995: 133) in seinen Grundzügen bereits etabliert.

In der Weimarer Republik schlossen sich die lokal tätigen Wohlfahrtsvereine gemäß ihrer ideologisch-weltanschaulichen sowie konfessionellen Orientierung zu den genannten Wohlfahrts- bzw. Spitzenverbänden zusammen. Neben den der katholischen und der evangelischen Kirche nahe stehenden Verbänden Caritas und Diakonie etablierte sich die Arbeiterwohlfahrt als Dachorganisation der der Sozialdemokratischen Partei Deutschlands verbundenen lokalen karitativen Einrichtungen; das Deutsche Rote Kreuz entwickelte sich bereits in der Weimarer Republik zur Dachorganisation der lokalen Rot-Kreuz-Einrichtungen; und im Deutschen Paritätischen Wohlfahrtsverband schlossen sich in den 1920er Jahren mehrere nicht-konfessionelle und nicht-staatliche Krankenhäuser und Pflegeeinrichtungen zusammen, die sich keinem der anderen Spitzenverbände weltanschaulich-ideologisch verbunden fühlten.

Im Politikfeld Soziales verlief in der Weimarer Republik die Entwicklung hin zur Gründung von Dachverbänden parallel mit einer Zentralisierung von Gesetzgebungsbefugnissen und finanziellen Ressourcen auf Reichs- und Landesebene. Damit waren in diesem Politikfeld die Dritte-Sektor-Organisationen bereits in den 1920er Jahren eng mit den staatlichen Instanzen verkoppelt. Mit der Etablierung dieser für Deutschland typischen „Verbändewohlfahrt" (Backhaus-Maul 2000) wurde eine multiple Zielsetzung erreicht. Zum einen wurde auf dem lebensweltlich zentralen Feld der sozialen Dienstleistungen der Staat-Kirchen-Konflikt entschärft, indem die beiden großen konfessionell gebundenen Wohlfahrtsverbände – Caritas und Diakonie – als Partner des Staates anerkannt wurden (Zimmer 1997a: 78-86). Zum anderen wurde im Dienst der Staatsentlastung und staatlicher Ressourcenschonung auf die sozial-kulturellen Milieus der Verbände mit ihren Ehrenamtlichen sowie bei Caritas und Diakonie auch mit ihrem professionellen Personal der Ordensschwestern und -brüder rekurriert. Doch die enge Zusammenarbeit zwischen Dritte-Sektor-Organisationen und Staat war nicht nur für Letzteren von Vorteil. Hierdurch gelang es den beiden Kirchen, sich bereits in der Weimarer Republik fest im wohlfahrtsstaatlichen System zu etablieren und ihren maßgeblichen Einfluss auf Politik und Gesellschaft auch unter den Bedingungen der Industriemoderne zu bewahren.

Das Ehrenamt als staatsbürgerliche Verpflichtung

Auch das ehrenamtliche Engagement ist in Deutschland in hohem Maße von der Tradition einer staatlichen Indienstnahme geprägt. Zahlreiche Ämter der lokalen Selbstverwaltung sind auch heute noch Ausdruck einer staatsnahen Honoratiorentätigkeit, die ihren Ursprung in der preußischen Städteordnung hat. Damals wurde im Zuge der preußischen Verwaltungsreform das freiwillige Engagement der männlichen Bürger insofern direkt für staatliche Aufgaben und Zwecke nutzbar gemacht, als die Bürger zur Übernahme „öffentlicher Stadtämter" verpflichtet wurden, ohne ein Entgelt dafür beanspruchen zu können (Sachße 2000: 76f.).

Eine entsprechende Traditionslinie lässt sich auch für den Bereich der kommunalen Sozialpolitik aufzeigen. So machte z.B. die Stadt Elberfeld Mitte des 19. Jahrhunderts die Durchführung der öffentlichen Armenpflege als eines integralen Teils der öffentlichen Verwaltung zur ehrenamtlichen Aufgabe männlicher Bürger. Die Ehrenmänner rekrutierten sich aus der Gruppe der „Besserverdienenden" und hatten dieses Amt für drei Jahre unentgeltlich inne. Fortgesetzt wird diese Tradition bis in die Gegenwart in den mit lokalen Honoratioren besetzten Ausschüssen (insbesondere im Jugendhilfeausschuss) und den Beiräten auf kommunaler Ebene. Die Klagen über die zurückgehende Bereitschaft zu ehrenamtlichem Engagement in Deutschland beziehen sich vorrangig auf diesen Bereich der traditionell-staatsnahen Honoratiorentätigkeit, die in der Tat aktuell zunehmend an Attraktivität einbüßt (ebenda: 77).

Subsidiaritätsprinzip und Zweiteilung des Sektors

An die Tradition der staatlichen Indienstnahme der privaten Wohlfahrtsverbände, und zwar insbesondere der den beiden großen Kirchen nahe stehenden Verbände Caritas und Diakonie, wurde in der Bundesrepublik nahtlos angeknüpft, so dass sich Ralf Dahrendorf noch Mitte der 1960er Jahre sehr kritisch zur „Konfessionalisierung" (Dahrendorf 1965: 141) von Gesellschaft und Politik in der Bundesrepublik äußerte. Dadurch wurde die herausgehobene Position der Wohlfahrtsverbände im Sozialbereich unter Rekurs auf das Subsidiaritätsprinzip legitimiert (Sachße 1994). Das Subsidiaritätsprinzip stammt aus der katholischen Morallehre und besagt, dass, was „der Mensch selbst tun kann, ... ihm nicht durch gesellschaftliche Tätigkeit abgenommen werden [soll]" (Nell-Breuning, zitiert nach Boettcher 1957: 200). In der Enzyklika Quadragesimo Anno aus dem Jahr 1931 hatte die katholische Kirche versucht, angesichts totalitärer Strömungen ein Prinzip zu formulieren, das dem bedürftigen Einzelnen Unterstützung garantieren sollte, ohne ihn jedoch einem verabsolutierenden Staat auszuliefern. Entgegen dieser ursprünglichen, eher auf das Individuum gerichteten Intention wurde das Subsidiaritätsprinzip in den Sozialgesetzen der Bundesrepublik in den 1960er Jahren auf die Mitgliederorganisationen der Wohlfahrtsverbände bezogen. Mit Hinweis auf das Subsidiaritätsprinzip wurde den Wohlfahrtsverbänden eine Vorrangstellung gegenüber öffentlichen Trägern eingeräumt. Insofern wurden die lokalen Mitgliederorganisationen der Wohlfahrtsverbände nicht nur als funktionale Äquivalente sozialstaatlicher Dienstleistungseinrichtungen anerkannt, sondern ihnen wurde sogar eine privilegierte Position sowohl gegenüber staatlichen als auch gegenüber kommerziellen Anbietern eingeräumt (Backhaus-Maul/Olk 1994).

Nicht zuletzt aufgrund dieser spezifischen Interpretation des Subsidiaritätsprinzips hat sich in Deutschland, gemessen an seinem Finanzvolumen sowie den hier anzutreffenden Arbeitsplätzen, ein Dritter Sektor von beachtlicher Größe entwickelt. Allerdings greift das Subsidiaritätsprinzip als Bestandsgarantie gemeinnütziger Einrichtungen mit gleichzeitiger Förderverpflichtung der öffentlichen Hand gesetzlich nur für die Mitgliederorganisationen der Wohlfahrtsverbände, während für Nonprofit-Organisationen, die nicht diesen Verbänden angeschlossen sind, wie etwa Sport oder Kulturvereine, zwar im Rahmen der freiwilligen Leistungen der Kommunen eine wohlwollende Aufforderung des Gesetzgebers zur Förderung, aber keine Förderverpflichtung besteht (vgl. Rudzio 1991: 375). Wie im Folgenden anhand der Ergebnisse der empirischen Untersuchung noch gezeigt wird, ergibt sich aufgrund dieser Interpretation des Subsidiaritätsprinzips in Deutschland zwar nicht de jure aber de facto eine Zweiteilung des Dritten Sektors: Einem überwiegend mit öffentlichen Mitteln finanzierten, vergleichsweise hoch professionalisierten und sehr staatsnahen Bereich des Gesundheitswesens und der Sozialen Dienste steht ein im Wesentlichen auf ehrenamtliches Engagement und freiwillige Mitarbeit sowie auf Einnahmen aus Mitgliederbeiträgen und Spendenleistungen angewiesener Bereich des Vereinswesens und der bürgerschaftlichen Interessenvertretung gegenüber (vgl. Kapitel 4.2).

Zur strikten Trennung zwischen Drittem Sektor und Markt

Schließlich lässt sich als weitere Traditionslinie eine starke Abgrenzung des Dritten Sektors und seiner Organisationen gegenüber wirtschaftlichen Aktivitäten feststellen. Als wichtiges Beispiel hierfür ist das Genossenschaftswesen anzuführen.

Der Gesetzgeber achtet aber nicht nur strikt darauf, dass die Grenze zwischen Drittem Sektor und Markt klar erkennbar ist und auch eingehalten wird, sondern er sorgt mittels eines umfangreichen gesetzlichen Regelwerks auch dafür, dass Dritte-Sektor-Organisationen, wenn sie sich am Markt betätigen, im Hinblick auf diese Aktivitäten weitgehend den Forprofit-Organisationen in ihrer steuerlichen Behandlung gleichgestellt werden. Die steuerrechtliche Behandlung von Nonprofit-Organisationen fällt in Deutschland unter das Gemeinnützigkeitsrecht und ist in einer umfangreichen Abgabenordnung geregelt, die aufgrund ihrer geringen Transparenz und der zahlreichen Ausnahmeregelungen zunehmend kritisiert wird. Hierbei steht im Zentrum der Kritik die „Staatslastigkeit" des deutschen Spendenrechts, das gemäß der Interpretation von Sachße (2001: 28) auch nach den jüngsten Änderungen noch immer Zuwendungen an staatliche oder staatsnahe Einrichtungen oder entsprechende Zwecke begünstigt und insofern die Nähe des Dritten Sektors und seiner Organisationen zum Staat auch über das Steuerrecht und Spendenwesen intensiviert. Vor dem Hintergrund der leeren öffentlichen Kassen und der abnehmenden Bereitschaft des Staates, sich langfristig finanziell zu binden, entwickelt sich die Staatsnähe des Dritten Sektors in Deutschland zunehmend zu einem Modernisierungshemmnis, wie anhand des sozioökonomischen Porträts des Sektors noch deutlich wird.

4.2 Zur Struktur und Entwicklung des Sektors – eine Betrachtung auf der Makroebene

4.2.1 Größe und arbeitsmarktpolitische Bedeutung des Sektors

Gemäß der Zielsetzung des Johns Hopkins-Projektes, den Nonprofit-Sektor quantitativ zu erfassen und vor allem seine ökonomische Relevanz deutlich zu machen, wurde die Größe des Sektors jeweils anhand der Kriterien „Beschäftigte" (berechnet in Vollzeitäquivalenten) sowie „Ausgaben" erfasst. Danach zeichnet sich der Sektor in Deutschland durch ein beachtliches ökonomisches Volumen und einen im Vergleich zu 1990 deutlich gestiegenen Stellenwert aus (vgl. Tabelle 4.2.1.1).

Im Jahr 1990 tätigte der Sektor in den alten Bundesländern Ausgaben von rund 100 Milliarden Mark. Dieser Wert hat sich 1995 unter Einbeziehung der neuen Bundesländer auf rund 135 Milliarden Mark beachtlich erhöht. Dies entspricht in etwa vier Prozent des Bruttosozialprodukts.

Wenn man das ökonomische Gewicht des deutschen Nonprofit-Sektors in Arbeitsplätzen angibt, waren 1990, bezogen auf die alten Bundesländer, 1,3 Millionen Arbeitsplätze in diesem Sektor vorhanden, was einem Äquivalent von etwa einer Million Vollzeitarbeitsplätzen entspricht. Dies bedeutet einen Anteil von 3,7 Prozent an der volkswirtschaftlichen Gesamtbeschäftigung. 1995 erreichte die Beschäftigung mit 1,441 Millionen Vollzeitäquivalenten für die alten und neuen Bundesländer einen Anteil von fast fünf Prozent an der Gesamtbeschäftigung.

Tabelle 4.2.1.1: Beschäftigung und Ausgaben im deutschen Nonprofit-Sektor 1990 (früheres Bundesgebiet) und 1995 (gesamtes Bundesgebiet)

	1990	1995
Nonprofit-Sektor, Beschäftigung in Vollzeitäquivalenten	1.017.945	1.440.850
Gesamtwirtschaft, Beschäftigung in Vollzeitäquivalenten	27.200.783	29.239.875
Nonprofit-Sektor, Beschäftigung in Prozent der Gesamtwirtschaft	3,74	4,93
Gesamtausgaben des Nonprofit-Sektors, in Millionen DM	93.417	135.400
Gesamtwirtschaft (Bruttosozialprodukt), in Millionen DM	2.425.500	3.457.000
Nonprofit-Sektor, Ausgaben in Prozent des Bruttosozialprodukts	3,9	3,9

Quelle: Johns Hopkins Comparative Nonprofit Sector Project

Die hohe und zunehmende arbeitsmarktpolitische Bedeutung des deutschen Nonprofit-Sektors wird in der langfristigen Retrospektive besonders deutlich (vgl. Tabelle 4.2.1.2).

Tabelle 4.2.1.2: Beschäftigtenzahl und prozentuales Beschäftigtenwachstum 1960-1995, früheres Bundesgebiet

	Erwerbswirtschaft		Öffentlicher Sektor		Nonprofit-Sektor	
	Beschäftigte (in Tausend)	Veränderung zu 1960 (in Prozent)	Beschäftigte (in Tausend)	Veränderung zu 1960 (in Prozent)	Beschäftigte (in Tausend)	Veränderung zu 1960 (in Prozent)
1960	23.201	100	2.098	100	383	100
1970	22.937	99	2.978	142	529	138
1980	22.126	95	3.929	187	925	242
1990	22.864	99	4.303	205	1.256	328
1995	22.754	98	4.225	201	1.430	373

Datenbasis: Johns Hopkins Comparative Nonprofit Sector Project

Wenn man den Zeitraum zwischen 1960 und 1990 vergleicht, zeigt sich im Nonprofit-Sektor eine kontinuierliche Beschäftigungszunahme auf hohem Niveau, die jene im öffentlichen Sektor merklich übertrifft. Außerdem liegt die Beschäftigungszunahme in den Nonprofit-Organisationen von 1990 zu 1995 deutlich über dem in diesem Zeitraum eingetretenen Beschäftigungsrückgang im öffentlichen Sektor. Folglich sind im Dritten Sektor in dieser

Zeit bedeutend mehr Arbeitsplätze entstanden als im öffentlichen Sektor abgebaut wurden.

Während sich die Zahl der Arbeitsplätze im Sektor Markt geringfügig veränderte, und die Beschäftigungszunahme im öffentlichen Sektor seit Mitte der 1980er Jahre praktisch stagnierte bzw. leicht rückläufig war, hat der Zuwachs im Dritten Sektor seine Dynamik über den gesamten betrachteten Zeitraum beibehalten. Insofern hat der Sektor sich in den vergangenen Jahrzehnten zu einem nicht zu unterschätzenden Beschäftigungsfaktor in Deutschland entwickelt. Wie die Ergebnisse des Johns Hopkins-Projektes zeigen, hat sich auch im Laufe der 1990er Jahre die Zahl der Beschäftigten hier im Unterschied zu den meisten anderen Wirtschaftsbereichen weiterhin positiv entwickelt.

Der Zuwachs an Arbeitsplätzen im Nonprofit-Sektor lässt sich generell durch die Ausweitung des Bedarfs an Dienstleistungen erklären. Dieser wird, verstärkt durch demographische Entwicklungen, als Nachfrage an Dritte-Sektor-Organisationen herangetragen. Gleichzeitig sind die Strukturbesonderheiten von Nonprofit-Organisationen zu berücksichtigen, die im Unterschied zu Marktunternehmen nicht profitorientiert arbeiten und damit weniger einem Rationalisierungsdruck ausgesetzt sind. Zudem werden im Nonprofit-Sektor vorrangig persönliche Dienstleistungen erstellt, die nur bedingt rationalisierungsfähig sind. Außerdem sichern Nonprofit-Organisationen ihre Finanzierung nicht vorrangig über den Markt, sondern durch Beiträge, Spenden- und Sponsoringgelder, staatliche Förderung, Leistungen der Sozialversicherungen sowie durch ehrenamtliches Engagement und Freiwilligenarbeit. Schließlich ist in diesem Zusammenhang die komplexe Handlungsrationalität in Nonprofit-Organisationen zu nennen, bei der Solidarität, Religiosität und Humanität als Motiv, Motivation und Steuerungsmedium von Mitgliedern, Mitarbeitern und Förderern ein prominenter Stellenwert zukommt (Pankoke 1995).

Bezogen auf die deutsche Situation ist der Anstieg der Arbeitsplätze und Arbeitsstätten im Dritten Sektor in den 1990er Jahren vor allem auf die Vereinigung und den Aufbau des Sektors in den neuen Ländern zurückzuführen (Priller 1997). Die Entstehung des Sektors begann zwar schon vor 1990, worauf im Folgenden noch näher eingegangen wird, doch konnte diese Entwicklung aus statistischen Gründen nicht in die Analysen einbezogen werden. Der Anteil des Nonprofit-Sektors der neuen Bundesländer kann 1995 mit rund 20 Prozent des Gesamtumfangs des Sektors beziffert werden.

Hinsichtlich der arbeitsmarktpolitischen Relevanz ist der deutsche Nonprofit-Sektor in seiner Zusammensetzung eindeutig von den Bereichen Soziale Dienste, Gesundheitswesen sowie Bildung und Forschung dominiert. Zusammengenommen hatten diese drei Bereiche 1990 und 1995 jeweils einen Anteil von 81 Prozent an der Gesamtbeschäftigung des Sektors. Analog zu den Ergebnissen des internationalen Vergleichs ist der Sektor in Deutschland stark wohlfahrtsdominiert (vgl. Tabelle 4.2.1.3).

Tabelle 4.2.1.3: Beschäftigung im Nonprofit-Sektor 1990 und 1995 (Basis Vollzeitäquivalente)

Bereich	1990		1995		Veränderung
	Beschäftigte	Anteil am NPO-Sektor (in Prozent)	Beschäftigte	Anteil am NPO-Sektor (in Prozent)	Beschäftigte 1990-1995 (in Prozent)
Kultur und Erholung	64 350	6,3	77 350	5,4	20,2
Bildung und Forschung	131 450	12,9	168 000	11,7	27,8
Gesundheitswesen	364 100	35,8	441 000	30,6	21,3
Soziale Dienste	328 700	32,3	559 500	38,8	70,2
Umwelt- und Naturschutz	2 500	0,2	12 000	0,8	387,4
Wohnungswesen und Beschäftigung	60 600	6,9	87 850	6,1	45,0
Bürger- und Verbraucherinteressen	13 700	1,3	23 700	1,6	73,3
Stiftungen	2 700	0,3	5 400	0,4	101,0
Internationale Aktivitäten	5 100	0,5	9 750	0,7	89,8
Wirtschafts- und Berufsverbände	44 800	4,4	55 800	3,9	24,5
Insgesamt	1 018 000	100	1440 850	100	41,5

Datenbasis: Johns Hopkins Comparative Nonprofit Sector Project, Teilstudie Deutschland

Allerdings schlägt der Bereich Bildung und Forschung in Deutschland im Vergleich zu Ländern wie etwa Großbritannien beschäftigungsmäßig weit weniger zu Buche (vgl. Kendall/Knapp 1996: 113), da hier das Bildungswesen, vor allem im Hochschulbereich, überwiegend staatlich organisiert ist. Demgegenüber ist der beschäftigungsmäßig hohe Stellenwert der Bereiche Soziale Dienste und Gesundheit ein Ergebnis der „dualen Struktur" der Wohlfahrtspflege in Deutschland, die die Bestandssicherung und Eigenständigkeit der freien Träger bei gleichzeitiger Förderverpflichtung und Gesamtverantwortung der öffentlichen Träger gesetzlich garantiert (Sachße 1995: 133). Gemäß dem Subsidiaritätsprinzip ist diese „duale Struktur" auch in den entsprechenden Sozialgesetzen rechtlich verankert. Danach ist der Staat in Deutschland in den Bereichen Soziales und Gesundheitswesen mehr oder weniger verpflichtet, bei der Ausführung öffentlicher Aufgaben auf bestimmte private Anbieter – namentlich die Wohlfahrtsverbände – zurückzugreifen (Zimmer/Nährlich 1998; Zimmer 1997a: 78-86). Während in den genannten Bereichen eine Finanzierungsverpflichtung der öffentlichen Hand besteht, wobei allerdings die Höhe nicht festgelegt ist und variieren kann, zählt die

Unterstützung von Nonprofit-Organisationen, die in Bereichen wie etwa Kultur, Freizeit oder auch Umwelt- und Naturschutz tätig sind, nicht zu den Pflichtaufgaben, sondern zu den freiwilligen Leistungen (vgl. auch Kapitel 4 Lokale Fallstudien). Auch in Deutschland zeigt sich, analog den Ergebnissen des internationalen Vergleichs, dass der finanziellen Unterstützung des Sektors durch die öffentliche Hand eine wesentliche Rolle für die Beschäftigungsrelevanz der einzelnen Bereiche zukommt (Salamon/Anheier 1999: 25). So befand sich 1995 fast jeder dritte Arbeitsplatz des deutschen Nonprofit-Sektors im Bereich des Gesundheitswesens, und jede dritte Mark wurde dort ausgegeben. Für den Bereich der Sozialen Dienste war es sogar etwas mehr als jeder dritte Arbeitsplatz und jede vierte Mark. Gerade diese beiden Bereiche zeichnen sich jedoch, worauf noch näher eingegangen wird, durch einen hohen bzw. überwiegenden Anteil öffentlicher Finanzierung aus.

Zwar hat sich die interne Strukturierung und Zusammensetzung des Sektors zwischen 1990 und 1995 nur geringfügig verändert, gleichwohl lässt sich gerade hinsichtlich der beschäftigungsintensiven Bereiche Gesundheitswesen und Soziale Dienste eine deutliche Änderung der Gewichtung feststellen. So befindet sich der Bereich Soziale Dienste im Hinblick auf die Beschäftigten auf Wachstumskurs, während im Gesundheitswesen Einbußen zu verzeichnen sind. Diese strukturellen Effekte sind auf Veränderungen staatlicher Rahmenbedingungen (Gesundheitsreformgesetz) sowie auf die Situation in den neuen Bundesländern zurückzuführen. Zum einen wirkten Maßnahmen der Gesundheitsreform eher hemmend auf einen Anstieg der Beschäftigung in diesem Bereich, zum anderen dürfte der höhere Anteil öffentlicher Trägerschaften im Gesundheitswesen in den neuen Bundesländern Einfluss ausüben. Gleichzeitig haben der transformationsbedingte gesellschaftliche Umbau und die Zunahme sozialer Problemlagen in Ostdeutschland sowie die zunehmende Nachfrage nach persönlichen Dienstleistungen in Ost und West zu einem relativ starken Anstieg der Beschäftigung im Bereich Soziale Dienste geführt.

Wenn auch ihr Anteil an der Gesamtbeschäftigung des Sektors mit knapp zwei Prozent und 27.150 Beschäftigten kaum ins Gewicht fällt, so hatten prozentual betrachtet die Bereiche Umwelt- und Naturschutz, Internationale Aktivitäten und Stiftungen in den 1990er Jahren die größten Zuwächse. Wie anhand der Ergebnisse der Organisationsbefragung noch zu zeigen ist, handelt es sich hierbei um Tätigkeitsfelder von Nonprofit-Organisationen, die erst in jüngster Zeit in stärkerem Maße besetzt worden sind. Es scheint insofern einiges darauf hinzudeuten, dass die relativ neuen Arbeitsbereiche von Nonprofit-Organisationen sich auch beschäftigungsmäßig eher auf Expansionskurs befinden, während die stärker etablierten Bereiche, bei denen eine intensive Kooperation mit dem Staat besteht – wie insbesondere im Gesundheitswesen – im Hinblick auf ihre Beschäftigungsrelevanz eher schwierigen Zeiten entgegensehen. Da es sich bei den traditionellen Bereichen aber gerade um beschäftigungsintensive Bereiche handelt, sind die Potenziale des

Nonprofit-Sektors für eine Fortsetzung der äußerst dynamischen Beschäftigungsentwicklung unter den gegebenen Rahmenbedingungen perspektivisch eher vorsichtig einzuschätzen. Die sprichwörtliche Staatsnähe des deutschen Nonprofit-Sektors bzw. der feste Einbau seiner im sozialen Bereich tätigen Organisationen in die „duale Struktur" des Wohlfahrtssystems, die bisher, auch in den 1990er Jahren, wesentlich zur dynamischen Beschäftigungsentwicklung des Sektors beigetragen hat, könnte sich in Zukunft eher als Hemmnis für eine weitere Beschäftigungsexpansion erweisen.

4.2.2 Zur ehrenamtlichen Arbeit

In engem Zusammenhang zur Ressourcenstruktur des Nonprofit-Sektors steht auch der Input durch ehrenamtliche Arbeit und freiwillige Leistungen. Tatsächlich kommt im Nonprofit-Sektor der Bundesrepublik auf drei hauptamtliche Vollzeitkräfte jeweils der Arbeitsaufwand (Vollzeit) von zwei Ehrenamtlichen und sonstige freiwillige Tätigkeiten Leistenden. Allerdings stellt sich dieses Verhältnis in den einzelnen Bereichen des Dritten Sektors sehr unterschiedlich dar (vgl. Tabelle 4.2.2.1).

Tabelle 4.2.2.1: Ehrenamtliche im Nonprofit-Sektor 1995

Bereich	Ehrenamtliche in Tausend	In Prozent
Kultur und Erholung	5 866	50,7
Bildung und Forschung	330	2,9
Gesundheitswesen	1 318	11,4
Soziale Dienste	1 187	10,2
Umwelt- und Naturschutz	857	7,4
Wohnungswesen und Beschäftigung	132	1,1
Bürger- und Verbraucherinteressen	725	6,2
Stiftungen	198	1,7
Internationale Aktivitäten	396	3,4
Wirtschafts- und Berufsverbände	593	5,1
Insgesamt	16 678	100

Datenbasis: Johns Hopkins Comparative Nonprofit Sector Project, Teilstudie Deutschland

Obwohl die Organisationen im Bereich Kultur und Erholung 1995 nur für 5,4 Prozent der bezahlten Nonprofit-Beschäftigung aufkommen, sind hier die meisten ehrenamtlichen und freiwilligen Mitarbeiter tätig. Bezieht man die ehrenamtliche Arbeit in die Bilanz ein, so kommt man allein für diesen Bereich auf ein Äquivalent von 400.000 Vollzeitarbeitsplätzen. Unter Berücksichtigung der zusätzlich zur regulären Beschäftigung hier investierten Zeit entfallen rund 20 Prozent des im Dritten Sektor geleisteten Gesamtzeitaufwandes auf den Freizeitbereich. Im Bereich Kultur und Erholung war 1995 etwa die Hälfte aller im Nonprofit-Sektor ehrenamtlich Engagierten tätig, hier wurden rund 40 Prozent der gesamten ehrenamtlichen und freiwilligen Arbeit geleistet, und zwar überwiegend in Sportvereinen und ähnlichen Organisationen. Zwar sind auch im Gesundheitswesen, bei den Sozialen Diensten, bei Umweltschutzgruppen und Staatsbürgervereinigungen freiwillige und ehrenamtliche Mitarbeiter tätig, doch sind sie hier keineswegs so stark vertreten wie im Sport oder im Kulturbereich. Der Anteil des Gesundheitswesens am gesamten Zeitvolumen des Sektors sinkt unter Einbeziehung der ehrenamtlichen und freiwilligen Tätigkeiten auf rund 22 Prozent, der Anteil der Sozialen Dienste auf 27 Prozent. Insgesamt entspricht der von Ehrenamtlichen und sonstigen freiwillig Tätigen im Dritten Sektor geleistete Zeitaufwand auf Vollzeitäquivalente umgerechnet in etwa einer Million Beschäftigte.

Insgesamt sind es vier Bereiche, die maßgeblich durch freiwillige, unbezahlte Arbeit gekennzeichnet sind: die Bereiche Kultur und Erholung, Umweltschutzorganisationen, Staatsbürgervereinigungen und schließlich Stiftungen. Die Bereiche Bildung und Forschung, Gesundheitswesen und Soziale Dienste sind dagegen hauptsächlich auf bezahlte Arbeit angewiesen. So kommt zum Beispiel im Bereich Soziale Dienste lediglich ein ehrenamtlicher oder freiwilliger Mitarbeiter auf sechs bezahlte Kräfte; dagegen ist das Verhältnis mit fünf Freiwilligen auf einen bezahlten Mitarbeiter im Bereich Freizeit und Kultur fast genau umgekehrt. Wie aus Berichten von Praktikern bekannt, stellt ein kooperatives Nebeneinander von hauptamtlicher Beschäftigung und ehrenamtlicher Arbeit an Nonprofit-Organisationen erhebliche Anforderungen (Nährlich/Zimmer 2000). Aktuell diskutierte Vorschläge zur Zukunft der Arbeit, wie sie etwa in Form der „Bürgerarbeit" von der Zukunftskommission der Länder Bayern und Sachsen vorgetragen wurden, haben daher bei den derzeitigen Beschäftigungsstrukturen im Nonprofit-Sektor eher geringe Realisierungschancen.

4.2.3 Zur Finanzierung des Sektors

Die „Staatsnähe" des Nonprofit-Sektors in Deutschland ist bisher nur im Hinblick auf die „duale Struktur" der Wohlfahrtspflege und somit hinsichtlich der Bereiche Soziale Dienste und Gesundheitswesen angesprochen worden. Wie staatsnah der deutsche Nonprofit-Sektor jedoch insgesamt ausgerichtet ist, zeigt sich vor allem an seiner im internationalen Vergleich stark abweichenden Finanzierungsstruktur (vgl. Tabelle 4.2.3.1).

Wie bereits ausgeführt, stellen im internationalen Vergleich die über Gebühren, Entgelte sowie Mitgliederbeiträge selbst erwirtschafteten Mittel mit einem Anteil von 47 Prozent an den Gesamteinnahmen die Haupteinnahmequelle des Nonprofit-Sektors dar. Danach kommen mit einem Anteil von 42 Prozent an den Gesamteinnahmen die Zuwendungen der öffentlichen Hand, worunter im Rahmen des Johns Hopkins-Projektes auch die Zuweisungen und

Leistungsentgelte der Sozialversicherungen gefasst werden. Den geringsten Anteil an der Finanzierung des Nonprofit-Sektors haben im internationalen Vergleich mit insgesamt elf Prozent die Spendenmittel und Sponsorengelder.

Tabelle 4.2.3.1: Finanzierungsstruktur des Sektors in Deutschland im Vergleich zum 19-Länder-Durchschnitt, in Prozent an der Gesamtfinanzierung

	Deutschland	19-Länder-Durchschnitt
Öffentliche Hand	64,3	42,0
Spenden und Sponsoring	3,4	11,0
Selbsterwirtschaftete Mittel (+ Mitgliedsbeiträge)	32,3	47,0

Quelle: Johns Hopkins Comparative Nonprofit Sector Project

Deutschland weicht insofern erheblich von dieser Finanzierungsstruktur ab, als die wichtigsten Einnahmequellen des Nonprofit-Sektors hier die öffentliche Hand und die Zuwendungen der Sozialversicherungen darstellen. Insgesamt wird deutlich mehr als die Hälfte der Einnahmen des Sektors – 64,3 Prozent – über die Sozialversicherungen oder direkte öffentliche Zuwendungen finanziert. Dementsprechend niedriger fällt der Anteil der selbsterwirtschafteten Mittel an der Gesamtfinanzierung des Sektors aus, der sich in Deutschland auf 32 Prozent beläuft. Schließlich ist der im internationalen Vergleich sehr geringe Anteil der Finanzierung über Spenden und Sponsoringmittel herauszustellen. Konkret haben Spenden- und Sponsorengelder nur einen Anteil von drei Prozent an der Gesamtfinanzierung des Sektors in Deutschland (vgl. Tabelle 4.2.3.2).

Allerdings wird der Finanzierungsmix der Nonprofit-Organisationen nicht in allen Bereichen gleichermaßen von öffentlichen Geldern und Zuwendungen der Sozialversicherungsträger dominiert. Es sind vor allem die beschäftigungsintensiven Bereiche Gesundheitswesen (94%), Bildung und Forschung (76%) sowie Soziale Dienste (66%), die sich durch eine überwiegende bzw. nahezu vollständige öffentliche Finanzierung auszeichnen. Auf den ersten Blick ist sicherlich überraschend, dass auch die Bereiche Bürger- und Verbraucherinteressen (58%) sowie Internationale Aktivitäten (52%) überwiegend öffentlich finanziert sind. Dies ist jedoch im Wesentlichen auf die Tradition der Subsidiarität zurückzuführen. So sind unter dem Dach der Wohlfahrtsverbände auf lokaler Ebene zahlreiche Nonprofit-Organisationen wie etwa Schuldnerberatungen, Frauenberatungs- oder Verbraucherberatungseinrichtungen tätig, die meist in kommunalen Auftrag als private Träger Aufgaben im öffentlichen Interesse wahrnehmen. Entsprechendes gilt für den Bereich der Internationalen Aktivitäten. Auch hier handeln private Nonprofit-Organisationen vorwiegend in staatlichem Auftrag.

Tabelle 4.2.3.2: Einnahmequellen des Nonprofit-Sektors nach Bereichen, 1990 und 1995

Bereich	Öffentliche Hand		Spenden		Selbstewirtschaftete Mittel	
	1990	1995	1990	1995	1990	1995
			in Prozent			
Kultur und Erholung	16,8	20,4	9,4	13,4	73,8	66,2
Bildung und Forschung	69,9	75,4	2,0	1,9	28,1	22,6
Gesundheitswesen	83,9	93,8	2,6	0,1	13,4	6,1
Soziale Dienste	82,6	65,5	7,3	4,7	10,1	29,8
Umwelt- und Naturschutz	23,2	22,3	3,7	15,6	73,1	62,1
Wohnungswesen	57,2	0,9	0,0	0,5	42,7	98,6
Bürger- und Verbraucherinteressen	41,9	57,6	4,5	6,6	53,6	35,8
Stiftungen	14,8	10,4	0,5	3,4	84,7	86,2
Internationale Aktivitäten	76,9	51,3	16,8	40,9	6,2	7,8
Wirtschafts- und Berufsverbände	5,5	2,0	0,3	0,8	94,3	97,2
Insgesamt	68,2	64,3	3,9	3,4	27,9	33,3

Datenbasis: Johns Hopkins Comparative Nonprofit Sector Project, Teilstudie Deutschland

Der vergleichsweise geringe Spendenanteil an der Gesamtfinanzierung des Sektors darf jedoch nicht dazu verleiten, diese Finanzierungsquelle unterzubewerten. Zwar haben Spenden- und Sponsorengelder mit gut drei Prozent nur einen geringen Anteil an der Gesamtfinanzierung des Sektors, doch immerhin handelte es sich hierbei im Jahr 1995 um einen Betrag von 4,6 Milliarden Mark. Doch lassen sich durchaus Tätigkeitsfelder von Nonprofit-Organisationen feststellen, für die Einnahmen aus Spendenmitteln und Sponsorengeldern eine ganz erhebliche Rolle spielen. So haben Spendengelder mit einem Anteil von über 40 Prozent an der Gesamtfinanzierung eine herausragende Bedeutung für den Bereich Internationale Aktivitäten. Hier schlagen vor allem die Spendenaufrufe der Entwicklungshilfe- und der internationalen Hilfsorganisationen, angefangen bei den kirchlichen Hilfswerken „Misereor" und „Brot für die Welt" bis hin zum „Roten Kreuz", zu Buche (Thränhardt 1995). Wie schon ausgeführt, ist es sicherlich überraschend, dass die Finanzierungsstruktur dieses Tätigkeitsbereichs trotz des hohen Finanzierungsanteils privater Mittel dennoch überwiegend staatlich finanziert ist. Dies ist dadurch zu erklären, dass die Bundesrepublik kaum über staatliche Organisationen der Entwicklungshilfe verfügt. Der deutsche Staat ist im Ausland in der Regel indirekt über Mittlerorganisationen, wie etwa den als Verein organisierten Deutschen Akademischen Auslandsdienst, oder aber über die verschiedenen Hilfswerke aktiv, die sich in kirchlicher Trägerschaft befinden oder ebenfalls als e.V. organisiert sind (Nährlich/Zimmer 1998).

Einen mit knapp 16 Prozent noch weit über dem Durchschnitt liegenden Anteil an der bereichsspezifischen Gesamtfinanzierung haben private Zuwendungen auch im Bereich Umwelt- und Naturschutz. Hierzu zählen Organisationen, die in den Feldern Umwelt-, Natur- und Artenschutz, in der Landschaftspflege sowie im Tierschutz, einschließlich Tierheime und tierärztliche Dienste, tätig sind. Neben den vielen kleinen lokalen Initiativen und traditionellen Tier- und Landschaftsschutzvereinen sind hier insbesondere auch einige wenige Großorganisationen wie etwa der World Wildlife Fund zu nennen.

Der Bereich Kultur und Erholung einschließlich Sport und Freizeit liegt mit einem Anteil von gut 13 Prozent privater Mittel an der Gesamtfinanzierung ebenfalls deutlich über dem bundesdeutschen Durchschnitt. Hinsichtlich des Engagements von Sponsoren sind der Sport und die Kultur die am besten untersuchten Bereiche des Nonprofit-Sektors (Bruhn 1991).

Schließlich sind noch die Bereiche Bürger- und Verbraucherinteressen sowie Soziale Dienste zu erwähnen, die hinsichtlich des Anteils privater Mittel an der bereichsspezifischen Gesamtfinanzierung mit jeweils knapp sieben bzw. fünf Prozent den Durchschnittswert ebenfalls übersteigen. Auch hier ist es zunächst überraschend, dass gerade der Bereich Bürger- und Verbraucherinteressen überwiegend staatlich finanziert ist und der Anteil von sieben Prozent privater Zuwendungen an der Gesamtfinanzierung sich vergleichsweise eher bescheiden ausnimmt. Hinsichtlich des hohen Staatsanteils schlagen vor allem die zahlreichen Beratungseinrichtungen wie etwa die Rechts- und Frauenberatungsstellen zu Buche, die in der Regel mit kommunalen Mitteln finanziert werden. Bei den Sozialen Diensten gehen Spendenleistungen vor allem an die Hilfsdienste sowie an die im Rettungswesen tätigen Organisationen, wie etwa an das Rote Kreuz (Nährlich 1998). Hier eröffnet sich ein weites Feld unterschiedlichster Einrichtungen und Tätigkeitsfelder, das von der Jugendarbeit über die mobilen sozialen Hilfsdienste bis hin zur Hilfe für Asylbewerber und Aussiedler reicht. In der allgemeinen Öffentlichkeit wird gerade dieser Bereich mit Spendenleistungen und freiwilligen Zuwendungen in Verbindung gebracht. Dies trifft insofern zu, als die Sozialen Dienste mit 1,6 Milliarden DM 1995 den größten Anteil an den privaten Spendenleistungen hatten. In der Retrospektive zeigt sich jedoch hier ein Rückgang des Spendenaufkommens, während insbesondere die Bereiche Internationale Aktivitäten sowie Umwelt- und Naturschutz deutlich an Attraktivität für Spendenleistungen gewonnen haben.

Den selbsterwirtschafteten Mitteln bzw. den Einnahmen über Gebühren und Entgelte, die im internationalen Vergleich eine wesentliche Finanzierungsquelle des Nonprofit-Sektors bilden, kommt im bundesdeutschen Kontext momentan eine eher nachgeordnete Bedeutung zu. Dies ist insofern interessant, als aus internationaler Perspektive äußerst kontrovers die Problematik der zunehmenden Kommerzialisierung des Nonprofit-Sektors diskutiert wird. In Anlehnung an den Titel einer aktuellen Publikation stellt sich derzeit die Frage „To profit or not to profit – the commercial transformation of the

Nonprofit Sector?" (Weisbrod 1998). Der Leiter des Hopkins-Projektes Lester Salamon verortet den Sektor derzeit an einer *crossroad* bzw. Wegkreuzung, von der aus sich der Sektor gänzlich in Richtung Markt zu bewegen scheint (Salamon 1999).

Für die deutsche Situation trifft diese Diagnose für die 1990er Jahre allerdings nicht zu. Vielmehr lässt sich hier im Vergleich zu 1990 mit ganz wenigen Ausnahmen nahezu in allen Bereichen eine anteilsmäßige Erhöhung der Finanzierung des Sektors durch öffentliche Mittel feststellen. Als Grund hierfür ist maßgeblich der Aufbau des Nonprofit-Sektors in den neuen Bundesländern zu nennen, der mit ganz erheblicher finanzieller Unterstützung und Hilfestellung von Seiten des Bundes erfolgte (Zimmer/Priller 1994b). Beispielsweise gingen im Zeitraum 1990-1994 allein im Sport 276,2 Millionen DM an Finanzmitteln in die neuen Länder (Deutscher Bundestag 11. Wahlperiode/Drucksache 11/8459), und mit 47 Millionen DM wurde in den Jahren direkt nach der Wende ausschließlich der Aufbau von wohlfahrtsverbandlichen Strukturen unterstützt (Zimmer/Priller 1995: 24). Die einzigen Bereiche, die von diesem Muster einer Erhöhung der öffentlichen Zuwendungen deutlich abweichen, sind das Wohnungswesen und die Sozialen Dienste. Während die veränderte Einnahmenstruktur im Bereich des Wohnungswesens maßgeblich auf die Änderung der gesetzlichen Rahmenbedingungen, namentlich der Abschaffung der Gemeinnützigkeit, zurückzuführen ist, scheint sich bei den Sozialen Diensten zumindest ansatzweise eine stärkere Orientierung am Markt unter den gegebenen Rahmenbedingungen abzuzeichnen. Im Vergleich zum Jahr 1990 sind im Jahr 1995 die selbst erwirtschafteten Mittel in diesem Bereich von 10,1 Prozent auf 29,8 Prozent der Gesamtfinanzierung gestiegen.

Nach wie vor ist jedoch eine Finanzierung über den Markt nicht typisch für den deutschen Nonprofit-Sektor. Vielmehr sind diejenigen Bereiche, deren Finanzierungsmix sich durch einen vergleichsweise hohen Anteil selbst erwirtschafteter Mittel auszeichnet, klassischerweise durch Mitgliederorganisationen geprägt. So finanzieren sich Wirtschaftsverbände und Gewerkschaften vorrangig über Mitgliedsbeiträge. Entsprechendes gilt im Bereich Kultur und Erholung für die Sport- und Kulturvereine. Der erhebliche Anteil der selbsterwirtschafteten Mittel im Bereich Umwelt- und Naturschutz ist dagegen nur zum Teil auf Mitgliedsbeiträge zurückzuführen. Entscheidend sind hier Einnahmen der großen in diesem Bereich tätigen und im Wesentlichen am Markt orientierten Forschungs- und Beratungseinrichtungen, wie etwa des Öko-Instituts in Freiburg oder des IFEU in Heidelberg. Ob sich der deutsche Nonprofit-Sektor, analog zum internationalen Trend, in Zukunft ebenfalls stärker als bisher am Markt orientieren wird, hängt wesentlich von der Entwicklung der gesetzlichen Rahmenbedingungen ab, die den wirtschaftlichen Entfaltungsmöglichkeiten von Nonprofit-Organisationen hier zu Lande bisher doch recht enge Grenzen setzen (vgl. Betzelt 2000).

4.2.4 Der Dritte Sektor in Ostdeutschland: Bilanz einer erfolgreichen Transformation

Hinsichtlich der Entwicklung des Sektors in Ostdeutschland kann von einer erfolgreichen Transformation gesprochen werden. Zwar ist der Nonprofit-Sektor noch nicht in gleicher Weise etabliert wie in den alten Ländern, gleichwohl hat er sich seit der Wende zu einem festen Bestandteil der ostdeutschen Gesellschaft entwickelt. Es lassen sich mehrere Gründe anführen, warum der Transformationsprozess im Unterschied zu anderen Bereichen, wie insbesondere der Wirtschaft (Czada/Lehmbruch 1998), hier erfolgreicher verlief.

Rahmenbedingungen der Transformation

So ist an erster Stelle darauf hinzuweisen, dass zumindest rudimentär an bestehende Strukturen sowie gesellschaftliche Dispositionen angeknüpft werden konnte. Hierauf hat insbesondere Wolfgang Seibel hingewiesen, der dem Sektor in Ostdeutschland sogar eine institutionelle Kontinuität bescheinigt (vgl. Seibel 1997: 141). Das kurz nach der Wende häufig vorgetragene Argument, dass der Nonprofit-Sektor in der DDR praktisch nicht existent war, weil es ihn sozial-ökonomisch nicht zu geben brauchte und politisch-ideologisch nicht geben durfte (vgl. Ronge 1992: 67), ist inzwischen durch eine differenziertere Bewertung abgelöst worden. Danach fehlten in der DDR durch das Fehlen des Marktes und die Dominanz des Staates tatsächlich jene „Zwischenräume" zwischen Staat und Markt, in denen man allgemein den Nonprofit-Sektor angesiedelt sieht. Dennoch beließ der paternalistische Staat bewusst oder unbewusst, gezielt oder ungewollt, aufgrund seiner wirtschaftlichen Schwäche Lücken in seinen Versorgungssystemen. Neben den staatlichen Institutionen gab es eine Reihe von Organisationen, die die Aufgabe übernahmen, diese Lücken der staatlichen Versorgungssysteme zu schließen (Seibel 1997: 128f.). Unter Berücksichtigung der gegebenen spezifischen Bedingungen lassen sich diese Organisationen zumindest in einem weiteren Sinne als Nonprofit-Organisationen charakterisieren (Anheier/Priller 1991), wenngleich sie auch in hohem Maß hierarchisch gesteuert und nur rudimentär zivilgesellschaftlich eingebettet waren. Auf einen knappen Nenner gebracht, könnte man die spezifische Situation der Nonprofit-Organisationen in der ehemaligen DDR wie folgt beschreiben: Die Organisationen waren systemkonform, staatsgebunden, gleichgeschaltet und zugleich mitgliederstark (Priller 1998: 545f.).

So wurde von den rund 90 in der DDR vorhandenen gesellschaftlichen Massenorganisationen nicht nur verlangt, dass sie in ihrem Charakter und ihrer Zielausrichtung mit der sozialistischen Ordnung übereinstimmten, sondern den meisten Organisationen kam gleichzeitig eine wichtige Rolle bei der

SED-dominierten Ideologieverbreitung und -durchsetzung zu. Doch neben diesen integrierenden, harmonisierenden und disziplinierenden Funktionen waren die Organisationen eben auch als soziale Dienstleister tätig. Dabei wurden typische Mechanismen der Arbeitsweise von Nonprofit-Organisationen angewandt, indem die Bereitstellung von Leistungen und Gütern über mehr oder weniger freiwillige und ehrenamtliche Tätigkeiten, Mitgliedsbeiträge und Spenden der Bevölkerung erfolgte (Priller 1997: 102f., 1998). An diese Tradition konnte nach 1990 beim Aufbau des Nonprofit-Sektors in Ostdeutschland angeknüpft werden.

Nachhaltig beschleunigt wurde der Aufbau des Sektors in den neuen Ländern durch den Institutionentransfer (Lehmbruch 1993). In den verschiedenen Verträgen wurden das rechtliche Gerüst des Sektors und seine verfassungsmäßige Verankerung nicht nur auf die neuen Länder übertragen, sondern in ausgewählten Bereichen, wie etwa dem Sport oder der Kultur, wurde den Nonprofit-Organisationen in Ostdeutschland sogar ein gewichtigerer Stellenwert eingeräumt als in den alten Ländern. Während der Staatsvertrag mit der Garantie der originären Grundrechte die Grundlagen zur Entwicklung eines Nonprofit-Sektors auf dem Gebiet der Noch-DDR legte, wurde durch die Übernahme bundesdeutscher Verhältnisse die Ausgestaltung dieses Bereichs in hohem Maße vorstrukturiert. Dies gilt insbesondere für die Bereiche Gesundheitswesen und Soziale Dienste, die strukturiert nach westdeutschem Muster, den Wohlfahrtsverbänden von Anfang an eine zentrale Position einräumten (Angerhausen et al. 1998). Entsprechendes gilt für die Übertragung der Finanzhoheit auf Kommunen und Länder. Relativ rasch entwickelten sich auch in Ostdeutschland die Kommunen zum wichtigsten Partner der Nonprofit-Organisationen.

Der Einigungsvertrag schuf keine grundlegend neuen Tatbestände, auch hier ging es im Wesentlichen um die Übertragung und Verankerung bundesdeutscher Verhältnisse. Für den sich formierenden Nonprofit-Sektor in Ostdeutschland waren insbesondere die Artikel 13 (Trägerschaftsregelung nach dem Provenienzprinzip), Artikel 32 (Sonderrolle der Freien Wohlfahrtspflege), Artikel 35 (besonderer Schutz der Kulturgüter) und Artikel 39 (Umstellung auf das Selbstverwaltungsprinzip im Sport) des Einigungsvertrages zentral (Zimmer/Priller 1996). So waren zur DDR-Zeit viele Einrichtungen, die sich in der Bundesrepublik in frei-gemeinnütziger Trägerschaft befinden, wie etwa Kindergärten und Kindertagesstätten, Heime, Sportstätten und andere Freizeiteinrichtungen, Betrieben angeschlossen. Gemäß Artikel 13 gingen diese Einrichtungen mehrheitlich zunächst in kommunale und anschließend größtenteils in Nonprofit-Trägerschaft über. Mit Artikel 32 wurde die spezifische Interpretation des Subsidiaritätsprinzips zugunsten der Wohlfahrtsverbände ausdrücklich bestätigt sowie den Spitzenverbänden eine nachhaltige Unterstützung ihres „Auf- und Ausbaus" in den neuen Ländern zugesichert. Das außergewöhnliche Engagement des Bundes im Kulturbereich der neuen Länder wurde mit Artikel 32 legitimiert. Hiervon profitierten neben den eher der Hochkultur zuzurechnenden Einrichtungen auch das Vereinswesen und speziell die Soziokultur in Ostdeutschland (vgl. Kulturstrecke 1998). Artikel 39 bestimmte schließlich die Selbstorganisation des Sports, wobei wiederum die ideelle und materielle Unterstützung durch die öffentlichen Hände zugesichert wurde.

Zeitgleich mit der Vereinigung begannen auf der Ebene der neuen Länder die Arbeiten an den Landesverfassungen.[1] Auch sie enthalten einzelne für Nonprofit-Organisationen relevante Bestimmungen. So wurde in den Landesverfassungen von Brandenburg und Mecklenburg-Vorpommern das Spektrum der politischen Interessenvertretung auf Bürgerbewegungen erweitert, denen analog zu Parteien, Verbänden und Vereinen die Mitwirkung an der politischen Willensbildung garantiert wird.[2] Mit Ausnahme der Landesverfassung von Mecklenburg-Vorpommern finden sich explizite Aussagen zu Schulen in freier Trägerschaft in allen Verfassungen der neuen Länder.[3] Entsprechendes gilt auch für die Förderung von Kunst, Kultur und Sport.[4] Die herausgehobene Position der Wohlfahrtsverbände wird auch in den Landesverfassungen bestätigt. Mit Ausnahme Brandenburgs enthalten die Verfassungen der neuen Länder alle diesbezügliche Bestimmungen[5], wobei nur in der Verfassung von Mecklenburg-Vorpommern auch die Unterstützung der Selbsthilfe verbrieft ist (Art. 19.1). Gekoppelt sind die Ausführungen zur Freien Wohlfahrtspflege in der Regel mit einem ausführlichen Hinweis auf die diakonische und karitative Arbeit der Kirchen und der sich in kirchlicher Trägerschaft befindenden Einrichtungen. Angesichts der säkularen DDR-Vergangenheit und des vergleichsweise geringen Anteils von Kirchenmitgliedern in der Bevölkerung der neuen Länder ist die direkte und ausführliche Bezugnahme auf gemeinnützige Einrichtungen in kirchlicher Trägerschaft in den Landesverfassungen durchaus bemerkenswert.

Als weiterer, zur erfolgreichen Etablierung des Sektors maßgeblich beitragender Faktor ist der monetäre Ressourcentransfer zu nennen. Abgesehen vom Fonds „Deutsche Einheit", über den Bund und Länder gemeinsam einen Betrag von 115 Milliarden für die neuen Länder bereitstellten (Schäuble 1991: 179), sind hier „Sonderprogramme" wie etwa die „Beitragsbedingte Kulturförderung" (Ackermann 1991) anzuführen. So wurde beispielsweise in den Jahren direkt nach der Wende mit 47 Millionen DM der Aufbau von wohlfahrtsverbandlichen Strukturen unterstützt, insgesamt 100 Millionen DM

---

1 Brandenburg 20.8.1992, Mecklenburg-Vorpommern 29.7.1994, Sachsen 27.5.1992, Sachsen-Anhalt 17.7.1992, Thüringen 29.10.1993
2 Brandenburg Art. 20 (3), Mecklenburg-Vorpommern Art. 2 (4)
3 Brandenburg Art. 30 (6), Sachsen Art. 102 (3), Sachsen-Anhalt Art. 28, Thüringen Art. 26
4 Brandenburg Art. 34, Mecklenburg-Vorpommern Art. 16, Sachsen Art. 11, Sachsen-Anhalt Art. 36, Thüringen Art. 30
5 Mecklenburg-Vorpommern Art. 19 (2), Sachsen Art. 110 (2), Sachsen-Anhalt Art. 33, Thüringen Art. 41

gingen an die Wohlfahrtsverbände zum zeitgemäßen Ausbau sozialer Einrichtungen und rund 32 Millionen DM dienten zum Aufbau von Sozialstationen, die sich weitgehend in frei-gemeinnütziger Trägerschaft befinden (vgl. Sozialpolitische Rundschau Nr. 385/1995).

Erfolgsindikatoren der Transformation

Unter diesen Rahmenbedingungen konnte sich ein Nonprofit-Sektor in Ostdeutschland entwickeln, dessen erfolgreiche Etablierung anhand einiger Indikatoren festzumachen ist, die entsprechend dem Ansatz des Johns Hopkins-Projektes eher quantitativ orientiert sind und insofern weniger die zivilgesellschaftliche Einbettung des Sektors als seine Dienstleistungsfunktion betonen.

Als erster Erfolgsindikator ist hier der seit 1990 in Ostdeutschland erfolgte Gründungsboom von Nonprofit-Organisationen anzuführen. Vor allem direkt nach der Wende kam es zu einer nahezu explosionsartigen Gründungswelle von Vereinen. Der anfängliche Boom schwächte sich in den Folgejahren zwar ab, nach wie vor lässt sich jedoch eine kontinuierliche Entwicklung feststellen, so dass in den 1990er Jahren in Ostdeutschland eine vielfältige Organisationslandschaft entstanden ist. Wie die folgende Abbildung zeigt, hält der Trend zur Gründung von Vereinen auch weiterhin auf relativ hohem Niveau an (vgl. Abbildung 4.2.4.1).

Im Zeitraum von 1990-1998 hat sich die Zahl der eingetragenen Vereine in den ostdeutschen Landeshauptstädten jeweils etwa verdreifacht. Inzwischen wird eine Vereinsdichte erreicht, die im Durchschnitt der fünf Landeshauptstädte bei 650 Vereinen je 100.000 Einwohner liegt und damit quantitativ mit dem Niveau den alten Bundesländern vergleichbar ist.

Insgesamt kann man von einer Zahl zwischen 80.000 und 100.000 Vereinen in den neuen Bundesländern ausgehen. Ähnlich wie in den alten Ländern prägen auch in Ostdeutschland relativ junge Organisationen den Nonprofit-Sektor. Hier lässt sich ein deutliches Übergewicht von erst nach 1990 entstandenen NPOs feststellen, die damit als echte Nachwendeorganisationen anzusehen sind (vgl. zum Alternativbereich: Rucht/Blattert/Rink 1997).

Gleichzeitig zeichnet sich der Sektor insofern durch institutionelle Kontinuität aus, als es einer ganzen Reihe von sogenannten Alt-Organisationen gelungen ist, Profil, Arbeitsstil und Angebotspalette den veränderten Bedingungen in den neuen Ländern anzupassen. Als prominente Beispiele sind hier die Volkssolidarität (Tangemann 1995; Gehrmann 1999) sowie der Kulturbund anzuführen. Aber auch die Caritas sowie das Rote Kreuz sind in diesem Kontext zu nennen (Angerhausen et al. 1998).

Abbildung 4.2.4.1: Entwicklung der Anzahl eingetragener Vereine in den fünf Landeshauptstädten der neuen Bundesländer

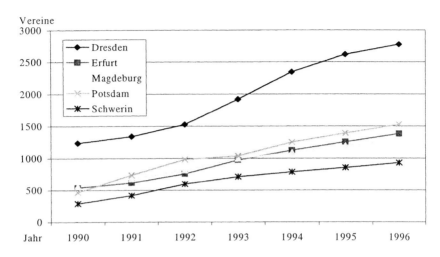

Datenbasis: Angaben der Vereinsregister
Bemerkung: Anzahl der eingetragenen Vereine = Neueintragungen – Löschungen

Als dritte Komponente des Nonprofit-Sektors in Ostdeutschland sind schließlich jene Organisationen anzuführen, die nach dem Beitritt der DDR zur Bundesrepublik in die neuen Bundesländer expandierten. Als vergleichsweise gut untersuchtes Beispiel aus dem sozialen Bereich kann hier die AWO genannt werden (Angerhausen et al. 1998: 167-194). Ansonsten zählen hierzu vor allem die im Bereich der Interessenvertretung tätigen NPOs, Verbände und Gewerkschaften (Schmid et al. 1994).

Ein weiterer Erfolgsindikator ist die Beschäftigung, die sich besonders dynamisch im Nonprofit-Sektor in Ostdeutschland entwickelt hat. Seit 1990 hat sich die Anzahl der Erwerbstätigen hier in etwa verdreifacht. Gemäß den Ergebnissen des Johns Hopkins-Projektes waren 1995 im ostdeutschen Nonprofit-Sektor zwischen 350.000 bis 400.000 Personen hauptamtlich tätig. Der Anteil des Nonprofit-Sektors an der Gesamtbeschäftigung in Ostdeutschland lag damit bei 4,9 Prozent und erreichte somit einen Anteil wie in den alten Bundesländern. Gemessen an der Beschäftigung (Vollzeitäquivalente) hatte der Nonprofit-Sektor in Ostdeutschland im Jahr 1995 einen Anteil von rund 20 Prozent am Gesamtsektor (Priller et al. 1999: 13). Im Vergleich zu anderen mittel- und osteuropäischen Transformationsländern, wie etwa Tschechien, Ungarn, Slowakei oder Rumänien, wird deutlich, welch herausragenden Stellenwert der Sektor in dieser Hinsicht in den neuen Ländern inzwischen erreicht hat. So variiert in den genannten Staaten der Anteil des Nonprofit-Sektors an der Gesamtbeschäftigung zwischen dem niedrigsten Wert von 0,3 Prozent in Rumänien und dem Höchstwert von 2,8 Prozent in Tschechien (Salamon/Anheier 1999: 17).

Schließlich ist auf die besondere Bedeutung der Nonprofit-Organisationen im Rahmen der sozialen Dienstleistungserstellung in den neuen Ländern hinzuweisen. Dem Aufbau frei-gemeinnütziger Strukturen, sprich der Etablierung der Wohlfahrtsverbände, wurde, wie ausgeführt, in den zentralen Vertragswerken sowie auch in den Landesverfassungen ein wichtiger Stellenwert eingeräumt. Im Bereich Soziale Dienste und Gesundheitswesen wurde der Institutionenaufbau und -ausbau ganz maßgeblich auch finanziell unterstützt. In diesem Zusammenhang ist als Erfolgsbilanz unter anderem festzuhalten, dass die Wohlfahrtsverbände bereits 1993 in den neuen Bundesländern über 9.516 Einrichtungen mit einer Kapazität von über 212.000 Betten bzw. Plätzen verfügten (vgl. Priller 1997a: 116). Welche zentrale Rolle dem Nonprofit-Sektor als sozialem Dienstleister auf der lokalen Ebene in den neuen und alten Ländern zukommt, zeigen insbesondere die Ergebnisse der lokalen Fallstudien.

Defizite der Transformation – die zivilgesellschaftliche Einbettung des Sektors in Ostdeutschland

Der Nonprofit-Sektor hat in den neuen Ländern seit 1990 somit eine äußerst dynamische Entwicklung durchlaufen und hinsichtlich der Organisationsdichte und der Positionierung am Arbeitsmarkt einen bedeutenden Stellenwert erlangt. Defizite zeigen sich allerdings, worauf unter anderen auch Seibel hinweist (Seibel 1997: 139), hinsichtlich der zivilgesellschaftlichen Einbettung des Sektors. So ist die gesellschaftliche Unterstützung des Sektors in Form von Mitgliedschaften in Ostdeutschland deutlich geringer ausgeprägt als in den alten Ländern (vgl. Tabelle 4.2.4.1).

Ostdeutsche sind deutlich seltener Mitglieder in Organisationen als westdeutsche Bundesbürger. Dies gilt für Hobby- und Sportvereine ebenso wie für kirchliche Vereine. Über den Zeitraum seit 1990 hat sich dies nicht wesentlich verändert. Eine Ausnahme bildet die Mitgliedschaft in Gewerkschaften, die allerdings drastisch zurückgegangen ist und jetzt nur noch leicht über dem westdeutschen Niveau liegt. Die Mitgliederschwäche der Parteien in den neuen Ländern ist bekannt (Gabriel/Niedermayer 1997: 281). Auch hier ist es im Zeitverlauf nicht zu einer stärkeren Etablierung, sondern anteilsmäßig eher zu einem leichten Rückgang gekommen.

Tabelle 4.2.4.1: Mitgliedschaft in Organisationen (Anteile in der Bevölkerung ab 18 Jahre)

	West				Ost		
	1984	1988	1993	1998	1990	1993	1998
	in Prozent						
Gewerkschaft	18	16	17	12	46	25	13
Partei	6	5	5	4	6	3	3
Bürgerinitiativen	2	2	2	1	2	-	1
Kirchlicher Verein	9	11	7	8	-	5	3
Musik-/Gesangsverein	8	9	6	6	-	1	2
Sportverein	30	31	28	27	-	10	12
Anderer Verein, andere Organisation	23	26	19	22	-	14	14

Datenbasis: Wohlfahrtssurvey 1984, 1988, 1990 – Ost, 1993, 1998

Für den Nonprofit-Sektor in den neuen Ländern bedeuten diese geringeren Mitgliedschaftsquoten eine schwächere Einbettung und Verankerung seiner Organisationen in sozialen Milieus. Oder mit Wolfgang Streeck gesprochen: Die ostdeutschen Nonprofit-Organisationen verfügen nur über wenige „Stammkunden" bzw. über ein im Vergleich zur Situation in den alten Ländern kleineres Hinterland. Dies ist von entscheidender Bedeutung, da Mitglieder nicht nur als spendenfreudige Organisationsteilnehmer, Beitragszahler, ehrenamtliche Vorständler und freiwillige Mitarbeiter maßgeblich zur Existenz und Funktionsfähigkeit von Nonprofit-Organisationen beitragen, sondern Mitgliedschaft zum einen ansteckend ist und sich zum anderen praktisch auch vererbt. In der Regel werden Neumitglieder nicht aktiv rekrutiert, vielmehr macht man im Verein mit, da es in der Familie so üblich ist oder aber viele Bekannte aus dem Freundeskreis ebenfalls in der betreffenden Organisation engagiert sind (vgl. Diakonie 1999: 10; Priller/Zimmer 1999).

Die Aussichten für die weitere Etablierung des Sektors in Ostdeutschland sind jedoch durchaus positiv einzuschätzen, zumindest was die Bereitschaft betrifft, sich aktiv zu beteiligen und sich für spezifische Zwecke zu engagieren. So weisen die Ergebnisse der im Rahmen des Johns Hopkins-Projektes durchgeführten Untersuchung zum ehrenamtlichen Engagement einen Aufwärtstrend auch für Ostdeutschland auf (vgl. Abbildung 4.2.4.2).

Betrachtet man ehrenamtliches Engagement als Indikator für die Ausprägung der Zivilgesellschaft, so wird auch anhand dieser Ergebnisse im Vergleich zu den alten Ländern die schwächere Ausprägung der Zivilgesellschaft in Ostdeutschland deutlich. Während in den alten Ländern 17 Prozent der Befragten sich mindestens einmal pro Monat ehrenamtlich engagieren, sind es in den neuen Ländern nur elf Prozent. Allerdings zeichnet sich auch für Ostdeutschland ein positiver Trend ab. Während es vereinigungsbedingt nach 1990 hier zu einem starken Rückgang des ehrenamtlichen Engagements kam, sind die Beteiligungsquoten seit 1992/94 leicht steigend.

Abbildung 4.2.4.2: Ehrenamtliche Tätigkeit in Deutschland, 1994-1996
(Anteil der mindestens einmal pro Monat Aktiven)

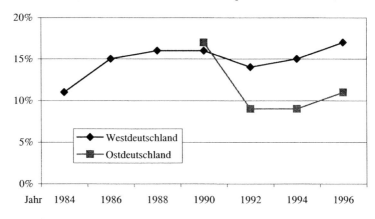

Quelle: SOEP 1984-1996

Vor diesem Hintergrund scheint es wenig gerechtfertigt, den Nonprofit-Sektor in Ostdeutschland primär als „Auffangbecken für rote Socken" zu charakterisieren, der als „Insel" der Kontinuität in einer durch politische, soziale und wirtschaftliche Diskontinuitäten gleichermaßen geprägten Umwelt den ehemaligen Funktionseliten der DDR eine Nische zur zeitlich gestreckten Systemanpassung und -integration bietet (Seibel 1997: 144). Vielmehr ist ergänzend als wesentlicher Faktor der Etablierung des Nonprofit-Sektors in Ostdeutschland hinzuzufügen, dass den Bürgern hier Möglichkeiten der Partizipation eröffnet wurden und werden.

Im Rückblick auf den Vereinigungsprozess wird es heute als großes Defizit angesehen, dass die repräsentative Mitwirkung von Bürgern aus den neuen Bundesländern am öffentlichen Leben der Bundesrepublik nicht erreicht wurde. Dies trifft für höhere Ämter in der Verwaltung und in der Politik ebenso zu wie in der Wissenschaft. Im Unterschied zu den genannten Bereichen bestanden in den Organisationen des Nonprofit-Sektors wesentlich geringere Restriktionen. Wie der Gründungsboom von Vereinen deutlich zeigt, bot und bietet der Nonprofit-Sektor Freiräume für Engagement und Selbstorganisation. Diese Freiräume zeigen unterschiedliche Wirkungen. Neben der bisher nicht systematisch erforschten Nischenfunktion für ehemalige SED-Mitglieder werden, wie anhand der lokalen Fallstudien noch gezeigt wird, vorhandene Potenziale des Sektors im Dienst der kommunalen Daseinsvorsorge aktiviert und nicht zuletzt bietet der Sektor auch in den neuen Ländern gemeinnützig orientierten Entrepreneurs ein attraktives Betätigungsfeld.

Leider unterliegen die Nonprofit-Entrepreneurs in Ost- wie in Westdeutschland nach wie vor rigiden gesetzlichen Rahmenbedingungen, die einer freien Entfaltung gemeinnützig orientierten Engagements enge Grenzen setzen. Im Vergleich zu den Nonprofit-Organisationen in den alten Ländern sind die ostdeutschen Nonprofit-Organisationen jedoch insofern schlechter gestellt, als sie, wie bereits ausgeführt, zum einen nicht auf ein entsprechendes „Hinterland" an Mitgliedern und Sympathisanten rekurrieren können, zum anderen jedoch aufgrund ihrer zeitlich kurzfristigen Existenz auch nicht annähernd über eine entsprechende infrastrukturelle Ausstattung verfügen. Zwar sehen sich Nonprofit-Organisationen in Ost- und Westdeutschland aktuell mit ähnlichen Problemen konfrontiert, wobei an erster Stelle die zurückgehende Unterstützung seitens der Kommunen zu nennen ist, jedoch sind die ostdeutschen Nonprofit-Organisationen wesentlich stärker von finanziellen Problemen betroffen als die der alten Bundesländer, wie im Folgenden noch gezeigt wird.

4.3 Ergebnisse der Organisationsbefragung

4.3.1 Methodisches Vorgehen

Im Rahmen der Nonprofit-Forschung ist der Meso-Ebene der Organisationen bisher wenig Beachtung geschenkt worden. Zwar liegen zahlreiche Arbeiten zu einzelnen Tätigkeitsfeldern oder auch zu bestimmten Organisationsformen von Nonprofit-Organisationen vor (vgl. zum Sport: Heinemann/Schubert 1994, zu Vereinen: Zimmer 1996b). Das gesamte Spektrum ihrer Tätigkeitsbereiche wie auch ihrer Organisations-, Beschäftigungs- und Finanzierungsstrukturen wurde dagegen bisher weniger in den Blick genommen.

In entsprechender Weise wurde der Nonprofit-Sektor auch als Arbeitsmarkt, von wenigen Ausnahmen abgesehen (vgl. Baur/Braun 1999; Bauer/Betzelt 1999; Bode/Graf 1999), bisher kaum als forschungsrelevantes Thema erachtet. Dies gilt für die Diskussion über neue Arbeitsplätze und Arbeitsstätten und damit über mehr Beschäftigung im Zuge der Entwicklung zur Dienstleistungsgesellschaft ebenso wie hinsichtlich der Auseinandersetzung um die „Zukunft der Arbeit", wobei eher die Neubestimmung von Arbeit jenseits der normalen Erwerbsarbeit im Zentrum steht (vgl. Mutz 1999). In beiderlei Hinsicht hat der Nonprofit-Sektor Beachtliches zu bieten.

Unter dem Punkt „Organisationsstruktur" finden sich Fragen zur Rechtsform, zur Mitgliedschaft und zur verbandlichen Einbindung der Organisationen. Das komplexe Tätigkeitsprofil von Nonprofit-Organisationen sowie dessen Veränderung wird unter „Aufgaben- und Tätigkeitsbereiche" abgefragt. Fragen der Ressourcenerschließung, -verwendung und -sicherung sind im Abschnitt „Finanzierung, Mittelerschließung" enthalten. Der Punkt „Personal und Beschäftigung" erfasst die verschiedenen Beschäftigungsformen. Weiterhin wurden Fragen zum aktuellen Stand und zur Entwicklung der Beschäftigungsstruktur, des Personalmanagements sowie der Fort- und Weiterbildung in Nonprofit-Organisationen gestellt. Im Abschnitt „Probleme und Einschätzungen" wurde nach spezifischen Schwierigkeiten von Nonprofit-Organisationen gefragt. Des Weiteren wurden Eigen- und Fremdeinschätzung sowie Aussagen zur Perspektive und Zukunftssicht der Organisationen erhoben.

Der Fragebogen umfasste 22 Seiten mit 55 bis auf wenige Ausnahmen geschlossenen Fragen und stellte hinsichtlich seines Umfangs und der teilweise sehr detaillierten Angaben hohe Ansprüche an die einbezogenen Organisationen. Die postalische Befragung wurde zwischen dem 5. Januar und dem 15. Juni 1998 durchgeführt. Insgesamt wurden 8.400 Fragebögen verschickt. Für Rückfragen stand den Organisationen ein Telefondienst zur Verfügung. Mitte Februar 1998 wurden jene Organisationen, die bis dahin noch nicht geantwortet hatten, nochmals schriftlich bzw. telefonisch an die Untersuchung erinnert. Von den verschickten Fragebögen erreichten 276 nicht ihren Empfänger, da sich die Adresse zwischenzeitlich geändert hatte. Mit 2.240 verwertbaren Fragebögen konnte eine für diese Erhebungsform akzeptable Rücklaufquote von 28 Prozent erreicht werden. Die Beantwortungsbereitschaft und damit der Rücklauf waren in den einzelnen Tätigkeitsbereichen unterschiedlich ausgeprägt (vgl. Tabelle 4.3.1.1).

Tabelle 4.3.1.1: Rücklauf nach Bereichen

Bereich	Versandte Fragebögen	Eingegangene Fragebögen	Rücklaufquote, in Prozent
Kultur	552	223	40
Sport	824	260	32
Freizeit	419	130	31
Bildung und Forschung	673	147	22
Gesundheit	564	59	10
Soziale Dienste und Hilfen	3.261	847	26
Umwelt- und Naturschutz	318	126	40
Wohnungswesen	197	49	25
Bürger- und Verbraucherinteressen	552	185	36
Stiftungswesen	191	66	35
Internationale Aktivitäten	133	54	41
Wirtschafts- und Berufsverbände, Gewerkschaften	440	94	21
Insgesamt	8.124	2.240	28

Datenbasis: WWU Münster/WZB – Organisationserhebung 1998 (n = 2.240)

Während jeweils über 40 Prozent der Organisationen aus den Bereichen Kultur und Internationale Aktivitäten den Fragebogen beantworteten, gestaltete sich der Rücklauf besonders im Gesundheitswesen (Krankenhäuser) problematisch. Hier wurde nur eine Rücklaufquote von zehn Prozent erzielt. Als letzter Grund für eine vergleichsweise hohe Nichtbeteiligung ist die mangelnde Koordination der wissenschaftlichen Untersuchungen in diesem Bereich anzuführen. Zeitlich parallel waren im Untersuchungszeitraum im Sozialbereich gleich mehrere Erhebungen im Feld. Im Folgenden werden in Anlehnung an den Aufbau des Fragebogens ausgewählte Ergebnisse der Befragung vorgestellt. Einen besonderen Stellenwert nimmt hierbei die Betrachtung der Personal- und Beschäftigungsstrukturen ein, wobei die Frage der Flexibilisierung von Beschäftigung im Mittelpunkt steht. Besondere Berücksichtigung findet ferner die Situation der Organisationen in Ostdeutschland.

4.3.2 Organisationsstruktur und Tätigkeitsfelder von Nonprofit-Organisationen

Der Nonprofit-Sektor hat weltweit in den vergangenen Jahrzehnten eine dynamische Entwicklung erfahren. Insgesamt lässt sich seit etwa Anfang der 1970er Jahre ein Gründungsboom von Organisationen feststellen (Salamon/Anheier 1998: 1). Dieser Trend wird von den Ergebnissen der Organisationsbefragung bestätigt. Jede Vierte der befragten Organisationen war erst nach 1989 entstanden und blickt daher erst auf eine Geschichte von gut zehn Jahren zurück. Allerdings war auch jede fünfte befragte Organisation (23%) älter als 50 Jahre, was durchaus als Indiz für die Kontinuität und Traditionsverbundenheit von Nonprofit-Organisationen zu werten ist.

Betrachtet man das Spektrum der Tätigkeitsbereiche von Nonprofit-Organisationen, so zeigt sich, dass einige Bereiche, darunter Sport, Bildung und Forschung, das Wohnungswesen sowie die Wirtschaftsverbände eher von älteren Organisationen geprägt sind, dass sich bei den Bereichen Umwelt und Internationale Aktivitäten junge und alte Organisationen in etwa die Waage halten, während die Kultur ganz eindeutig ein Tätigkeitsfeld von Nonprofit-Organisationen darstellt, das erst in jüngster Zeit nachhaltig an Attraktivität gewonnen hat (vgl. Abbildung 4.3.2.1).

Wie aus anderen Studien bekannt, prägt nach der Rechtsform der eingetragene Verein den Nonprofit-Sektor in Deutschland. So waren auch in dieser Erhebung die befragten Organisationen überwiegend Vereine (80% eingetragene Vereine, 6% nicht eingetragene Vereine). Andere Rechtsformen, wie etwa die Stiftung des bürgerlichen Rechts (4%), die gGmbH (3%), die Genossenschaft (1%) sowie die Stiftung des öffentlichen Rechts (1%), spielten in der Untersuchung eine eindeutig nachgeordnete Rolle. Lediglich fünf Prozent der befragten Organisationen ordneten sich keiner der genannten Rechtsformen zu. Nahezu vollständig (91%) waren die Organisationen als gemeinnützig anerkannt.

Abbildung 4.3.2.1: Alter der Organisationen nach Tätigkeitsbereichen

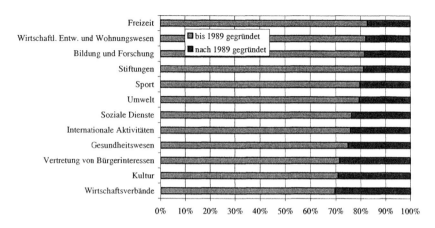

Datenbasis: WWU Münster/WZB – Organisationserhebung 1998 (n = 2.240)

An der Dominanz des Vereins als bevorzugte Rechtsform des Nonprofit-Sektors in Deutschland wird sich, zumindest rein quantitativ betrachtet, auch in Zukunft nichts ändern. Die befragten Organisationen waren mehrheitlich – zu 91 Prozent – mit ihrer Rechtsform zufrieden. Nur fünf Prozent der Organisationen ziehen eine Veränderung der Rechtsform in Betracht, lediglich vier Prozent hatten diese in den letzten fünf Jahren geändert. Bei den Organisationen, die über eine Veränderung nachdenken, handelt es sich vorwiegend um finanzstarke Einrichtungen, die mehrheitlich in den Bereichen Gesundheitswesen oder Soziale Dienste tätig sind.

Das Vereinswesen bildet in Deutschland einen wichtigen Bestandteil lokaler Infrastruktur (vgl. Best 1993). Dies zeigt sich auch an den Ergebnissen der Organisationsbefragung. Die befragten Organisationen sind im Wesentlichen auf der kommunalen und regionalen Ebene tätig (64%). Als Gegenbewegung zum Trend der Globalisierung in der Wirtschaft und der Politik kommt dem Nonprofit-Sektor daher eine beachtliche Funktion der Integration und affirmativen Bindung vor Ort zu (vgl. Abbildung 4.3.2.2).

Gleichzeitig ist der Sektor, wie ebenfalls aus anderen Studien bereits bekannt ist, nicht nur überwiegend lokal und regional gebunden, sondern auch vertikal integriert und damit in starkem Maße verbandsstrukturiert (Kleinfeld et al. 1996; Zimmer 1997a: 81). Die überwiegende Mehrheit der befragten Organisationen (89%) ist Mitglied in einem Spitzenverband oder sogar in mehreren Dachorganisationen. Von den von uns befragten Organisationen gab außerdem jede Fünfte an, selbst ein Dach- oder Spitzenverband zu sein. Durchschnittlich sind die Organisationen in 2,3 Dachverbänden Mitglied. Aus politikwissenschaftlicher Sicht ist der Nonprofit-Sektor daher zugleich Teil eines Verbundsystems der horizontalen Verkoppelung zwischen Staat und Gesellschaft sowie der vertikalen Verbindung zwischen den verschiedenen Ebenen des föderalen Staatsaufbaus (vgl. Katzenstein 1987). Inwiefern dieses Arrangement unter den Bedingungen einer post-industriellen Gesellschaft noch zeitgemäß ist, wird aktuell unterschiedlich bewertet (vgl. Heinze 1998). So wird einerseits auf den hohen Anteil der Interessenberücksichtigung verwiesen, während andererseits aus kritischer Sicht dieses Arrangement als Bremsklotz für notwendige Reformen betrachtet wird.

Über das gesamte Spektrum des Nonprofit-Sektors lässt sich aus der Sicht der Organisationen keine grundlegende Infragestellung der Verbandsstrukturierung ableiten. Von den befragten Organisationen gab nur jede Fünfte Schwierigkeiten mit ihrem Verband an. Allerdings traf dies überdurchschnittlich für Nonprofit-Organisationen aus den Bereichen Gesundheitswesen und Sport zu. Bei den Ursachen für die Unzufriedenheit mit den Dachverbänden sah eine Mehrheit der Unzufriedenen (62%) ihre Interessen durch den Dachverband schlecht vertreten. Weiterhin werden ein zu hoher Mitgliedsbeitrag (49%) und unzureichende Serviceleistungen (47%) beklagt. Als Reaktion hierauf ziehen die befragten Organisationen unterschiedliche Schritte in Betracht. Jede Vierte von denen, die Probleme mit ihrem Dachverband angeben, erwägt einen Austritt aus dem Verband.

Abbildung 4.3.2.2: Tätigkeitsebenen der Organisationen

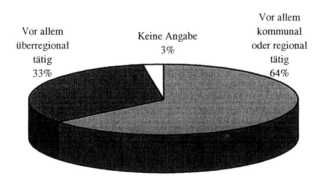

Datenbasis: WWU Münster/WZB – Organisationserhebung 1998 (n = 2.240)

Der Verzicht auf jede verbandliche Bindung (15%), der Beitritt in einen zusätzlichen Dachverband (10%), die Gründung einer neuen Dachorganisation (9%) sowie der Beitritt in eine andere Dachorganisation (9%) werden ebenfalls erwogen. Bemerkenswert ist in diesem Zusammenhang, dass vor allem im Bereich Gesundheitswesen die Unzufriedenheit mit dem Verband mit der Überlegung einhergeht, die Organisationsform zu verändern (vgl. Tabelle 4.3.2.1).

Tabelle 4.3.2.1: Veränderung der Organisationsstruktur

Es wird über folgende Veränderungen nachgedacht:	In Prozent
Ausgliederung von Einrichtungen in eine gGmbH	34
Gründung oder Beteiligung an kommerziellen Unternehmen	16
Zusammengehen mit anderen Organisationen gleicher Zielsetzung	33
Abbau von Hierarchieebenen	18
Personelle Verkleinerung von Gremien	18
Zusätzliche Einrichtung von Organen	15
Mehr Einfluss für die Mitgliederversammlung	10
Höhere Entscheidungsbefugnisse für den ehrenamtlichen Vorstand	9
Höhere Entscheidungsbefugnisse für die hauptamtliche Geschäftsführung	19

Datenbasis: WWU Münster/WZB – Organisationserhebung 1998 (n = 2.240)
ja + nein = 100 Prozent, „trifft auf uns nicht zu" als „missing" gewertet

So beabsichtigt eine deutliche Mehrheit der befragten Organisationen derzeit keine Änderung ihrer Organisationsstruktur. Falls jedoch über organisationsstrukturelle Veränderungen nachgedacht wird, wird zum einen die Ausgliederung von Einrichtungen in eine gGmbH (34%) oder ein Zusammengehen (*merger*) mit anderen Organisationen gleicher Zielsetzung (33%) erwogen. Hierbei sind es vor allem die im Gesundheitsbereich tätigen Organisationen, die über die Errichtung einer gGmbH nachdenken, während ein Zusammenschluss mit anderen Organisationen gleicher Zielsetzung insbesondere von den Wirtschaftsverbänden erwogen wird. Auch hinsichtlich der Leitungs- und Führungsstruktur wird von der Mehrheit der Organisationen keine Veränderung angestrebt. Wenn jedoch über Reformen des Managements nachgedacht wird, so wird dafür plädiert, der Geschäftsführung höhere Entscheidungsbefugnisse einzuräumen. Im Sport ist dies besonders ausgeprägt. Doch auch von den in den Bereichen Gesundheit und Soziale Dienste tätigen Organisationen befürwortet nicht ganz jede Dritte die Einführung stringenter Managementstrukturen mittels Kompetenzerweiterung der Geschäftsführung.

Hinsichtlich ihres Tätigkeitsprofils zeichnen sich Nonprofit-Organisationen durch Komplexität und multiple Aufgabenwahrnehmung aus. Eine deutliche Mehrheit der befragten Organisationen (60%) ist gleichzeitig in bis zu fünf Tätigkeitsfeldern aktiv; knapp ein Viertel (24%) gab sechs bis zehn Aufgabenbereiche an, und 13 Prozent der Organisationen nannten sogar zwischen elf und 20 Tätigkeiten als genuine Aufgabenfelder (vgl. Abbildung 4.3.2.3).

Abbildung 4.3.2.3: Anzahl der Tätigkeitsfelder

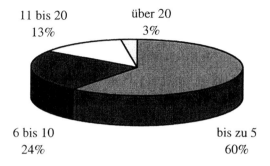

11 bis 20
13%

über 20
3%

6 bis 10
24%

bis zu 5
60%

Datenbasis: WWU Münster/WZB – Organisationserhebung 1998 (n = 2.240)

Zwar ist die Mehrheit der Organisationen momentan mit ihrem Tätigkeitsprofil zufrieden, dennoch denkt ein gutes Drittel über Veränderungen nach. Hierbei tendiert man mehrheitlich in Richtung einer Erweiterung der Arbeitsfelder (65%). Ein gutes Viertel (26%) der Organisationen, die ihr Profil verändern wollen, überlegt eine Verlagerung ihrer Aktivitäten, und nur neun Prozent wollen ihre Arbeitsbereiche reduzieren. Für die Veränderung der Tätigkeitsfelder sind nicht in erster Linie ökonomische Zwänge ausschlaggebend (vgl. Abbildung 4.3.2.4).

Abbildung 4.3.2.4: Gründe für die Veränderung der Tätigkeitsfelder

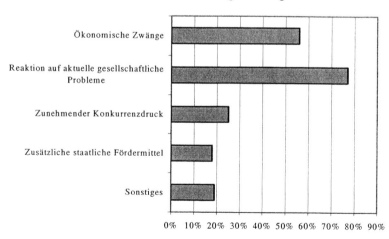

Datenbasis: WWU Münster/WZB – Organisationserhebung 1998 (n = 2.240)

Nonprofit-Organisationen reagieren vorrangig auf aktuelle gesellschaftliche Probleme, wenn sie ihr Tätigkeitsfeld verändern. Von der überwiegenden Mehrheit der befragten Organisationen (77%) wurde dies als zentraler Grund angegeben. Erst danach kommen ökonomische Zwänge (56%) und zunehmender Konkurrenzdruck (25%). Ein weiteres Argument für eine Veränderung der Aktivitäten der befragten Organisationen ist der Zugang zu zusätzlichen staatlichen Fördermitteln (18%).

Insgesamt sind diese Faktoren jedoch durchaus als Indiz für die Flexibilität und Responsivität von Nonprofit-Organisationen anzusehen. Hervorzuheben ist dabei die starke Reaktion auf Veränderungen in der Gesellschaft, die sich sowohl auf neu entstehende Problemlagen als auch allgemein auf die Bedürfnisveränderungen der Bürger beziehen. Die Auffassung, dass gemeinnützige Organisationen viel näher als der Staat an den Bedürfnissen der Menschen sind und eine Vorreiterrolle innehaben, wenn es darum geht, soziale Probleme anzugehen, wird an anderer Stelle des Fragebogens von 84 Prozent der befragten Organisationen vertreten und untermauert diese Feststellung.

4.3.3 Finanzierung und Mittelerschließung

Fragen der Finanzierung von Nonprofit-Organisationen sind generell ein schwieriges Themenfeld. Die Angaben sind aus unterschiedlichen Ursachen nicht nur schwer zu erhalten, sondern sie sind gleichzeitig durch gewisse Unsicherheiten und Ungenauigkeiten gekennzeichnet. In der vorliegenden Untersuchung wurden die Organisationen unter anderem auch aus diesen Gründen nicht zu ihrer aktuellen finanziellen Situation befragt, sondern nach den Einnahmen im Jahr 1996. Demnach hatte von den befragten Organisationen im Jahr 1996 ein Anteil von neun Prozent Gesamteinnahmen unter 5.000 DM. 28 Prozent verfügten in diesem Jahr über eine Summe zwischen 5.000 bis 100.000 DM. Mehr als 100.000 DM bis zu zwei Millionen hatten 41 Prozent der Organisationen zu Verfügung, und bei 21 Prozent belief sich der Etat auf über zwei Millionen. Somit handelt es sich bei einem beachtlichen Anteil der Organisationen um Unternehmungen von respektabler Größe. Betrachtet man die Einnahmenstruktur der Nonprofit-Organisationen bereichsbezogen, so zeigt sich, dass die Bereiche Sport, Freizeit, Umwelt und Stiftungen mehrheitlich von Organisationen geprägt werden, deren Einnahmen 100.000 DM nicht überschreiten, während insbesondere das Gesundheitswesen durch „Großorganisationen" dominiert wird.

Eines der Spezifika gemeinnütziger Organisationen ist, dass sie sich aus unterschiedlichen Quellen finanzieren. Neben Mitgliedsbeiträgen und eigenerwirtschafteten Mitteln, z.B. in Form von Gebühren, haben Spenden, Mittel aus Sponsoring, Kapitalerträge, Einnahmen aus Immobilien sowie öffentliche Zuschüsse und Leistungsentgelte (z.B. Erstattung durch die Krankenkassen in

Form von Pflegesätzen) einen zentralen Stellenwert. In der Gesamtbilanz des Nonprofit-Sektors dominieren mit über 60 Prozent der Einnahmen die öffentlichen Mittel zusammen mit den Leistungsentgelten. Die zentrale Bedeutung dieser beiden Finanzierungsquellen für Nonprofit-Organisationen in Deutschland wird durch die Ergebnisse der postalischen Befragung bestätigt (vgl. Abbildung 4.3.3.1).

Abbildung 4.3.3.1: Einnahmenstruktur der Nonprofit-Organisationen

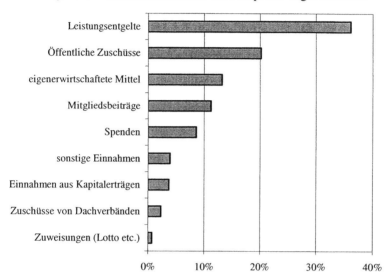

Datenbasis: WWU Münster/WZB – Organisationserhebung 1998 (n = 2.240)

Die Gesamteinnahmen der befragten Organisationen setzten sich anteilsmäßig zu mehr als 50 Prozent aus Leistungsentgelten (36,2%) und öffentlichen Zuschüssen (20,2%) zusammen. In der Rangordnung an zweiter Stelle kommen danach eigenerwirtschaftete Mittel und Mitgliedsbeiträge, die zusammengenommen einen Anteil von 24,4 Prozent an den Gesamteinnahmen haben. Demgegenüber haben private Zuwendungen bzw. Spenden nur einen vergleichsweise bescheidenen Anteil (8,6%) an der Gesamtfinanzierung der Organisationen. Allerdings lassen sich hinsichtlich des Finanzierungsmix von Nonprofit-Organisationen deutliche bereichsspezifische Unterschiede feststellen. So finanzieren sich Organisationen im Gesundheitswesen zu großen Teilen (zu 85%) aus Leistungsentgelten. Ebenso rekurrieren Organisationen im Bereich Soziale Dienste in erheblichem Maße (zu 45%) auf diese Finanzierungsquelle.

Organisationen in den Bereichen Kultur, Bildung und Forschung sowie Internationale Aktivitäten werden dagegen in maßgeblichem Umfang (zu 50 bis 58%) durch öffentliche Zuschüsse unterstützt. Bei Gewerkschaften und Wirtschaftsverbänden kommt den Mitgliedsbeiträgen mit einer anteiligen Finanzierung von über 90 Prozent eine dominante Bedeutung zu, während Sport- und Freizeiteinrichtungen sich anteilig zu knapp 50 Prozent durch Mitgliedsbeiträge finanzieren. Auch wenn den Spenden für die Finanzierung der Organisationen insgesamt keine herausragende Bedeutung zukommt, so stellen sie dennoch für Organisationen in den Bereichen Umwelt und Internationales eine zentrale Einnahmequelle dar. Im Bereich Umwelt erreichen Spenden sogar einen Anteil von über 50 Prozent an der Gesamtfinanzierung, während der Anteil der Spendenfinanzierung im Bereich Internationales bei den befragten Organisationen 36 Prozent betrug. Insofern lässt sich bei einer bereichsspezifischen Betrachtung die häufig geäußerte These von der Staatsabhängigkeit des deutschen Nonprofit-Sektors in dieser Allgemeinheit nicht aufrechterhalten. Dies gilt auch, wenn man die befragten Organisationen nach ihrer Haupteinnahmequelle bzw. danach ordnet, aus welchen Quellen sie sich zu 50 Prozent oder mehr finanzieren. Auf der Grundlage der Ergebnisse der vorliegenden Untersuchung ergeben sich folgende Aussagen:

- 26 Prozent der Organisationen wurden mindestens zu 50 Prozent durch Mitgliedsbeiträge finanziert,
- 23 Prozent durch öffentliche Zuwendungen oder Zuschüsse,
- 18 Prozent durch eigenwirtschaftete Mittel, Spenden, Kapitalerträge und Einnahmen aus Immobilien,
- 10 Prozent durch Leistungsentgelte der Kostenträger,
- 23 Prozent hatten keine dominierende bzw. sonstige Einnahmequelle und gehörten somit einem gemischten Finanzierungstyp an.

Im Widerspruch zur These von der Staatsabhängigkeit stellt sich also heraus, dass nur für etwa ein Drittel der befragten Organisationen öffentliche Mittel die dominierende Einnahmequelle bilden. Wie im Folgenden noch gezeigt wird, besteht ein enger Zusammenhang zwischen dem jeweiligen Finanzierungsmix und dem Grad der Professionalisierung der Organisation. Generell zeichnen sich Organisationen, die nicht vorrangig auf öffentliche Mittel und Leistungsentgelte rekurrieren, durch eine stärkere Prägung der Ehrenamtlichkeit aus. Gleichzeitig handelt es sich bei den weitgehend öffentlich finanzierten Organisationen um besonders beschäftigungsintensive, die zum einen zahlenmäßig viele Mitarbeiter aufweisen und deren Beschäftigungsstruktur zum anderen überdurchschnittlich durch Normalarbeitsverhältnisse geprägt ist.

Die Einnahmenentwicklung der befragten Organisationen ist sowohl retrospektiv als auch prospektiv von Dynamik gekennzeichnet. Retrospektiv wurde von den befragten Organisationen eine positive Entwicklung der Einnahmen festgehalten. Bei 74 Prozent der Organisationen haben sich die Einnahmen 1996 im Vergleich zu 1995 verändert. Während rund die Hälfte der Organisationen (48%) steigende Einnahmen verzeichnete, waren bei jeder fünften Organisation (22%) die Einnahmen gleichgeblieben, und jede dritte Organisation (30%) berichtete über fallende Einnahmen. Während der Bereich Soziale Dienste sich durch eine überdurchschnittliche Steigerung der Einnahmen auszeichnete, wiesen die befragten Stiftungen eine eher unterdurchschnittliche Entwicklung ihrer Einnahmen aus.

Prospektiv wurde gefragt, welche Entwicklung in den einzelnen Einnahmenbereichen in den nächsten fünf Jahren zu erwarten ist. Danach ergibt sich folgendes Bild (vgl. Abbildung 4.3.3.2):

Abbildung 4.3.3.2: Erwartete Einnahmenentwicklung

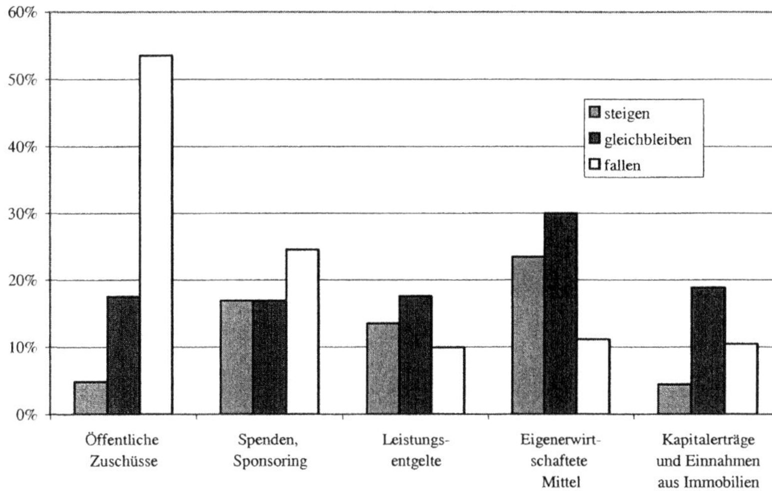

Datenbasis: WWU Münster/WZB – Organisationserhebung 1998 (n = 2.240), vgl. Erläuterung zu diesen Daten im Anhang

Eine klare Mehrheit der befragten Organisationen (53%) geht für die nächsten fünf Jahre von Rückgängen bei den öffentlichen Zuschüssen aus. Während nur 17 Prozent der Befragten der Meinung sind, dass sich ihre Einnahmen aus Spenden und Sponsoring erhöhen werden, rechnet mehr als jede zweite Organisation (53%) damit, dass die Einnahmen aus eigenwirtschafteten Mitteln steigen bzw. stabil bleiben werden. Während der Sport hinsichtlich der Entwicklung der öffentlichen Zuschüsse besonders pessimistisch ist, sehen Organisationen im Bereich Internationale Aktivitäten auch im Hinblick auf die öffentliche Finanzierung eher positiv in die Zukunft.

Von den Organisationen im Bereich Internationales sowie von den im Umweltbereich tätigen Organisationen wird insbesondere eine weitere Erhöhung der Spenden und Sponsoringmittel antizipiert. Zwar rechnen die befragten Organisationen insgesamt mit einer Bedeutungszunahme der Einnahmen aus kommerzieller Tätigkeit. Doch besonders ausgeprägt ist dieser Trend vor allem bei den in den Bereichen Bildung und Forschung, Kultur, Sport sowie im Gesundheitswesen tätigen Organisationen.

Ihre finanzielle Situation schätzen die befragten Organisationen nicht als dramatisch, aber doch als kritisch ein. Insgesamt gab deutlich mehr als ein Drittel der Organisationen (37%) an, dass sie in finanziellen Schwierigkeiten sind oder waren. Bereichsspezifisch betrachtet, sind Organisationen in den Tätigkeitsfeldern Kultur (59%), Bildung (51%) und Soziale Dienste (40%) vergleichsweise häufig von finanziellen Problemen betroffen. Im Unterschied dazu sehen sich Organisationen, die in den Bereichen Sport und Umwelt tätig sind, deutlich weniger mit finanziellen Problemen konfrontiert. Zwar ist das Spektrum der Gründe für finanzielle Schwierigkeiten weitgefasst, dennoch heben sich deutlich einige Faktoren ab (vgl. Tabelle 4.3.3.1).

Tabelle 4.3.3.1: Gründe für finanzielle Schwierigkeiten

	In Prozent
Abbau der kommunalen Förderung	56
Personalkosten	51
Rückgang der Eigenmittel	45
Veränderung der Vergabekriterien	45
Rückgang der Zuschüsse von Dachverbänden	27
Sonstiges	23
Wettbewerb unter Gemeinnützigen	22
Kommerzielle Konkurrenz	17
Leistungen und Produkte sind nicht mehr gefragt	10
Umstellung auf Kontrakte	7

Datenbasis: WWU Münster/WZB – Organisationserhebung 1998 (n = 2.240)

Den höchsten Anteil der Nennung bei den Ursachen finanzieller Schwierigkeiten hat der „Abbau kommunaler Förderung" (56%). Danach wurden hohe Personalkosten (51%), der Rückgang von Eigenmitteln (45%) sowie Änderungen der Vergabekriterien für Landes- und Bundesmittel (45%) angeführt. Bereichsspezifisch betrachtet fällt der Abbau kommunaler Förderung besonders bei den Organisationen in den Bereichen Sport und Kultur als Problemauslöser ins Gewicht. Demgegenüber werden von den Organisationen im Gesundheitswesen weit überdurchschnittlich kommerzielle Konkurrenz sowie hohe Personalkosten als wesentliche Faktoren für finanzielle Probleme angegeben, während Organisationen im Bereich Bildung und Forschung vor allem die Änderung von Vergabekriterien bei Landes- und Bundesmitteln für ihre finanziellen Probleme verantwortlich machen.

Auf die Frage, was im Falle einer finanziellen Notsituation unternommen wird, gab eine deutliche Mehrheit der Befragten an, den Dachverband zu informieren (62%), auf geeigneter politischer Ebene Kontakt aufzunehmen (56%), einschneidende Sparmaßnahmen vorzunehmen (55%) sowie Spendenaufrufe (50%) zu erlassen. Doch auch hier zeigen sich wiederum bereichsspezifische Unterschiede. So setzen die Organisationen im Kulturbereich vorrangig auf Lobbying, wenn sie sich in einer finanziellen Problemsituation befinden. Zwei Drittel der befragten Organisationen würden sich an die geeignete politische Ebene wenden; jede Zweite würde versuchen, die öffentliche Meinung zu mobilisieren. Demgegenüber wenden sich Organisationen in den Bereichen Soziale Dienste und Gesundheit vorrangig an ihren Dachverband oder an ihre Trägerorganisation, wenn sie in finanziellen Schwierigkeiten sind. Organisationen im Bereich Internationales betrachten Spendenaufrufe als probates Mittel, um aus finanziellen Engpässen herauszukommen. Insgesamt betrachtet denken Nonprofit-Organisationen im Unterschied zum aktuell dominierenden Trend im Sektor Markt eher nachrangig an die Entlassung von Personal (9,9%) oder an Lohnverzicht und Gehaltskürzungen (9,1%), wenn es darum geht, Lösungswege aus finanziellen Problemlagen zu finden. Allerdings wird die Entlassung von Personal gerade bei den Organisationen, die in den beschäftigungsintensiven Bereichen des Nonprofit-Sektors tätig sind, überdurchschnittlich in Betracht gezogen. So stellt die Entlassung von Personal im Gesundheitsbereich für jede Vierte der befragten Organisationen eine realistische Option dar.

4.3.4 Personal, Beschäftigung und Ehrenamt

Über die Struktur und Entwicklung der Beschäftigung in Nonprofit-Organisationen ist bisher vergleichsweise wenig bekannt. Dieser Aspekt wurde in der vorliegenden Untersuchung maßgeblich berücksichtigt, wobei insbesondere auf Flexibilisierung von Beschäftigung eingegangen wurde. Diese Untersuchungsperspektive wurde vor allem vor dem Hintergrund der aktuellen Entwicklung der Beschäftigung in der Gesamtwirtschaft gewählt.

Bekanntlich ist das Beschäftigungssystem in der Wirtschaft zunehmend durch eine Erosion des „Normalarbeitsverhältnisses" (Mückenberger 1989) und damit durch Flexibilisierung gekennzeichnet. Besonders deutlich wird dies bei der Arbeitszeit. Die Arbeitszeitstandards des Achtstundentags und der 40-Stundenwoche entsprechen gegenwärtig immer weniger den Strukturen von Arbeitsnachfrage und -angebot (Lehndorff 1998). Gefragt sind zunehmend flexible Formen von Arbeits- und Beschäftigungsverhältnissen, angefangen bei der Teilzeitarbeit über die geringfügige Beschäftigung bis hin zur Tele-Heimarbeit sowie zur kapazitätsorientierten Arbeit (vgl. Schulze Buschoff/Rückert-John 1998).

Dennoch besteht in der allgemeinen Öffentlichkeit „nach wie vor eine weitgehend von den Bestimmungen der sogenannten Normalarbeitszeit geprägte Vorstellung" (Kurz-Scherf et al. 1999: 73). Lediglich Teilzeitarbeit wird inzwischen als „normal" akzeptiert. Allerdings werden Teilzeitarbeit und geringfügige Beschäftigung typischerweise von Frauen in Anspruch genommen. Im Jahre 1995 hatten in Deutschland 39 Prozent der Frauen und lediglich drei der Prozent Männer einen Teilzeitarbeitsplatz (Senatsverwaltung für Arbeit, berufliche Bildung und Frauen 1998: 162). Beschäftigungsformen jenseits des „Normalarbeitsverhältnisses" werden daher weniger mit „Zeitwohlstand" in Verbindung gebracht, sondern nach wie vor in gewisser Weise als „minderwertig" eingestuft.

Doch nicht nur bei der bezahlten Arbeit lassen sich Unterschiede hinsichtlich ihrer gesellschaftlichen Wertschätzung feststellen. Entsprechendes trifft auch für das Ehrenamt zu. Trotz seiner aktuellen Konjunktur in der wissenschaftlichen Diskussion sowie in der allgemeinen Öffentlichkeit (vgl. Kistler et al. 1999) lässt sich derzeit eine Abwertung dieser Form der Tätigkeit, nämlich als freiwillige unentgeltliche Mitarbeit, zumindest in Ansätzen feststellen. War das Ehrenamt lange Zeit eine Domäne der Honoratioren, so werden im Rahmen von *Welfare-to-Work*-Programmen heute zunehmend Konzepte diskutiert, die darauf abzielen, von Arbeitslosigkeit Betroffene verstärkt zur Arbeit im Dienste der Gemeinschaft zu verpflichten. In diesem Kontext wird dem Ehrenamt zunehmend die „Aura" einer gesellschaftlich hoch angesehenen Tätigkeit genommen. In eine entsprechende Richtung weisen ferner solche Überlegungen, die vor dem Hintergrund der Krise der öffentlichen Kassen dem ehrenamtlichen Engagement und der freiwilligen Mitarbeit gerade in sozialen Einrichtungen eine „Lückenbüßerfunktion" als Ersatz für die nicht mehr zu bezahlenden hauptamtlichen Kräfte zuweisen. Abgesehen von diesen eher kritisch zu bewertenden Ansätzen lassen sich jedoch auch Konzepte anführen, die die zivilgesellschaftlichen Komponenten ehrenamtlichen Engagements stärker betonen und das partizipatorische Moment einer aktiven Beteiligung, vor allem in den Organisationen des Nonprofit-Sektors herausstellen (vgl. zur aktuellen Diskussion Evers 1999; Zimmer/Nährlich 2000).Vor dem Hintergrund dieser aktuellen Entwicklungen wurden in der vorliegenden Untersuchung vor allem die folgenden Fragen behandelt:

- Welche Bedeutung kommt dem Ehrenamt in Nonprofit-Organisationen zu?
- Inwiefern sind flexible Beschäftigungsformen in Nonprofit-Organisationen von Bedeutung?
- Lassen sich im Hinblick auf Flexibilisierung von Beschäftigung Unterschiede zwischen dem Nonprofit-Bereich und dem allgemeinen gesamtwirtschaftlichen Trend erkennen?

Haupt- und Ehrenamtliche in Nonprofit-Organisationen

Ehrenamtlichkeit ist ein zentrales Charakteristikum von Nonprofit-Organisationen, wobei in der vorliegenden Studie zwischen ehrenamtlicher Tätigkeit als Wahrnehmung von Leitungs- und Führungsaufgaben und freiwilliger Mitarbeit als unbezahlter Mithilfe bzw. Beschäftigung differenziert wurde. In fast allen befragten Organisationen sind Ehrenamtliche tätig (93%), und drei von vier Organisationen berichteten zugleich über das Vorhandensein von sonstigen freiwilligen Mitarbeitern. Einsatzfelder der freiwilligen Mitarbeiter, deren Anzahl nach Angaben von mehr als der Hälfte der Organisationen (57%) in der letzten Zeit gleichgeblieben ist und bei jeder fünften Organisation (21%) sogar zugenommen hat, liegen vor allem in der Öffentlichkeitsarbeit, der Verwaltung, der Beratungstätigkeit und der Lobbyarbeit. Dabei können die Organisationen offenbar auf ein breites Reservoir zurückgreifen, denn nur jede zweite Organisation bemüht sich gezielt um die Gewinnung von freiwillig und unentgeltlich Tätigen. Ehrenamtliche und freiwillige Arbeit erfolgt in der Mehrzahl der Organisationen ohne monetäre Gratifikationen. Mehr als zwei Drittel der befragten Organisationen gewähren keine Aufwandsentschädigungen, allerdings werden in jeder zweiten Organisation zumindest Kosten erstattet. Hinsichtlich des Managements von Ehrenamtlichen und freiwilligen Mitarbeitern lassen sich noch erhebliche Defizite feststellen. Lediglich jede Vierte der befragten Organisationen trifft hinsichtlich des Arbeitseinsatzes mit ihren Ehrenamtlichen verbindliche Absprachen. Bereichsspezifisch betrachtet sind in dieser Hinsicht die Organisationen im Bereich Gesundheitswesen am fortschrittlichsten. Doch auch im Bereich Stiftungen schließt nahezu jede dritte Organisation mit ihren freiwilligen und ehrenamtlichen Mitarbeitern verbindliche Vereinbarungen ab. Ebenfalls bereichsspezifisch betrachtet ist insbesondere der Sport für ehrenamtliches Engagement sowie freiwillige Mitarbeit besonders attraktiv. Bei jeder Fünften der befragten Organisationen waren mehr als 20 Ehrenamtliche engagiert; bei mehr als jeder dritten Organisation im Sport waren mehr als 50 freiwillige Helfer und Mitarbeiter aktiv.

Nach wie vor finden sich unter den Ehrenamtlichen (Honoratioren) mehr Männer als Frauen. Demgegenüber ist das Verhältnis Männer zu Frauen bei den freiwilligen Mitarbeitern der befragten Organisationen in etwa ausgeglichen. Auch im Hinblick auf das unentgeltliche Engagement lassen sich wiederum bereichsspezifisch markante Unterschiede feststellen (vgl. Abbildung 4.3.4.1).

Nicht verwunderlich ist der vergleichsweise hohe Frauenanteil bei Ehrenamtlichen sowie freiwilligen Mitarbeitern in den Organisationen, die speziell Fraueninteressen vertreten. Das starke Engagement von Frauen im Bereich Soziale Dienste und Gesundheitswesen, und zwar als freiwillige Helferinnen, ist ebenfalls bekannt und auch im Rahmen aktueller Untersuchungen insbesondere der Wohlfahrtsverbände nachhaltig bestätigt worden (Diakonie 1999). Die Organisationen in den Bereichen Sport und Umwelt weisen im Hinblick auf ehrenamtliches und freiwilliges Engagement stark gegenderte Strukturen auf. Hier haben nach wie vor Männer die Leitungsfunktionen inne, während Frauen unter den freiwilligen Mitarbeitern deutlich stärker vertreten sind. Auffallend ist der geringe Frauenanteil sowohl bei den Leitungsfunktionen als auch bei der unentgeltlichen Mitarbeit in den Organisationen im Bereich Kultur.

Abbildung 4.3.4.1: Frauenanteile bei Ehrenamtlichen und freiwilligen Mitarbeitern in ausgewählten Bereichen

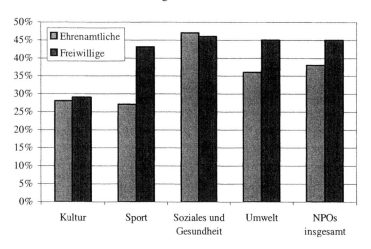

Datenbasis: WWU Münster/WZB – Organisationserhebung 1998 (n = 2.240)

Trotz dieser starken Präsenz von Ehrenamtlichen und freiwilligen Mitarbeitern in den befragten Organisationen zeichnet sich nach den Ergebnissen der vorliegenden Untersuchung ein deutlicher Trend zur Verberuflichung der Beschäftigung ab. Die an der Untersuchung beteiligten Organisationen weisen einen beachtlichen Anteil hauptamtlicher Beschäftigung auf (vgl. Abbildung 4.3.4.2). Lediglich eine Minderheit der Organisationen arbeitete ausschließlich mit Ehrenamtlichen. Bei rund zwei Dritteln der befragten Organisationen (67%) war im Jahre 1997 hauptamtliches Personal beschäftigt. Dies entspricht im Übrigen den Ergebnissen des NETS-Projekts (Bauer/Betzelt 1999), wonach bei fast drei Vierteln der untersuchten Nonprofit-Organisationen 1998 Arbeitskräfte erwerbstätig waren. Eine vergleichende Perspektive zu den Jahren 1995 und 1997 zeigt zudem, dass sich die Gesamtbeschäftigtenzahlen nur geringfügig verändert haben. Die Gesamtsumme der erwerbstätigen Beschäftigten blieb bei den befragten Organisationen in etwa konstant.

Allerdings ergeben sich differenziert nach den Tätigkeitsbereichen der Organisationen beachtliche Unterschiede hinsichtlich der hauptamtlichen Beschäftigung. Die Bereiche Gesundheit, Bildung, Internationale Aktivitäten und Wohnungswesen weisen einen vergleichsweise sehr hohen Anteil hauptamtlicher Beschäftigung auf. Auf der Aggregatdaten-Ebene wurden in der Bilanz des gesamten Sektors die Bereiche Gesundheit, Bildung und Forschung sowie Soziale Dienste gleichzeitig als die beschäftigungsintensivsten Bereiche des deutschen Nonprofit-Sektors ermittelt. Im Vergleich hierzu arbeiten Organisationen in den Bereichen Umwelt, Sport und Freizeit, aber auch der Stiftungen, häufiger mit ehrenamtlichen Mitarbeitern und weisen geringere Anteile an hauptamtlichen Beschäftigten auf. Rekurrieren rund zwei Drittel der Grundgesamtheit der befragten Organisationen und damit die deutliche Mehrheit auf hauptamtliches Personal, so trifft das beispielsweise im Freizeitbereich lediglich für 35 Prozent der Organisationen zu.

Abbildung 4.3.4.2: Anteil der Organisationen mit hauptamtlichen Mitarbeitern

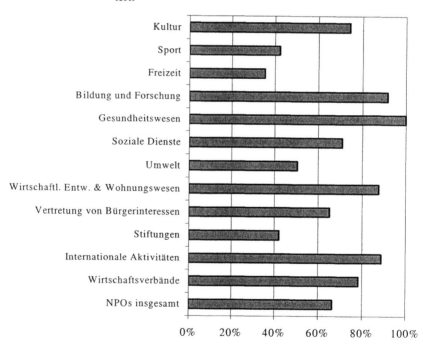

Datenbasis: WWU Münster/WZB – Organisationserhebung 1998 (n = 2.240)

Zwischen der Beschäftigung hauptamtlicher Mitarbeiter und der Finanzierungsstruktur der Organisationen lässt sich ein deutlicher Zusammenhang erkennen. Organisationen mit hohen Anteilen hauptamtlicher Beschäftigung werden auch in stärkerem Maße von öffentlichen Zuschüssen (einschließlich Leistungsentgelten) getragen als jene, die stärker von Ehrenamtlichkeit geprägt sind. Bei den Organisationen, die gänzlich ohne Hauptamtliche arbeiten, handelt es sich um die klassischen Vereine, die sich schwerpunktmäßig über Mitgliedsbeiträge und damit über eigenerwirtschaftete Mittel finanzieren.

Beschäftigungsformen

Im Folgenden werden nur jene Organisationen berücksichtigt, die hauptamtliche Mitarbeiter beschäftigen. Im Zentrum steht hierbei die Frage, ob die stärker durch Hauptamtlichkeit geprägten Bereiche sich auch hinsichtlich der Beschäftigungsformen von den Tätigkeitsfeldern unterscheiden, die einen vergleichsweise höheren Anteil Ehrenamtlicher aufweisen. Hierbei wird unterschieden zwischen Vollzeitarbeit als Normalarbeitszeitverhältnis sowie flexiblen Beschäftigungsverhältnissen, die sich wesentlich vom Typus der Normalarbeitszeit unterscheiden, wozu Teilzeitarbeit[6], geringfügige Beschäftigung[7], Honorartätigkeit[8] und temporäre Beschäftigungsformen (unter der Kategorie „Sonstige"[9] zusammengefasst) gerechnet werden.

Betrachtet man zunächst die Verteilung der Grundgesamtheit, so ist erkennbar, dass 1997 etwa die Hälfte der hauptamtlichen Mitarbeiter (48%) in Nonprofit-Organisationen Vollzeitbeschäftigte waren. Von einem Ende der Vollzeitarbeit kann demnach nicht die Rede sein. Weitere 25 Prozent gingen einer Teilzeitbeschäftigung nach. Das restliche Viertel der Mitarbeiter verteilt sich auf die Kategorien „Geringfügige Beschäftigung" (6%), „Honorartätigkeit" (10%) und „Sonstige" temporäre Beschäftigungsverhältnisse (11%). Deutlich wird der im Vergleich zur Gesamtwirtschaft relativ hohe Anteil der Teilzeitbeschäftigung an der sozialversicherungspflichtigen Beschäftigung.[10] Die Teilzeitbeschäftigung in Nonprofit-Organisationen (34%) war dreimal so

---

6 Teilzeitarbeit ist definiert als Beschäftigungsverhältnis mit einem wöchentlichen Arbeitsstundenumfang von 15 bis 34 Stunden.
7 Geringfügige Beschäftigung umfasst < 15 Arbeitsstunden pro Woche. Im Unterschied zur Teilzeitbeschäftigung zählt die geringfügige Beschäftigung zur sozialversicherungsfreien und prekären Beschäftigung.
8 Die Honorartätigkeit ist als Erwerbsform zwischen Erwerbsarbeit und Ehrenamt angesiedelt.
9 Unter der Kategorie „Sonstige" sind die folgenden Beschäftigungsverhältnisse zusammengefasst: § 242s, § 249h AFG; Zivildienstleistende; Absolventen eines freiwilligen sozialen oder ökologischen Jahres und ABM-Kräfte.
10 Zur sozialversicherungspflichtigen Beschäftigung zählen Vollzeitarbeit (> = 35 Wochenarbeitsstunden) und Teilzeitarbeit (> = 15 und < = 34 Wochenarbeitsstunden).

hoch wie in der Gesamtwirtschaft (11%). Vergleicht man den hohen Anteil von Teilzeitstellen im Dritten Sektor mit Befunden aus dem Jahr 1990 (Anheier 1997), wo der Anteil der Teilzeitarbeitsplätze bei 27 Prozent lag, so ist dieser 1997 um sieben Prozentpunkte angestiegen. Der Teilzeitarbeit kommt demnach in den Nonprofit-Organisationen als flexibler Beschäftigungsform eine erhebliche Bedeutung zu. Auch die geringfügige Beschäftigung gewinnt mit einem Anteil von sechs Prozent zunehmend an Relevanz im Nonprofit-Bereich. Ein Vergleich mit gesamtwirtschaftlichen Daten ist hier nur schwer möglich, da geringfügige Beschäftigung als bisher sozialversicherungsfreie Beschäftigung nicht systematisch erfasst wurde.[11] Der hohe Anteil von Teilzeitbeschäftigung in den Organisationen bei steigender Tendenz, aber auch die nicht zu vernachlässigenden Prozentwerte geringfügiger und temporärer Beschäftigung geben bereits erste Anhaltspunkte für die Bedeutung flexibler Beschäftigungsverhältnisse in Nonprofit-Organisationen.

Betrachtet man die Beschäftigungsverhältnisse differenziert nach Bereichen, so lassen sich erhebliche Unterschiede erkennen. Organisationen in den Bereichen Gesundheit und Soziale Dienste, aber auch die Wirtschaftsverbände, die Einrichtungen im Bereich Internationale Aktivitäten und im Wohnungswesen weisen relativ hohe Anteile an Voll- und Teilzeitarbeit auf. Im Kern handelt es sich hierbei um Organisationsbereiche, die überdurchschnittlich häufig mit bezahlten Mitarbeitern arbeiten und die mit Ausnahme des Bereichs Internationale Aktivitäten zudem zu den beschäftigungsintensiven Bereichen zählen.

Im Gegensatz dazu steht das Antwortverhalten derjenigen Organisationen, die in stärker ehrenamtlich geprägten Bereichen arbeiten. Organisationen in den Bereichen Umwelt, Sport, Freizeit, Stiftungen und Kultur[12] weisen vergleichsweise höhere Anteile bei der geringfügigen Beschäftigung, der Honorartätigkeit und der temporären Beschäftigung auf. Dementsprechend gering sind ihre Anteile an Voll- und Teilzeitbeschäftigung. Auffällig sind vor allem die hohen Anteile der Honorartätigkeit in den Bereichen Sport, Kultur und Freizeit. Offensichtlich stellt gerade im Sport die Honorartätigkeit als Erwerbsform zwischen Erwerbsarbeit und Ehrenamt eine für diesen Bereich typische Beschäftigungsform dar. Ebenfalls bemerkenswert ist der Anteil der temporären Beschäftigung in den Umweltorganisationen, der deutlich vom Gesamtmittelwert abweicht. Hier sind es vor allem die Absolventen

---

11 Nach Meinhardt et al. (1997) gab es im Frühjahr 1996 insgesamt 5,4 Mio. geringfügig Beschäftigte, rund 1,5 Mio. mehr als 1991. Nach einer Untersuchung von Kirsch et al.. (1998) arbeiteten 1996/97 in deutschen Supermärkten 71 Prozent der Belegschaft Teilzeit. Davon gingen 29 Prozent der Mitarbeiter einer geringfügigen Beschäftigung nach.

12 Der Bereich „Kultur" bildet hierbei eine Ausnahme. Er zählt zu den Bereichen, in denen die bezahlte Beschäftigung dominiert. 74 Prozent der Organisationen im Kulturbereich gaben an, hauptamtliche Mitarbeiter zu beschäftigen.

eines freiwilligen ökologischen Jahres und die Zivildienstleistenden, die diese Kategorie maßgeblich bestimmen. Trotz der deutlichen Tendenz zu flexiblen Beschäftigungsformen in den weniger von Hauptamtlichkeit geprägten Bereichen ist der relativ hohe Anteil der Voll- und Teilzeitbeschäftigung, etwa in den Bereichen Umwelt oder Freizeit nicht zu vernachlässigen. Vollzeitarbeit gilt auch hier immer noch als die dominante Beschäftigungsform (vgl. Abbildung 4.3.4.3).

Abbildung 4.3.4.3: Anteile der Beschäftigungsformen

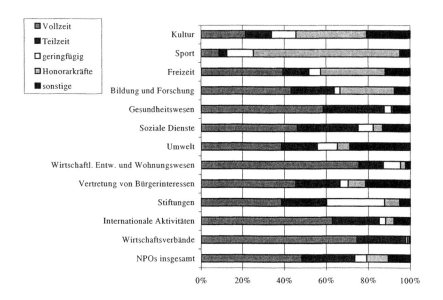

Datenbasis: WWU Münster/WZB – Organisationserhebung 1998 (n = 2.240)

Gleichwohl lassen sich für die hier unterschiedenen Gruppen (hauptamtlich versus ehrenamtlich dominierte NPO-Bereiche) klare Unterschiede hinsichtlich ihrer typischen Beschäftigungsverhältnisse herausstellen. Die NPO-Bereiche, die stärker durch ehrenamtliche Arbeit geprägt sind und geringere Anteile hauptamtlicher Mitarbeiter aufweisen, setzen diese in stärkerem Maße in flexiblen Beschäftigungsverhältnissen (geringfügige Beschäftigung, Honorartätigkeit und temporäre Beschäftigung) ein, als es in den hauptamtlich dominierten Bereichen der Fall ist. Diese Bereiche weisen vergleichsweise starke Voll- und Teilzeitanteile auf. Deutlich wird hier, dass Teilzeitarbeit als flexible Beschäftigungsform neben der Normalarbeitszeit (Vollzeit) in den beschäftigungsintensiven Bereichen einen beachtlichen Stellenwert besitzt und „in den Status von Normalität aufgerückt ist" (Kurz-Scherf et al. 1999). In der Gesamtwirtschaft sind Teilzeitarbeit und geringfügige Beschäftigung weibliche Domänen. Trifft dies auch für Nonprofit-Organisationen zu und liegt der Nonprofit-Sektor damit im Trend der Gesamtwirtschaft?

Bemerkenswert ist zunächst mit 65 Prozent der vergleichsweise hohe Frauenanteil an den Beschäftigten der befragten Organisationen. Nonprofit-Organisationen weichen daher nicht nur hinsichtlich des vergleichsweise hohen Anteils an Teilzeitbeschäftigung, sondern auch hinsichtlich ihres Frauenanteils von den gesamtwirtschaftlichen Daten ab. Betrachtet man die verschiedenen Tätigkeitsbereiche nach ihren Frauenanteilen an den Beschäftigungsverhältnissen, so ergibt sich folgendes Bild (vgl. Tabelle 4.3.4.1):

Tabelle 4.3.4.1: Frauenanteile an den Beschäftigungsverhältnissen

Bereiche	Vollzeit-mitarbeiterInnen	Teilzeit-mitarbeiterInnen	Geringfügig Beschäftigte	Honorar-kräfte	Sonstige
			in Prozent		
Kultur	48	72	61	57	53
Sport	39	80	56	53	39
Freizeit	60	98	80	41	39
Bildung und Forschung	53	85	70	34	52
Gesundheitswesen	73	75	84	49	56
Soziale Dienste	67	85	73	74	43
Umwelt	53	78	61	34	51
Wirtschaftliche Entwicklung und Wohnungswesen	37	75	42	23	-
Vertretung von Bürgerinteressen	48	86	80	48	61
Stiftungen	44	68	43	15	-
Internationale Aktivitäten	54	81	75	53	47
Wirtschaftsverbände	47	87	80	13	
Insgesamt	61	83	70	49	47

Datenbasis: WWU Münster/WZB – Organisationserhebung 1998 (n = 2.240)

In Relation zum durchschnittlichen Anteil weiblicher Beschäftigter (65%), sind Frauen bei der „Teilzeitarbeit" mit 83 Prozent und bei der „geringfügigen Beschäftigung" mit 70 Prozent stark überrepräsentiert. Vollzeitbeschäftigung ist hingegen zu 61 Prozent von Frauen besetzt und repräsentiert damit annähernd den Durchschnitt. Die Honorartätigkeit (49%) und die temporären (Sonstigen) Beschäftigungsverhältnisse (47%) sind durch Frauen eher unterrepräsentiert. Hier vor allem sind es die Männer, die überdurchschnittlich stark vertreten sind. Mit der starken Dominanz der Frauen bei der Teilzeit- und geringfügigen Beschäftigung entsprechen die befragten Organisationen dem geschlechtsspezifischen Trend der Gesamtwirtschaft. Teilzeitarbeit und geringfügige Beschäftigung sind auch in gemeinnützigen Organisationen typische Domänen von Frauen. Durch die Differenzierung nach Tätigkeitsbereichen wird diese Einschätzung bestätigt bzw. sogar verstärkt. Besonders auffällig sind die überdurchschnittlich hohen Teilzeitanteile von Frauen in den Bereichen Freizeit (98%) und Sport (80%). Bei der geringfügigen Beschäftigung sind insbesondere die Bereiche Gesundheit (84%) und Freizeit (80%) sowie die Bürgerinitiativen (80%) zu nennen. Gesundheit und Soziale Dienste sind bekanntlich klassische Tätigkeitsfelder von Frauen. Dies wird auch durch die Ergebnisse der vorliegenden Untersuchung bestätigt. Hier ist der Frauenanteil an der Vollzeitbeschäftigung erwartungsgemäß hoch (73% und 67%). Dementsprechend weisen auch bei der Honorartätigkeit die Sozialen Dienste eine starke Frauenpräsenz auf, wenngleich dieses Beschäftigungsverhältnis für diesen Bereich mit einem Anteil von lediglich drei Prozent eher untypisch ist.

Die befragten Organisationen liegen daher durchaus im Trend der Gesamtwirtschaft. Auch hier lässt sich eine geschlechtsspezifische Segmentierung der Beschäftigungsverhältnisse feststellen, wenn auch im Nonprofit-Sektor anteilsmäßig mehr Frauen beschäftigt sind als in der Gesamtwirtschaft und die befragten Nonprofit-Organisationen insgesamt vergleichsweise flexiblere Beschäftigungsformen aufweisen.

Zur Beschäftigungsentwicklung

Die auf der Ebene der Aggregatdaten ermittelte, insgesamt positive Beschäftigungsentwicklung des Nonprofit-Sektors wurde generell auch aus der Sicht der Organisationen bestätigt. Auf die Frage, wie sich die Beschäftigung in ihrer Organisation in den letzten Jahren entwickelt hat, wurde von der überwiegenden Mehrheit angegeben (83%), dass die Zahl der Beschäftigten zwischen 1995 und 1997 entweder gestiegen oder gleichgeblieben ist. Allerdings wurde auch von fast jeder fünften Organisation (17%) ein Rückgang der Beschäftigung zwischen 1995 und 1997 genannt. Insgesamt ist jedoch aus der Sicht der Organisationen ein Anstieg der Beschäftigung in diesem Zeitraum zu verbuchen, da gleichzeitig in jeder dritten Organisation (30%) mehr Arbeitsplätze entstanden sind. Die größte Fluktuation ist in den Bereichen Gesundheitswesen und Soziale Dienste zu verzeichnen. Hier ist der Anteil der Organisationen mit einem Arbeitsplatzzuwachs am höchsten. Allerdings verzeichnet das Gesundheitswesen ebenfalls den größten Anteil mit einer rückläufigen Entwicklung (31%). Zu diesem insgesamt positiven Trend der Beschäftigungsentwicklung hat unter anderem auch der Einsatz von AB-Maßnahmen beigetragen. So wurde die Frage „Sind in Ihrer Organisation seit 1992 feste hauptamtliche Stellen aus ehemaligen ABM-Stellen entstanden?" von einem Drittel der befragten Organisationen positiv beantwortet.

Auf die Frage nach der Beschäftigungsentwicklung in den nächsten fünf Jahren gaben 39 Prozent der Organisationen an, dass das Niveau der Beschäftigung „gleich bleiben" wird, rund ein Viertel der Organisationen geht von einem fallenden Niveau aus und 20 Prozent erwarten perspektivisch Beschäftigungszuwächse. Weitere 16 Prozent der Organisationen sagen, dass sie zum Zeitpunkt der Befragung noch keine Aussagen über Perspektiven der Beschäftigung treffen können. Insgesamt sind es rund 60 Prozent der Organisationen, die in den kommenden Jahren mit einer eher positiven Beschäftigungsentwicklung (steigendes bzw. gleichbleibendes Niveau) rechnen (vgl. Tabelle 4.3.4.2).

Tabelle 4.3.4.2: Beschäftigungsentwicklung 1995-1997 und erwartete Beschäftigungsentwicklung für die nächsten fünf Jahre

Bereiche	Entwicklung 1995-1997			Erwartete Entwicklung		
	gestiegen	gleich-geblieben	gefallen	steigend	gleich-bleibend	fallend
	in Prozent					
Kultur	28	53	19	22	33	22
Sport	30	61	9	28	51	9
Freizeit	11	78	11	7	67	8
Bildung und Forschung	18	60	22	14	36	41
Gesundheitswesen	40	29	31	17	29	48
Soziale Dienste	39	44	17	23	33	26
Umwelt	35	56	8	30	40	16
Wohnungswesen	18	68	15	10	74	10
Vertretung von Bürgerinteressen	23	61	16	15	37	26
Stiftungen	4	87	9	17	70	4
Internationale Aktivitäten	24	48	28	26	32	21
Wirtschafts- und Berufsverbände	13	64	24	10	59	25
Insgesamt	30	53	17	20	39	24

Datenbasis: WWU Münster/WZB – Organisationserhebung 1998 (n = 2.240); fehlende Werte zu 100%: „kann man jetzt noch nicht sagen"

Allerdings sind bei dieser Trendaussage wiederum erhebliche bereichsspezifische Unterschiede zu berücksichtigen. So rechnen gerade die beschäftigungsintensiven Bereiche – Gesundheit (48%), Bildung und Forschung (41%) – mit starken Beschäftigungseinbußen. Organisationen in den Bereichen, die sich insgesamt durch eine geringe Beschäftigung auszeichnen sowie eher durch Ehrenamtlichkeit geprägt sind, gehen von weniger starken Beschäftigungsrückgängen aus. So erwartet immerhin ein Drittel der Nonprofit-Organisationen in den Bereichen Umwelt und Sport perspektivisch Beschäftigungszuwächse. Doch auch in den Bereichen Kultur und Internationale Aktivitäten geht mehr als jede zweite Organisation davon aus, dass sich die Beschäftigung positiv entwickeln oder gleich bleiben wird. Hieran schließt sich unter Berücksichtigung des Gesamttrends der Flexibilisierung die Frage an, inwiefern Nonprofit-Organisationen im Trend liegen und Beschäftigungszuwächse mit Flexibilisierung einhergehen bzw. darauf zurückzuführen sind. Insgesamt rechnen 40 Prozent der befragten Organisationen mit Veränderungen hinsichtlich ihrer Beschäftigungsstruktur. Dem stehen 60 Prozent, und damit die deutliche Mehrheit der Organisationen, gegenüber, die von keinen Veränderungen ausgehen. Berücksichtigt man nur die Organisationen, die Veränderungen ihrer Beschäftigungsstruktur erwarten, lassen sich allerdings deutliche Trends erkennen (vgl. Abbildung 4.3.4.4).

Abbildung 4.3.4.4: Erwartete Veränderungen in den Beschäftigungsformen

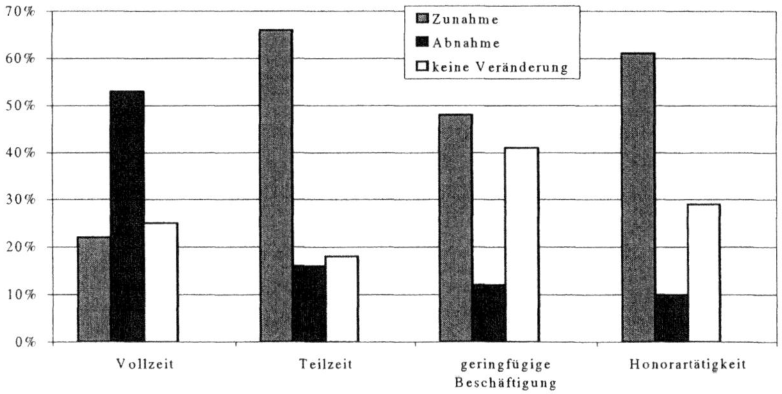

Datenbasis: WWU Münster/WZB – Organisationserhebung 1998 (n = 2.240)

Die befragten Organisationen erwarten in den Bereichen Teilzeitbeschäftigung (66%) und Honorartätigkeit (61%) die stärksten Zunahmen. Des Weiteren werden auch für die geringfügige Beschäftigung von annähernd der Hälfte der Organisationen Zunahmen erwartet. Gleichzeitig wird bei der geringfügigen Beschäftigung von einer starken Kontinuität ausgegangen. Die Zunahme der Beschäftigungsverhältnisse Teilzeitarbeit und Honorartätigkeit geht mit einer Abnahme der Vollzeitbeschäftigung einher. Etwa die Hälfte der Organisationen erwartet Rückgänge bei der Vollzeitbeschäftigung. Der Trend zu mehr Flexibilisierung wird aus der Sicht der Organisationen somit auch perspektivisch im Sinne einer Beschäftigungsprognose bestätigt. Im Rahmen der Befragung wurde leider nicht erhoben, ob die flexibleren Beschäftigungsverhältnisse wiederum in starkem Maße von Frauen wahrgenommen werden, oder ob hier in Zukunft mit einer Entgenderisierung zu rechnen ist. Festgehalten werden kann allerdings, dass, ähnlich wie in der Gesamtwirtschaft, Be-

schäftigungszuwächse in erheblichem Umfang auf flexibleren Beschäftigungsformen basieren.
Wiederum lassen sich auch bei der Frage nach den Veränderungen in der Beschäftigungsstruktur deutliche bereichsspezifische Unterschiede feststellen. In den beschäftigungsintensiven Bereichen Gesundheit (54%) und Soziale Dienste (47%) rechnen die Organisationen in deutlich stärkerem Maße (Gesamtmittelwert 40%) mit Veränderungen in der Beschäftigungsstruktur. Auch die Organisationen im Kultur- (48%) und Umweltbereich (44%) erwarten, überdurchschnittlich stark von Veränderungen betroffen zu sein. Einen Überblick über die erwarteten Veränderungen der Beschäftigungsstruktur in ausgewählten Bereichen vermittelt die Tabelle 4.3.4.3.

Tabelle 4.3.4.3: Veränderungen in den Beschäftigungsformen
in ausgewählten Bereichen, in Prozent

Bereiche	Vollzeit			Teilzeit			Geringfügige Beschäftigung			Honorartätigkeit		
	+	-	=	+	-	=	+	-	=	+	-	=
Gesundheit	3	83	14	83	14	3	46	4	50	48	-	52
Soziale Dienste	20	55	25	72	14	15	49	14	37	57	13	31
Kultur	26	50	24	54	16	30	50	9	41	72	9	18
Umwelt	17	33	50	59	14	27	45	15	40	58	11	32
Insgesamt	22	53	25	66	16	18	48	12	41	61	10	29

Datenbasis: WWU Münster/WZB – Organisationserhebung 1998, (n = 2.240)
+ Anteil wird steigen, - Anteil wird fallen, = Anteil wird gleich bleiben

Insbesondere die Organisationen der beschäftigungsintensiven Bereiche (Gesundheit und Soziale Dienste) erwarten deutlich stärkere Abnahmen der Vollzeitbeschäftigung (83%, 55%) als es bei der Grundgesamtheit und den übrigen Bereichen der Fall ist. Besonders auffällig hierbei sind die Organisationen des Gesundheitsbereichs, die mit 30 Prozentpunkten vom Gesamtmittelwert abweichen. Demgegenüber rechnen die Organisationen, die stärker auf ehrenamtlicher Basis arbeiten und insofern vergleichsweise über deutlich geringere Anteile Vollzeitbeschäftigter verfügen, eher mit einem gleichbleibenden Anteil. Mit den stärksten Zunahmen bei der Vollzeitbeschäftigung rechnen die Organisationen im Kulturbereich (26% der Organisationen). In etwa gegengleich zur Prognose der Entwicklung der Vollzeitbeschäftigung erwarten die Organisationen Veränderungen bei der Teilzeit. Abnehmende Vollzeitanteile gehen mit einer deutlichen Zunahme der Teilzeitbeschäftigung einher (83% im Bereich Gesundheit, 72% im Bereich Soziale Dienste). Da die Bereiche Gesundheit und Soziale Dienste bereits jetzt in beachtlichem Umfang von Teilzeitarbeit geprägt sind, gehen die hier tätigen Organisationen von einer noch weiteren Zunahme aus. Die in den Bereichen Kultur und Umwelt tätigen Organisationen prognostizieren etwa zur Hälfte eine Zunahme der Teilzeitarbeit, während für rund ein Drittel der in diesen

Bereichen tätigen Organisationen – im Kultur- (30%) und im Umweltbereich (27%) – keine Veränderungen im Bereich Teilzeitarbeit anstehen. Die Einschätzung der Entwicklung der geringfügigen Beschäftigung fällt ambivalent aus. Die Organisationen rechnen mit einer hohen Kontinuität; gleichzeitig prognostiziert die Hälfte der Organisationen aller fünf Bereiche Zuwächse bei diesem Beschäftigungsverhältnis, wobei keine größeren bereichsspezifischen Unterschiede festzustellen sind. Insgesamt werden jedoch bei der Honorartätigkeit (61%) neben der Teilzeitbeschäftigung (66%) die stärksten Zuwächse erwartet. Dies trifft insbesondere für den Kulturbereich (72%) zu.

Der Trend zur Flexibilisierung wird weiterhin bestätigt, wenn man die Ausgangsbasis für Beschäftigungszuwächse betrachtet. Setzt man die erwarteten Zunahmen (Prozentwerte) bei den Beschäftigungsverhältnissen in Relation zueinander, so kommt man zu folgenden Ergebnissen: Beschäftigungszuwächse auf der Basis von Teilzeitarbeit würden sich bei 30 Prozent der Organisationen ergeben. Damit kommt der Teilzeitbeschäftigung der oberste Rangplatz zu. An zweiter Stelle würden Zuwächse bei der Honorartätigkeit (28%) folgen. Für 23 Prozent der Organisationen sind Beschäftigungszuwächse mit einem Ausbau der geringfügigen Beschäftigung verbunden. Die Vollzeitbeschäftigung steht zwar an letzter Stelle, dennoch verbinden immerhin 19 Prozent der Organisationen Beschäftigungszuwächse mit Vollzeitarbeit.

Insgesamt kann man somit festhalten, dass der Trend zu flexibleren Beschäftigungsverhältnissen bei den befragten Nonprofit-Organisationen deutlich ausgeprägt ist. Beschäftigungszuwächse basieren in starkem Maße auf einer Zunahme flexibler Beschäftigungsverhältnisse. Gleichzeitig ist jedoch festzuhalten, dass bei den im Rahmen der vorliegenden Untersuchung befragten Organisationen die Vollzeitbeschäftigung auch zukünftig einen nicht zu vernachlässigenden Stellenwert einnehmen wird (vgl. Tabelle 4.3.4.4).

Der generelle Eindruck, dass Nonprofit-Organisationen in ihrem Organisationsverhalten in hohem Maße dem gesamtwirtschaftlichen Trend folgen, wird auch durch die Handhabung spezifischer Instrumente der Flexibilisierung, wie etwa Arbeitszeitmodelle oder familienfreundliche Leistungen, bestätigt. Vor dem Hintergrund des hohen Frauenanteils an den Beschäftigten des Sektors sind diese Instrumente von beachtlicher Relevanz. Danach verfügt die überwiegende Mehrheit der befragten Organisationen (75%) bereits über flexible Arbeitszeitregelungen (vgl. Abbildung 4.3.4.5).

Bereichsspezifisch betrachtet waren nach den Angaben aus dieser Untersuchung Nonprofit-Organisationen in den Bereichen Kultur und Umwelt einer flexiblen Arbeitszeitgestaltung gegenüber besonders aufgeschlossen, während gerade von einigen beschäftigungsintensiven Bereichen, insbesondere dem Wohnungs- und dem Gesundheitswesen sowie von den Sozialen Diensten angegeben wurde, dass flexible Arbeitszeitregelungen hier nicht möglich wären.

Tabelle 4.3.4.4: Flexible Arbeitszeitregelungen

	Vorhanden	Wären bei uns möglich
	in Prozent	
Kultur	91	4
Sport	71	4
Freizeit	67	13
Bildungswesen und Forschung	74	6
Gesundheitswesen	72	16
Soziale Dienste	73	12
Umwelt	87	6
Wohnungswesen	44	28
Vertretung von Bürgerinteressen	74	13
Stiftungen	68	14
Internationale Aktivitäten	83	9
Wirtschafts- und Berufsverbände	69	10
Insgesamt	75	10

Datenbasis: WWU Münster/WZB – Organisationserhebung 1998 (n = 2.240)

Den Organisationen mit flexibler Arbeitszeitregelung wurden ferner fünf Modelle vorgegeben. Schaut man sich die Antworten der Organisationen hierzu an, so lässt sich eine Rangfolge der praktizierten Arbeitszeitmodelle abbilden.

Abbildung 4.3.4.5: Praktizierte Modelle flexibler Arbeitszeitregelung

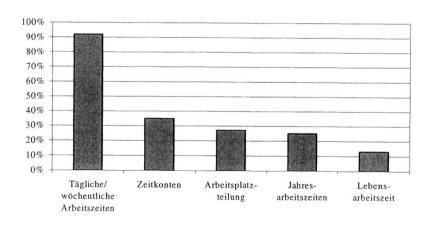

Datenbasis: WWU Münster/WZB – Organisationserhebung 1998 (n = 2.240)

Demnach praktizieren 92 Prozent der befragten Organisationen das Modell der täglichen bzw. wöchentlichen Arbeitszeitflexibilisierung. Es ist eindeutig das am häufigsten eingesetzte Modell. Mit deutlichem Abstand folgen Zeitkonten (34%), Arbeitsplatzteilung (Job-Sharing) (26%) und Arbeitszeitflexibilisierung auf der Grundlage von Jahresarbeitszeit (Sabbatical) (23%). Die geringste Bedeutung nehmen in den befragten Organisationen Modelle zur Verminderung der Lebensarbeitszeit (gleitender Ruhestand) ein. Das Antwortverhalten der Nonprofit-Organisationen entspricht dem allgemeinen Trend der Arbeitszeitflexibilisierung. Mit zunehmender zeitlicher Bemessungsgrundlage nimmt die Attraktivität der Modelle in der Praxis ab. Die auf der zeitlichen Grundlage des Kalenderjahres bzw. der Lebensarbeitszeit basierenden Modelle werden wesentlich seltener praktiziert als das der wöchentlichen Arbeitszeitflexibilisierung.

Schließlich bietet knapp ein Drittel der befragten Organisationen (29%) frauen- und familienfreundliche Leistungen an. Allerdings wird auch hier das Spektrum der möglichen Angebote kaum eingesetzt. Die Nonprofit-Organisationen setzten im Wesentlichen nur zwei Instrumente ein: Zum einen gaben sie an, Frauen bei Neueinstellung bevorzugt zu berücksichtigen, zum anderen boten sie Hilfestellung nach der Kinderpause an.

Neben einer zunehmenden Flexibilisierung der Beschäftigungsformen wird von den befragten Organisationen auch mit Veränderungen in der Personalstruktur gerechnet. Auf die Frage, wo man mögliche freie Mittel für Personaleinstellungen einsetzen würde, sah zwar jede zweite Organisation (51%) den Dienstleistungs- bzw. eigentlichen Tätigkeitsbereich als vordringlich an, es folgte aber mit 47 Prozent fast gleichauf die Absicht, Personaleinstellungen für die Öffentlichkeitsarbeit vorzunehmen. Fast jede dritte Organisation sieht zudem Bedarf an Personal für die Mitgliederbetreuung, die Mitteleinwerbung (jeweils 30%) und bereits mit etwas Abstand für den Verwaltungsbereich (24%). Auch hinsichtlich des Personalmanagements lassen sich bereichsspezifische Unterschiede ausmachen. So würden Organisationen im Sport zusätzliches Personal vor allem in den Bereichen Verwaltung und Mitgliederbetreuung einsetzen, während die Kulturorganisationen ihre Öffentlichkeitsarbeit personell verstärken würden. Demgegenüber hätte im Gesundheits- und sozialen Bereich die Verbesserung der Dienstleistungserstellung Vorrang.

Auf die entgegengesetzte Situation angesprochen, in welchen Bereichen die Organisation, wenn es notwendig wäre, Personal einsparen würde, rangierten auf den ersten Plätzen der Dienstleistungs- bzw. eigentliche Tätigkeitsbereich (27%) und Einsparungen im Verwaltungsbereich (26%). Die deutlich geringsten Nennungen bei einer nötigen Personalreduzierung erhielten die Öffentlichkeitsarbeit (7%), EDV (5%) und der Bereich der Mitteleinwerbung (4%).

Gerade die Organisationen im Gesundheits- und sozialen Bereich würden am ehesten auch in ihrem Kernbereich der Dienstleistungserstellung Personaleinsparungen erwägen. Im Gesundheitsbereich wurde sogar von jeder zweiten Organisation diese Option in Betracht gezogen.

Fazit im Hinblick auf Personal und Beschäftigung

Im Hinblick auf die Entwicklung von Personal und Beschäftigung in Nonprofit-Organisationen kann man auf der Basis der Ergebnisse der Organisationsbefragung das folgende vorläufige Fazit ziehen:

Zum einen sind Nonprofit-Organisationen stark von Ehrenamtlichkeit und freiwilliger unbezahlter Mitarbeit geprägt. Das ehrenamtliche Moment wird auch in Zukunft nicht an Bedeutung verlieren, da hier keine Rückgänge festzustellen waren. Ferner werden von jeder zweiten Organisation Schulungen durchgeführt sowie Ehrenamtliche spezifisch betreut. Allerdings lassen sich bei der Ausprägung des ehrenamtlichen Moments bereichsspezifische Unterschiede feststellen. Generell sind die beschäftigungsintensiven Bereiche des deutschen Nonprofit-Sektors, insbesondere das Gesundheitswesen, Bildung und Forschung, aber auch die Sozialen Dienste, in geringerem Maße von Ehrenamtlichkeit geprägt als die weniger beschäftigungsintensiven Bereiche. Vor allem Organisationen in den Bereichen Sport, Kultur, Umwelt und Internationale Aktivitäten sind für Ehrenamtliche und freiwillige Mitarbeiter besonders attraktiv.

Gleichzeitig nimmt aber auch die hauptamtliche Beschäftigung in Nonprofit-Organisationen derzeit einen beachtlichen Stellenwert ein. Auf der Basis der Ergebnisse der Organisationsbefragung lässt sich prognostizieren, dass dem Sektor auch in Zukunft eine merkliche Bedeutung für den Arbeitsmarkt zukommen wird. Allerdings ist hier einschränkend darauf zu verweisen, dass insbesondere die beschäftigungsintensiven Bereiche des Sektors, allen voran das Gesundheitswesen, bereits aktuell sowie insbesondere in Zukunft von Beschäftigungsrückgängen betroffen sein werden. Perspektivisch waren die befragten Organisationen jedoch auf eine Sicherung von Beschäftigung orientiert, die strategisch durch die Einführung von Teilzeitarbeit erreicht werden soll.

In Übereinstimmung mit der gesamtwirtschaftlichen Entwicklung zeichnet sich im Nonprofit-Sektor ein zunehmender Trend zur Flexibilisierung von Beschäftigung ab. Gemäß den Ergebnissen der Organisationsbefragung sind hierbei Teilzeitarbeit und geringfügige Beschäftigungsverhältnisse die am häufigsten vertretenen Formen. Bereichsspezifisch lassen sich hinsichtlich der Dominanz der Beschäftigungsformen deutliche Unterschiede feststellen. Arbeitsbereiche von Nonprofit-Organisationen, die stärker durch Ehrenamtlichkeit geprägt sind, wie etwa der Sport oder der Bereich Umwelt, zeichnen sich gleichzeitig durch eine Präferenz für flexible Beschäftigungsformen, wie etwa geringfügige und temporäre Beschäftigung sowie Honorartätigkeit, aus. Demgegenüber sind die hoch professionalisierten Bereiche, insbesondere das Gesundheitswesen, vorrangig durch Vollzeitbeschäftigung sowie durch Teilzeitarbeit geprägt.

Für die zukünftige Entwicklung werden von den Organisationen die größten Veränderungen bei der Vollzeitbeschäftigung erwartet. Vor allem in den beschäftigungsintensiven Bereichen gehen abnehmende Vollzeitanteile mit einer Zunahme flexibler Beschäftigungsverhältnisse einher. Die stärksten Zunahmen werden von den befragten Organisationen bei der Teilzeitarbeit sowie bei der geringfügigen Beschäftigung erwartet. Insofern wird der Sektor seine Vorreiterrolle in punkto Flexibilisierung auch in Zukunft behalten, da der Sektor bereits heute in stärkerem Maße von flexiblen Beschäftigungsverhältnissen geprägt ist als die Gesamtwirtschaft.

Entsprechendes gilt für den hohen Frauenanteil an den Beschäftigten. Auch hinsichtlich der Integration von Frauen in den Arbeitsmarkt kommt dem Nonprofit-Sektor im Vergleich zur Gesamtwirtschaft eine Vorreiterrolle zu. Allerdings sind die Beschäftigungsformen auch im Nonprofit-Sektor in hohem Maße geschlechtsspezifisch ausgeprägt. Analog zur Gesamtwirtschaft waren Frauen in den befragten Organisationen in den Bereichen Teilzeitarbeit und in geringfügigen Beschäftigungsverhältnissen jeweils überdurchschnittlich vertreten.

4.3.5 Probleme und Einschätzungen aus der Innenperspektive

Gefragt nach der zukünftigen Relevanz der Nonprofit-Organisationen gab mehr als die Hälfte von ihnen an (56%), dass die Bedeutung der Nonprofit-Organisationen für die Gesellschaft eher zunehmen bzw. gleich bleiben (22%) wird (vgl. Abbildung 4.3.5.1).

Hierbei blicken Organisationen der Bereiche Internationales, Kultur, Stiftungen und Umwelt besonders optimistisch in die Zukunft, während der Freizeitbereich, aber auch Organisationen des Wohnungswesens sowie die in den Bereichen Gesundheit und Soziale Dienste tätigen Organisationen eine vergleichsweise pessimistischere Haltung einnehmen.

Zu der überwiegend positiven Zukunftssicht der befragten Organisationen trägt wesentlich ihre Eigeneinschätzung bei. Nonprofit-Organisationen sehen sich als „soziales Gewissen". So befürworteten die befragten Organisationen mehrheitlich (90%) die Einschätzung, dass es ohne gemeinnützige Organisationen viele soziale und politische Errungenschaften nicht geben würde.

Abbildung 4.3.5.1: Zukünftige Entwicklung von gemeinnützigen Organisationen

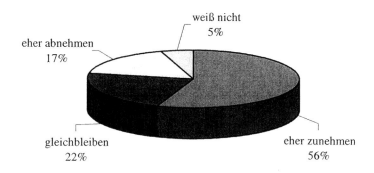

Datenbasis: WWU Münster/WZB – Organisationserhebung 1998 (n = 2.240)

Entsprechend hohe Zustimmungswerte erhielten auch die Einschätzungen „Organisationen wie die Unsere schaffen ein Zusammengehörigkeitsgefühl, das staatliche Einrichtungen nicht erbringen können" (83%) sowie „gemeinnützige Organisationen sind der Kitt, der unsere Gesellschaft zusammenhält" (81%). Dabei zeichnen sich die befragten Organisationen durch ein hohes Selbstbewusstsein gegenüber dem Staat bzw. gegenüber staatlichen Einrichtungen und Leistungen aus. Einschätzungen, die Nonprofit-Organisationen im Vergleich zu staatlichen Einrichtungen eine höhere gesellschaftlich-moralische Kompetenz sowie auch eine größere Innovationsfreude bescheinigen, erhielten übereinstimmend hohe Zustimmungswerte. Beispielsweise stimmten die Organisationen mehrheitlich (84%) der Einschätzung zu: „Wir sind näher an den Bedürfnissen der Menschen als der Staat". Eine vergleichsweise hohe Zustimmungsrate (71%) erhielt auch die Einschätzung: „In unserem Bereich sind wir innovativer als der Staat".

Die Organisationen legen besonderen Wert auf ihre soziale Kompetenz und ihre humanistisch-moralische Verantwortung. Nach eigener Einschätzung unterscheidet sie dies nachhaltig von Firmen und Unternehmen. Insofern erhielt die Einschätzung, dass gemeinnützige Organisationen sich nach den Bedürfnissen der Menschen und nicht nach ihrem Geldbeutel richten, wie es kommerzielle Anbieter tun, ebenfalls eine hohe Zustimmung (84%). Allerdings waren die befragten Organisationen in Richtung Markt nicht so selbstbewusst, wie sie dies in ihrer Eigeneinschätzung in Richtung Staat waren. Der Position, dass gemeinnützige Organisationen in ihrem Bereich innovativer sind als private kommerzielle Anbieter, wurde nicht in gleicher Weise zugestimmt wie der Einschätzung, dass Nonprofit-Organisationen im Hinblick auf Innovation dem öffentlichen Bereich weit voraus sind. Fast jede fünfte Organisation war hier in ihrem Antwortverhalten ablehnend. Ganz besonders traf dies für die Organisationen im Gesundheitswesen zu, von denen fast jede Zweite sich nicht innovativer als die kommerzielle Konkurrenz einschätzte.

In der Einschätzung der Organisationen kommt der zunehmenden Konkurrenz ein hoher Stellenwert zu. Mehr als jede Zweite der befragten Organisationen stimmte der Prognose zu, dass sich der Konkurrenzdruck verstärken wird. Besonders ausgeprägt ist die Erwartung einer zunehmenden Konkurrenz bei den Organisationen des Gesundheitswesens. Fast jede der befragten Organisationen (91%) prognostizierte eine Entwicklung in Richtung stärkerer Konkurrenz. Ebenfalls erstaunlich positiv fiel das Antwortverhalten bei den Organisationen des Bereichs Internationale Aktivitäten (79%) sowie im Bereich Bildung und Forschung (78%) aus. Vor dem Hintergrund einer zunehmenden Konkurrenz ist es nicht verwunderlich, dass die befragten Organisationen für die Zukunft Schwierigkeiten bei der Mittelerschließung antizipieren. Fast zwei Drittel der befragten Organisationen gehen im Bereich Mittelerschließung perspektivisch von höheren Anforderungen aus. Da lediglich die Organisationen, deren Finanzierungsmix hauptsächlich auf Mitgliederbeiträgen basiert, hier weniger pessimistisch in die Zukunft sehen, liegt die Vermutung nahe, dass die Organisationen einerseits eine verstärkte Konkurrenz am Spendenmarkt antizipieren, andererseits von zunehmenden Problemen bei der Zusammenarbeit mit der öffentlichen Hand ausgehen. In der Tat wurde der Prognose, dass sich das Verhältnis zur öffentlichen Hand verschlechtert, von mehr als jeder zweiten Organisation zugestimmt.

Es scheint einiges darauf hinzudeuten, dass sich das Verhältnis der Nonprofit-Organisationen zum Staat zunehmend problematisch gestaltet. Offensichtlich bedürfen die traditionellen Strukturen bzw. die Einbettung der gemeinnützigen Organisationen in unser soziales und politisches Gemeinwesen einer nachhaltigen Überprüfung. Besonders deutlich wird dies bei der aktuellen Problemeinschätzung durch die befragten Organisationen (vgl. Abbildung 4.3.5.2).

Zu den gravierendsten Problemen, denen die Befragten derzeit gegenüberstehen, zählt die unzureichende und/oder abnehmende Finanzierung durch die öffentliche Hand bei gleichzeitig zu starker Abhängigkeit von öffentlicher Finanzierung. Offensichtlich scheint die Nähe zum Staat, die bisher zumindest auch mit einer entsprechenden Alimentierung bzw. Finanzierung einherging, von einer ganzen Reihe von Organisationen inzwischen als eher nachteilig empfunden zu werden. So sehen sich die Organisationen derzeit mit dem Dilemma konfrontiert, die abnehmende Unterstützung durch die öffentliche Hand weder durch effektives Fundraising noch durch Einnahmen aus eigenwirtschaftlicher Tätigkeit adäquat ausgleichen zu können. Es ist daher nicht verwunderlich, dass von den befragten Organisationen, und zwar in dieser Reihenfolge, als weitere zentrale Probleme eine zu starke Verrechtlichung/Bürokratisierung, Mangel an politischen Konzepten für den gemeinnützigen Sektor sowie fehlende steuerliche Anreize für Spenden und Zuwendungen genannt werden.

Offensichtlich sind die rechtlichen Rahmenbedingungen, unter denen der Nonprofit-Sektor derzeit agiert, vorrangig auf Mitgliederorganisationen zugeschnitten. Die befragten Organisationen in den Bereichen Freizeit und Wirtschaftsverbände, die sich vorrangig als Mitgliederorganisationen verstehen, sehen in der Bürokratisierung und Verrechtlichung kein größeres Problem.

Abbildung 4.3.5.2: Gegenwärtige Probleme der Organisationen

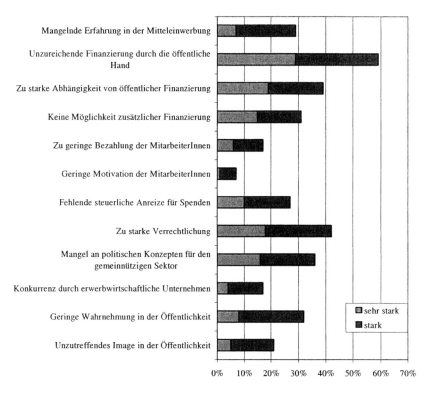

Datenbasis: WWU Münster/WZB – Organisationserhebung 1998 (n = 2.240)

Demgegenüber sind Organisationen, die in den Bereichen Gesundheit, Bildung und Forschung, Kultur und Soziale Dienste tätig sind und die in maßgeblichem Umfang Dienstleistungen für die allgemeine Öffentlichkeit erstellen, in ihrem Antwortverhalten wesentlich kritischer. So sieht sich jede zweite Organisation im Bereich Kultur und fast jede Zweite in den Bereichen Gesundheitswesen und Soziale Dienste mit dem Problem der Konzeptlosigkeit des öffentlichen Sektors gegenüber den Organisationen zwischen Markt und Staat konfrontiert.

Vor diesem Hintergrund gewinnt die Problemeinschätzung der befragten Organisationen in Ostdeutschland einen markanten Stellenwert. Während in den alten Ländern der Sektor in vielen Bereichen noch über eine starke milieuspezifische Einbettung verfügt, die sich unter anderem an vergleichsweise hohen Mitgliederzahlen sowie in der Ausprägung des klassischen Ehrenamtes, wie es bei den konfessionell orientierten Wohlfahrtsverbänden noch zu finden ist, niederschlägt, fehlt dem Sektor in Ostdeutschland dieses traditionsverbundene „Hinterland". Wie anhand der Ergebnisse der lokalen Fallstudien noch deutlich wird, sind Nonprofit-Organisationen in Ostdeutschland in noch stärkerem Maße als in Westdeutschland in zentralen Aktivitätsfeldern, wie etwa bei den Sozialen Diensten, im Rahmen kommunaler Daseinsvorsorge und Infrastruktur vorrangig als Dienstleister tätig. Die Rahmenbedingungen, in die die Organisationen eingebettet sind, scheinen jedoch auf diese Funktionszuweisung nicht zugeschnitten zu sein. Wie aus der Gegenüberstellung zentraler Problemlagen ost- und westdeutscher Organisationen deutlich wird, sehen die ostdeutschen Organisationen die Nähe zum Staat mit der dementsprechend hohen Abhängigkeit von öffentlicher Förderung vergleichsweise als noch problematischer an als westdeutsche Organisationen (vgl. Tabelle 4.3.5.1).

Tabelle 4.3.5.1: Einschätzungen von Problemen ost- und westdeutscher Nonprofit-Organisationen 1998

Konfrontation mit Problemen (Kategorien „sehr stark" und „stark")	Ostdeutsche NPOs	Westdeutsche NPOs
	in Prozent	
Geringes Spendenaufkommen	50	41
Mangelnde Erfahrung in der Mitteleinwerbung	36	27
Zu starke Abhängigkeit von öffentlicher Finanzierung	52	36
Zu starke Verrechtlichung	56	39
Fehlen von politischen Konzepten für den gemeinnützigen Sektor	44	35
Unzutreffendes Image in der Öffentlichkeit	14	23
Ablehnende Haltung seitens der Öffentlichkeit	6	9

Datenbasis: WWU Münster/WZB – Organisationserhebung 1998 (n = 2.240)

In noch stärkerem Maße als in den alten Ländern betrachten die befragten ostdeutschen Organisationen die Verrechtlichung als Problemauslöser.

Gleichzeitig werden in deutlich höherem Maße von den ostdeutschen Organisationen die zu starke Abhängigkeit von der öffentlichen Finanzierung beklagt. Zudem sehen ostdeutsche Organisationen das Fehlen von politischen Konzepten für den gemeinnützigen Sektor in stärkerem Maße als westdeutsche Organisationen als zentralen Problemauslöser an.

Gerade dieses Antwortverhalten ist als ein Indiz dafür zu bewerten, dass die überkommenen Vorstellungen von einem Nonprofit-Sektor, der im Wesentlichen auf Mitgliederorganisationen sowie schwerpunktmäßig auf konfessionell orientierten sozialen Milieus basiert, nicht mehr den aktuellen gesellschaftlichen Verhältnissen entspricht. Ost- wie westdeutsche Nonprofit-Organisationen sehen sich daher zunehmend mit der Herausforderung konfrontiert, ihre Verwaltungs- und Staatsabhängigkeit abzustreifen und stattdessen ihre zivilgesellschaftliche Einbettung zu intensivieren. Wie die folgenden Ausführungen zeigen, ist auf diesem Weg der Nonprofit-Sektor in Ostdeutschland, zumindest im Vergleich zu anderen Transformationsländern, schon ein Stück vorangekommen.

4.3.6 Die Spezifik der Nonprofit-Organisationen in Ostdeutschland

Im Hinblick auf die Etablierung des Nonprofit-Sektors in Ostdeutschland kann im Vergleich zu anderen Transformationsländern von einer erfolgreichen Transformation gesprochen werden. Während dieses Ergebnis im Rahmen des Johns Hopkins-Projektes im Wesentlichen auf der Ebene von Aggregatdaten ermittelt wurden, bietet die Organisationsbefragung einen direkten Einblick in den Alltag der Organisationen vor Ort. Wesentlich differenzierter wird daher im Folgenden auf Gemeinsamkeiten und Unterschiede zwischen den Nonprofit-Organisationen in West- und Ostdeutschland eingegangen.

Der Vergleich der Tätigkeitsbereiche ost- und westdeutscher Nonprofit-Organisationen zeigt ein überraschend übereinstimmendes Bild. Waren zu Beginn der 1990er Jahre noch einige markante Unterschiede in der Schwerpunktsetzung von Nonprofits in Ostdeutschland auszumachen, wobei in Ostdeutschland die Bereiche Kultur, Sport und Freizeit, Umweltschutz sowie Wirtschafts- und Berufsverbände stärker ausgeprägt waren (Priller 1997: 110), so haben sich gemäß den Ergebnissen der Organisationsbefragung diese Unterschiede inzwischen erheblich abgeschwächt. Leichte Unterschiede lassen sich noch in den Bereichen Gesundheitswesen, Soziale Dienste und Umweltschutz sowie bei den Stiftungen und den Internationalen Aktivitäten erkennen (vgl. Tabelle 4.3.6.1).

Etwas stärker ausgeprägt sind die Abweichungen noch in den Bereichen Sport und Freizeit sowie Bildung und Forschung. Während der Anteil der aktiven Organisationen in Ostdeutschland im Bereich Sport und Freizeit höher ist, weisen Bildung und Forschung im Westen einen höheren Aktivitätsanteil auf. Bestehen hinsichtlich der Besetzung der Aktivitätsfelder von Nonprofit-Organisationen inzwischen in Ost- und Westdeutschland keine gravierenden Unterschiede mehr, trifft dies für eine Reihe von anderen Merkmalen jedoch keineswegs zu (vgl. Tabelle 4.3.6.2).

Tabelle 4.3.6.1: Tätigkeitsfelder ost- und westdeutscher Nonprofit-Organisationen

	Ostdeutschland	Westdeutschland
	in Prozent	
Kultur	39	38
Sport und Freizeit	48	37
Bildung und Forschung	34	40
Gesundheitswesen	25	28
Soziale Dienste	55	52
Umwelt- und Naturschutz	15	18
Wohnungswesen, Beschäftigung	17	17
Bürger- und Verbraucherinteressen	19	19
Stiftungs- und Spendenwesen	9	12
Internationale Aktivitäten	18	22
Wirtschafts- und Berufsverbände	8	9
Sonstiges	11	10

Datenbasis: WWU Münster/WZB – Organisationserhebung 1998 (n = 2.240)

Betrachtet man das Gründungsjahr der Mehrheit der ostdeutschen Nonprofit-Organisationen, so ist die These, dass der gesamte Sektor in hohem Maße durch institutionelle Kontinuität geprägt ist, zumindest in Zweifel zu ziehen. Rein quantitativ betrachtet dominieren in Ostdeutschland die „Nachwende-Organisationen". Drei Viertel der befragten ostdeutschen Organisationen sind erst nach der Wende entstanden.

Insofern ist auch zu erklären, dass es sich bei den ostdeutschen „Nachwende-Organisationen" überwiegend um kleine Organisationen, und zwar gemessen an ihrer Mitgliederzahl sowie an ihrem finanziellen Volumen, handelt. Auch die überwiegende Dominanz der Organisationsform des eingetragenen Vereins passt zu dem Gesamtbild eines sich noch in der Etablierungs- und Aufbauphase befindenden Sektors. Weder Stiftungen noch gGmbHs sind bisher im Osten in gleichem Maße präsent wie in Westdeutschland.

Aussagekräftig ist auch der Vergleich der Mitgliederzahlen der Nonprofit-Organisationen. Aus dem Sportbereich ist bekannt (Baur et al. 1995), dass in Ostdeutschland eher kleinere Organisationen das Vereinswesen prägen und mitgliederstarke Großorganisationen eine Seltenheit darstellen. Weit über die Hälfte der befragten Organisationen in Ostdeutschland verfügen nur über bis zu 100 Mitglieder. Lediglich drei Prozent der befragten Organisationen gehören in Ostdeutschland zu den sehr großen Organisationen mit mehr als 10.000 Mitgliedern. Die Ergebnisse der Organisationsbefragung spiegeln daher in gewisser Weise auch den im Vergleich zu den alten Bundesländern geringeren Organisationsgrad der Bevölkerung wider.

Tabelle 4.3.6.2: Objektive Unterschiede zwischen ost- und westdeutschen Nonprofit-Organisationen

	Ostdeutsche NPOs	Westdeutsche NPOs
	in Prozent	
Gründungsjahr nach 1989	75	11
Rechtsform		
Eingetragener Verein	89	77
Größe		
Anzahl der Mitglieder		
unter 100 Mitglieder	56	40
über 10.000 Mitglieder	3	10
Finanzen		
Gesamteinnahmen 1996		
Bis 100 TDM	44	36
500 T – 2 Mio. DM	38	41
über 2 Mio. DM	17	22
Finanzierung aus öffentlichen Mitteln		
keine bzw. unter 10 Prozent	44	59
mehr als 80 Prozent	21	8
In finanziellen Schwierigkeiten	49	35

Datenbasis: WWU Münster/WZB – Organisationserhebung 1998 (n = 2.240)

Markant sind die Unterschiede zwischen ost- und westdeutschen Nonprofit-Organisationen vor allem im Hinblick auf die Finanzierung. Während der Vergleich der Gesamteinnahmen der Organisationen nochmals unterstreicht, dass Großorganisationen in Ostdeutschland seltener zu finden sind als in Westdeutschland, macht der Vergleich der Finanzierung aus öffentlichen Mitteln die stärker ausgeprägte Abhängigkeit des Nonprofit-Sektors in Ostdeutschland von öffentlichen Zuwendungen deutlich. Während 59 Prozent der befragten Organisationen in Westdeutschland gar nicht oder nur zu einem geringen Teil durch öffentliche Mittel unterstützt werden, fällt der Anteil mit 44 Prozent für die ostdeutschen Organisationen merklich niedriger aus. Beachtlich ist der vergleichsweise hohe Anteil der ostdeutschen Organisationen, die zu mehr als 80 Prozent ihre Finanzierung aus öffentlichen Mitteln bestreiten. Für beinah jede fünfte Organisation trifft dies in den neuen Ländern zu, während in Westdeutschland nur jede Zwölfte der befragten Organisationen einen derart hohen Anteil öffentlicher Finanzierung aufweist (vgl. Tabelle 4.3.6.3).

Besonders markant ist der Unterschied zwischen ost- und westdeutschen Organisationen hinsichtlich der finanziellen Absicherung. Während in Westdeutschland ein gutes Drittel der Organisationen angab, in den letzten Jahren oder aktuell von finanziellen Schwierigkeiten betroffen zu sein, trifft dies für fast die Hälfte der ostdeutschen Organisationen zu. Gut zwei Drittel der von finanziellen Problemen im Osten betroffenen Organisationen nannten den Abbau kommunaler Förderung als Grund für ihre finanziellen Schwierigkeiten.

Tabelle 4.3.6.3: Gründe für finanzielle Schwierigkeiten

	Insgesamt	Ost	West
	in Prozent		
Kommerzielle Konkurrenz	17	14	18
Rückgang der Zuschüsse von Dachverbänden	27	25	27
Abbau der kommunalen Förderung	56	65	52
Umstellung auf Kontrakte	7	9	7
Personalkosten	51	47	53
Rückgang der Eigenmittel	45	42	46
Wettbewerb unter Gemeinnützigen	22	21	22
Veränderung der Vergabekriterien	45	53	42
Leistungen und Produkte sind nicht mehr gefragt	10	3	12
Sonstiges	23	20	24

Datenbasis: WWU Münster/WZB – Organisationserhebung 1998 (n = 2.240)

Als zweiter entscheidender Grund wurde von den ostdeutschen Organisationen die Veränderung von Vergabekriterien bei Landes- und Bundesmitteln genannt. Hier fällt insbesondere die Beendigung der ABM-Sonderprogramme für Ostdeutschland ins Gewicht. Jede zweite Organisation in Ostdeutschland führte ihre finanziellen Probleme hierauf zurück. Kommerzielle Konkurrenz sowie auch der Wettbewerb untereinander werden dagegen von den ostdeutschen Organisationen in etwas geringerem Maße als von westdeutschen als ausschlaggebend für finanzielle Probleme erachtet. Entsprechendes gilt auch für den Rückgang der Zuschüsse von Dachverbänden sowie für die Belastung durch Personalkosten. Beides betrachten ostdeutsche Organisationen als vergleichsweise weniger ursächlich für finanzielle Schwierigkeiten als westdeutsche.

Analog zur vergleichsweise schlechteren finanziellen Situation der Nonprofit-Organisationen in Ostdeutschland fällt auch Einschätzung der Beschäftigungsentwicklung pessimistischer aus (vgl. Tabelle 4.3.6.4).

Während die Beschäftigungsentwicklung retrospektiv sowohl in Ost- als auch in Westdeutschland übereinstimmend positiv eingeschätzt wird, wird perspektivisch von einem deutlich geringeren Anteil der ostdeutschen Organisationen ein weiterer Anstieg der Beschäftigung erwartet. Nur 14 Prozent der befragten Organisationen in Ostdeutschland rechnen mit Beschäftigungszuwächsen gegenüber einem Anteil von 22 Prozent der Organisationen in Westdeutschland. Auch scheint die Situation in Ostdeutschland im Hinblick auf die Entwicklung der Beschäftigung im Nonprofit-Sektor stärker als in West deutschland von Unsicherheit geprägt zu sein. So gab ein im Vergleich zu den westdeutschen Organisationen doppelt so hoher Anteil von ostdeutschen Nonprofit-Organisationen an, dass die künftige Entwicklung noch nicht abgesehen werden kann (Ost 27%, West 13%). Dies ist durchaus als zusätzliches Indiz für eine eher pessimistische Einschätzung der künftigen Beschäftigungsentwicklung im Nonprofit-Sektor in Ostdeutschland zu werten.

Tabelle 4.3.6.4: Einschätzung der Beschäftigungsentwicklung in ost- und westdeutschen Nonprofit-Organisationen

Beschäftigungsentwicklung	Ost		West	
	Vergangenheit	Zukunft	Vergangenheit	Zukunft
	in Prozent			
Steigend	31	14	30	22
Gleichbleibend	46	32	54	41
Fallend	23	27	16	24
Noch unbestimmt	-	27	-	13
Schaffung hauptamtlicher Stellen aus ABM-Stellen seit 1992	51		28	

Datenbasis: WWU Münster/WZB – Organisationserhebung 1998 (n = 2.240)

Doch sollte man für die Zukunft auch nicht allzu schwarz sehen. Seit der Vereinigung ist es dem Nonprofit-Sektor in Ostdeutschland nachweislich gelungen, sich als zentraler Dienstleister auf der lokalen Ebene in einem breiten Spektrum von Politikfeldern zu etablieren. Trotz hoher Abhängigkeit von öffentlichen Mitteln sind in der Vergangenheit in Ostdeutschland Arbeitsplätze und Beschäftigungsmöglichkeiten im Nonprofit-Sektor in den neuen Ländern geschaffen und auch langfristig etabliert worden. In diesem Zusammenhang ist vor allem darauf hinzuweisen, dass AB-Maßnahmen in Ostdeutschland wesentlich effektiver als in den alten Ländern eingesetzt wurden. So sind in den letzten Jahren bei der Hälfte der befragten Organisationen (51%) AB-Maßnahmen in feste Stellen umgewandelt worden, während dies in den alten Ländern nur für 28 Prozent der Befragten zutraf.

4.3.7 Das Bild eines heterogenen Sektors

Aus den Ergebnissen der Organisationsbefragung lässt sich festhalten:
Die Ergebnisse der Befragung vermitteln ein facettenreiches Bild eines Sektors, der mehrheitlich durch junge Organisationen geprägt ist. So war jede vierte Organisation erst nach 1989 entstanden. In den neuen Ländern überwiegen eindeutig die „Nachwende-Organisationen". Gleichwohl ist das traditionelle Moment des Sektors beachtlich. Jede Fünfte der befragten Organisationen ist älter als die Bundesrepublik. Ferner sind Nonprofit-Organisationen

in erster Linie lokal engagiert und bilden insofern eine wichtige Infrastruktur für Partizipation und zivilgesellschaftliche Integration. Zugleich sind sie zentrale Dienstleister, die vor Ort ein breites Spektrum von Leistungen für Mitglieder und die allgemeine Öffentlichkeit bereithalten sowie mit ihrem Angebot auch responsiv auf gesellschaftliche Veränderungen reagieren.

Die Ergebnisse der Befragung spiegeln die Heterogenität eines Sektors wider, dessen Organisationen sich einer einfachen Charakterisierung und Zuordnung entziehen. Diese Heterogenität zeigt sich unter anderem an der unterschiedlichen Größe der Organisationen, gemessen an ihren Einnahmen. Sehr kleine Vereine, deren jährliche Einnahmen 5.000 DM nicht übersteigen, sind in diesem Sektor ebenso zu finden wie eine beachtliche Anzahl von Einrichtungen, deren Einnahmen im Jahr zwei Millionen DM deutlich überschreiten.

Äußerst unterschiedlich gestaltet sich auch der Finanzierungsmix der Organisationen. Insgesamt ist die häufig geäußerte These von einer generellen Staatsabhängigkeit des deutschen Nonprofit-Sektors in dieser Allgemeinheit nicht aufrechtzuerhalten. Vielmehr findet man je nach Arbeitsbereich einen sehr unterschiedlichen Mix aus Leistungsentgelten, öffentlichen Zuwendungen, Einnahmen aus wirtschaftlicher Tätigkeit, Philanthropie und Mitgliedsbeiträgen. Wie die Einnahmenstruktur im Einzelnen gestaltet ist, hängt weniger von den spezifischen Leistungen als vielmehr von den jeweiligen gesetzlichen Rahmenbedingungen ab, unter denen die Organisationen arbeiten. Hierbei werden die auf der Aggregatdatenebene ermittelten Ergebnisse nachhaltig bestätigt. Vor allem die Organisationen im Bereich Gesundheitswesen rekurrieren überwiegend auf Leistungsentgelte; der Bereich Sport und Freizeit sowie die Wirtschafts- und Berufsverbände finanzieren sich schwerpunktmäßig über Mitgliedsbeiträge; bei Organisationen im Bereich Internationale Aktivitäten und Umwelt spielt Philanthropie als Finanzierungsquelle eine bedeutende Rolle, während die Bereiche Kultur wie auch Bildung und Forschung maßgeblich durch öffentliche Zuwendungen unterstützt werden.

Die finanzielle Situation der Organisationen ist nicht als dramatisch, aber doch als kritisch zu bezeichnen. So wurde immerhin von jeder dritten Organisation angegeben, dass sie in jüngster Zeit in finanziellen Schwierigkeiten war oder derzeit ist. Hierbei besteht ein deutlicher Unterschied zwischen west- und ostdeutschen Organisationen. Über das Spektrum der Tätigkeitsbereiche betrachtet, sind die Organisationen in den neuen Länder finanziell deutlich schlechter gestellt als die in den alten. Gleichzeitig sind sie in einem weitaus größeren Umfang von öffentlichen Mitteln abhängig als westdeutsche Nonprofit-Organisationen. Berücksichtigt man hierbei, dass der Abbau öffentlicher Förderung als zentraler Grund für finanzielle Schwierigkeiten genannt wurde und die Organisationen hier mehrheitlich von weiteren Rückgängen ausgehen, so ergibt sich perspektivisch für den Sektor in Ostdeutschland eine vergleichsweise problematischere Situation als in Westdeutschland.

In einem engen Bezug zur Finanzierung der Organisationen und ihrem spezifischen Finanzierungsmix ist ihre jeweilige Beschäftigungsstruktur zu sehen. Das Bild wird wiederum durch Heterogenität geprägt. Deutlich zeigen die Ergebnisse der Befragung, dass den Nonprofit-Organisationen nicht nur eine beachtliche arbeitsmarktpolitische Bedeutung zukommt, sondern dass sie gleichzeitig ein wesentliches Element einer Tätigkeitsgesellschaft z.B. im Sinne von Hannah Arendt mit einem weitgefassten Arbeitsbegriff darstellen, der abgesehen von der Erwerbsarbeit gleichberechtigt auch das ehrenamtliche Engagement und die freiwillige Mitarbeit als besondere Formen der Selbstverwirklichung und des sinnstiftenden Handelns umfasst. Nach den Ergebnissen der Befragung kommt dem ehrenamtlichen Moment in Nonprofit-Organisationen ein hoher Stellenwert zu. Nahezu jede Organisation verfügte über ehrenamtliche Mitarbeiter, deren Anzahl in den letzten Jahren gleichgeblieben oder sogar angestiegen ist. Allerdings sind nicht alle Arbeitsbereiche der Organisationen für Ehrenamtliche gleichermaßen attraktiv. Pointiert ausgedrückt, kann man festhalten: Je stärker ein Arbeitsbereich in die Erfüllung der staatlichen Pflichtaufgaben eingebunden ist, desto geringer ist seine Attraktivität für Ehrenamtliche. Oder anders ausgedrückt: In Organisationen, die sich hauptsächlich durch Leistungsentgelte und/oder öffentliche Zuwendungen finanzieren, ist eine eher geringe Zahl an Ehrenamtlichen vorhanden. Außerdem sind gerade diese Organisationen in hohem Maße durch Normalarbeitsverhältnisse geprägt, wozu Vollzeit-, aber inzwischen auch Teilzeitarbeit zu rechnen sind.

Nach den Ergebnissen der Befragung kommt dem Normalarbeitsverhältnis in Nonprofit-Organisationen eine beachtliche und so vielleicht nicht erwartete Bedeutung zu. Fast die Hälfte der Beschäftigten der befragten Organisationen waren vollzeitbeschäftigt; nicht ganz ein Viertel arbeitete in Teilzeitbeschäftigung, während sich das restliche Viertel auf verschiedene Formen temporärer Beschäftigung verteilte. Anteilsmäßig sind die Normalarbeitsverhältnisse auf eine Reihe von Arbeitsbereichen des Sektors konzentriert. Zu nennen sind hier insbesondere die Bereiche Gesundheitswesen, Soziale Dienste sowie Bildung und Forschung, die auf der Aggregatdatenebene als die Tätigkeitsbereiche des Sektors mit den meisten Beschäftigten ermittelt wurden. Im Unterschied dazu weisen Organisationen in den Bereichen Umwelt, Sport, Freizeit und Kultur vergleichsweise hohe Anteile temporärer Beschäftigung auf. Herauszustellen sind hier insbesondere die Sportvereine, deren Beschäftigung maßgeblich durch Honorartätigkeit als Erwerbsform zwischen Ehrenamtlichkeit und Lohnarbeit geprägt ist.

Durch die Ergebnisse der Befragung wurde die Bedeutung der Nonprofit-Organisationen als Motor einer positiven Beschäftigungsentwicklung bestätigt. Im Rückblick wurde von den Organisationen mehrheitlich eine dynamische Entwicklung der Beschäftigung angegeben; doch auch perspektivisch vermittelten die Organisationen eher ein positives Bild der Beschäftigungsentwicklung, bei der sich die Zu- und Abnahmen in etwa die Waage halten bzw. sogar von einem Beschäftigungsanstieg auszugehen ist.

Allerdings sollte diese insgesamt eher günstige Zukunftserwartung nicht dazu verleiten, den Nonprofit-Sektor als die Lösung der derzeitigen allgemeinen Arbeitsmarktprobleme anzusehen. Es sind nämlich gerade die auf der Aggregatdatenebene als besonders beschäftigungsintensiv ermittelten Bereiche, insbesondere das Gesundheitswesen, aber auch Bildung und Forschung, deren Organisationen mit starken Beschäftigungsrückgängen rechnen, während Organisationen in den weniger beschäftigungsintensiven Bereichen, wie etwa Sport oder Kultur, Beschäftigungszuwächse erhoffen. Ferner liegen hinsichtlich der Entwicklung der Beschäftigungsformen die Nonprofit-Organisationen durchaus im Trend der gesamtwirtschaftlichen Entwicklung, die deutlich in Richtung einer stärkeren Flexibilisierung von Beschäftigung tendiert. Nach Einschätzung der Organisationen werden Teilzeitarbeit sowie Honorartätigkeiten in den nächsten Jahren deutlich zunehmen, wobei diese Entwicklung klar zu Lasten der Vollzeitbeschäftigung geht. Wiederum sind es die Organisationen in den beschäftigungsintensiven Bereichen, vor allem die im Gesundheitswesen und im Bereich Soziale Dienste, die überdurchschnittlich eine Veränderung der Beschäftigungsformen in Richtung Teilzeit und Honorartätigkeit antizipieren.

Fragt man schließlich, wer von diesen Veränderungen im Wesentlichen betroffen sein wird, so entsprechen Nonprofit-Organisationen dem Trend der Gesamtwirtschaft. Die befragten Organisationen zeichnen sich durch einen im Vergleich zur Gesamtwirtschaft deutlich höheren Anteil weiblicher Beschäftigter aus. Dabei dominieren Frauen die Segmente Teilzeitarbeit und Geringfügige Beschäftigung, während sie anteilsmäßig unterdurchschnittlich im Segment der Vollzeitbeschäftigten vertreten sind.

Lassen sich auch viele Parallelen zwischen Nonprofit-Organisationen und dem Sektor Markt feststellen, so sind sich die Organisationen dennoch ihrer Besonderheit und vor allem ihrer zentralen Bedeutung für den gesellschaftlichen Zusammenhalt sehr bewusst. Die befragten Nonprofit-Organisationen blickten mit hohem Selbstbewusstsein in die Zukunft und gingen mehrheitlich davon aus, dass ihre Bedeutung perspektivisch eher zunehmen wird. In ihrer Selbsteinschätzung sehen sie sich dabei als den „sozialen Kitt, der unsere Gesellschaft zusammenhält". Nach ihrer Einschätzung würde es ohne sie „viele soziale und politische Errungenschaften nicht geben. Denn sie sind diejenigen, die „die Entwicklung in diesem Land" voranbringen.

Besonders deutlich grenzen sich die Organisationen in ihrem Selbstverständnis vom Staat ab. Nach ihrer Einschätzung sind Nonprofit-Organisationen nicht nur „innovativer als vergleichbare öffentliche Einrichtungen", sondern auch „näher an den Bedürfnissen der Menschen als der Staat". Der Eindruck einer eher kritischen Haltung gegenüber dem Staat wird ferner bestätigt durch die aktuelle Problemsicht der Nonprofit-Organisationen. Pointiert ausgedrückt, kritisieren die Organisationen, dass der Staat seine finanziellen Zuwendungen sukzessive zurückschraubt, während es gleichzeitig an politischen Konzepten mangelt, das Umfeld der Organisationen so zu gestalten, dass Einnahmelücken anderweitig geschlossen werden können. So werden gleichzeitig eine zu starke Verrechtlichung, fehlende steuerliche Anreize für Spenden sowie eine geringe Wahrnehmung in der Öffentlichkeit von den Organisationen beklagt.

Aus ihrer Sicht sind es vor allem die derzeitigen Rahmenbedingungen, die einer weiteren dynamischen Entwicklung des Sektors in Deutschland im Wege stehen. Analog zum internationalen Trend wird auch von den Nonprofit-Organisationen hier eine stärkere Diversifikation ihres Finanzierungsmixes als unbedingt notwendig erachtet, auch gehen sie mehrheitlich davon aus, dass die Bedeutung eigenwirtschafteter Mittel für ihre Finanzierung perspektivisch zunehmen wird. Unter den gegebenen Rahmenbedingungen ist eine Tätigkeit am Markt für Nonprofit-Organisationen hier jedoch nur begrenzt möglich. Gleichzeitig sind die mehrheitlich als eingetragene Vereine organisierten Nonprofit-Organisationen aufgrund dieser spezifischen Rechtsform nicht in der Lage, längerfristig strategisch zu planen, ausreichende Rücklagen zu bilden oder Eigenkapital in nennenswertem Umfang für sich arbeiten zu lassen. Eine Änderung der Rechtsform, meist in Richtung einer GmbH und damit der Auszug aus dem Nonprofit-Sektor, wird inzwischen von Nonprofit-Organisationen insbesondere in den arbeitsintensiven Bereichen als realistische Option betrachtet. Nach den Ergebnissen der Organisationsbefragung ist dieser Trend gerade im Gesundheitswesen besonders ausgeprägt.

5. Bereichsspezifische Betrachtungen

5.1 Heterogenität durch Bereichsspezifik

Als wichtiges Element moderner Gesellschaften sind Dritte-Sektor-Organisationen in vielen Politikfeldern und Arbeitsbereichen zu finden. Von Bereich zu Bereich unterscheiden sich Organisationslandschaft und Arbeitsweise, Problemwahrnehmung und Selbstverständnis zum Teil erheblich. Während die vorhergehenden Betrachtungen die ökonomische Situation und Dimension, die gesellschaftliche Bedeutung und die Binnenstrukturen des Dritten Sektors als Ganzes hervorhoben, macht eine bereichsspezifische Betrachtung vor allem die Heterogenität des Sektors und damit die sehr unterschiedlichen Einbettungsmuster der Organisationen deutlich. Die Bereiche Kultur, Sport, Umwelt und Naturschutz, Internationale Aktivitäten, Gesundheit und Soziale Dienste sollen im Folgenden näher betrachtet werden. Während Organisationen der Bereiche Sport und Kultur eine starke Einbindung in die alltäglichen Lebenszusammenhänge vor Ort und eine große Bedeutung für die Freizeitgestaltung vieler Menschen haben, unterscheiden sie sich jedoch zweifellos in zentralen Aspekten. Demgegenüber sind Dritte-Sektor-Organisationen, die in den Bereichen Gesundheit und Soziales tätig sind, fest in die sozialstaatlich geregelte Erbringung von Dienstleistungen einbezogen, weisen teilweise unternehmensförmige Strukturen auf, setzen Millionenbeträge um und sind aufgrund ihrer Professionalisierung ein beachtlicher Arbeitsmarktfaktor. Organisationen der Bereiche Ökologie und Internationale Aktivitäten zeichnen sich dagegen weder durch eine breite Mitgliederbasis noch durch ein besonderes ökonomisches Gewicht aus; vielmehr verfügen sie über eine deutliche Medienpräsenz, ein ausgereiftes politisches und ethisches Profil und können gerade in jüngster Zeit auf ein beachtliches Größenwachstum zurückblicken. Wie ein abschließender Vergleich zeigt, sind Selbstbild und Problembewusstsein von Organisationen in so unterschiedlichen Bereichen wie beispielsweise Umweltschutz und Soziale Dienste dennoch ähnlich. Negative Abgrenzungsfolie und gemeinsames Problem, bei dem sie sich treffen, ist der Staat, der sich zunehmend aus seiner sozialen Verantwortung zurückzieht, während vielen Organisationen eine Perspektive fehlt, sich aus der gewachsenen Abhängigkeit von ihm zu lösen, ohne soziale Errungenschaften und Einfluss aufzugeben.

Im vorliegenden Kapitel werden ausgewählte Bereiche näher analysiert, um die Gemeinsamkeiten und Unterschiede aufzuzeigen und damit das Ausmaß von Heterogenität und Homogenität des Dritten Sektors deutlich zu machen.

5.2 Kultur

Der Kulturbereich ist in Deutschland maßgeblich von zwei Traditionslinien geprägt: der Differenzierung zwischen Hoch- und Laienkultur und der starken Stellung der Gemeinden (Glaser 1989, 1993, 1998). Während die Traditionslinie der Differenzierung zwischen Hoch- und Laienkultur Auswirkungen vor allem auf die Trägerschaftsstruktur der Kulturorganisationen in Deutschland hat, ist die Kommune als zentraler Akteur der Kulturpolitik bislang der wichtigste Finanzier kultureller Einrichtungen und Initiativen. Im Rahmen der Deutschlandstudie des Johns Hopkins-Projektes wurde unter anderem der Frage nachgegangen, inwiefern die Ergebnisse der quantitativen Untersuchung diese Traditionslinien widerspiegeln.

Da die der so genannten „Hochkultur" zuzurechnenden Einrichtungen (Museum, Theater, Oper, Ballett) sich als Erbe der eher höfisch geprägten Kultur des 17. und 18. Jahrhunderts heute überwiegend in öffentlicher Trägerschaft befinden, war davon auszugehen, dass aus ökonomischer Sicht, gemessen an seinen Ausgaben und den vorhandenen Arbeitsplätzen, der deutsche Dritte Sektor auf keinen Fall von den im Kulturbereich tätigen Organisationen geprägt werden kann. Insbesondere der internationale Vergleich zeigte, dass ausgehend von den hier vorhandenen Arbeitsplätzen dem Bereich Kultur und Erholung im Dritten Sektor Deutschlands ein deutlich nachgeordneter Stellenwert zukommt. Während im internationalen Vergleich dieser Bereich einen Anteil von 15 Prozent an der Gesamtbeschäftigung des Sektors hat, beläuft sich der Wert in Deutschland lediglich auf knapp fünf Prozent (Zimmer 2001: 84). Die vergleichsweise schwache Ausprägung des Bereichs Kultur im Dritten Sektor ist eindeutig auf die Dominanz der überwiegend in öffentlicher Trägerschaft geführten Kultureinrichtungen in Deutschland zurückzuführen. Entgegen vielen anderen Ländern hält Deutschland an dieser Traditionslinie nachhaltig fest, während z.B. die Niederlande im Rahmen der Einführung von *New Public Management*-Elementen ihre rein staatlich geführten Kultureinrichtungen inzwischen flächendeckend in Nonprofit-Organisationen umgewandelt haben (vgl. Hitters 1997).

Während der Kulturbereich hinsichtlich seiner Beschäftigungsintensität eher gering einzuschätzen ist, ist er für ehrenamtliches Engagement in hohem Maße attraktiv. Mehr als ein Drittel der im deutschen Dritten Sektor ehrenamtlich Engagierten ist in Organisationen des Kulturbereichs aktiv. Daran lässt sich ablesen, dass Dritte-Sektor-Organisationen des Kulturbereichs nahezu identisch sind mit der Laienkultur bzw. dem breiten Spektrum der Kulturvereine. Eine ganze Reihe Kulturvereine kann bereits auf eine lange Tradition zurückblicken. Zu nennen sind hier insbesondere die Salons, Lesegesellschaften und Kunstvereine, die Gründungen des frühen 19. Jahrhunderts sind (Zimmer 1996b: 41-43).

Ab Mitte des 19. Jahrhunderts entwickelte sich im Umfeld der Industrialisierung mit der Entstehung der neuen Klasse der Facharbeiterschaft eine Vielfalt eigenständiger Formen kulturellen Lebens. Bildung galt damals in einem weit größeren Maße als heute als „soziales Kapital" im Sinne von Bourdieu. Die Arbeiterbildungsvereine und Volksbühnen hatten insofern einen klaren politischen Auftrag. Nicht vergessen sollte man in diesem Kontext das kulturelle Engagement der jüdischen Gemeinden in Deutschland. Das „Städel" in Frankfurt am Main ist sicherlich das bekannteste Beispiel dieses Engagements für die Kultur. Doch es lassen sich republikweit viele andere Beispiele anführen.

Bekanntlich wurde dieser zivilgesellschaftliche Strang des Kulturbetriebes in Deutschland durch die historischen Ereignisse jäh unterbrochen (Krüger 2000). In Ansätzen bereits im Kaiserreich, aber in aller Deutlichkeit unter dem Nationalsozialismus wurde der Kulturbetrieb in den Dienst des Staates gestellt. Warum der Kulturbetrieb in Deutschland heute primär als staatliche Veranstaltung organisiert ist, hängt mit dieser düsteren Vergangenheit zusammen. Nach dem Zweiten Weltkrieg war „Kultur" ein Feld, das geeignet schien, dem Land der Dichter und Denker etwas vom verloren gegangenen Glanz wiederzugeben. Nicht von ungefähr wurde der Förderung der Kultur ein wichtiger Stellenwert innerhalb der deutschen Außenpolitik eingeräumt. Doch auch innenpolitisch wurde die zentrale Bedeutung von Kultur und Kulturförderung erkannt. Dank umfangreicher Unterstützung der Kommunen konnten die städtischen Kultureinrichtungen nach dem Krieg zügig wieder aufgebaut werden (Göschel 1997). Hierbei wurden sie meist als städtische Ämter errichtet und damit nahtlos in die kommunale Verwaltung eingefügt.

Vor allem in den 1950er Jahren diente der Kulturbetrieb in Deutschland eher affirmativen Zwecken und unterstützte die restaurativen Tendenzen der damaligen Zeit. Erst unter dem Leitmotiv der Neuen Kulturpolitik und nachhaltig gefördert durch die Arbeiten von Hermann Glaser und Hilmar Hoffmann gewann der Kulturbereich in den 1970er Jahren die Bedeutung einer kritischen Öffentlichkeit in der Bundesrepublik zurück (Sievers 1988). Ergebnis dieser veränderten Kulturauffassung war die Entstehung einer „freien Kulturszene". Das vielfältige Spektrum der freien Theater und soziokulturellen Zentren ist ganz bewusst nicht in öffentlicher Trägerschaft organisiert (Sievers/Wagner 1992).

Neben den Kulturvereinen im Dienst der Organisation von Hobby- und Freizeitaktivitäten konstituieren die Einrichtungen der „freien Szene" den Dritten Sektor im Kulturbereich, der seit Anfang der 1970er Jahre beachtliche Zuwachsraten verzeichnet. Dass „Kultur wieder Konjunktur hat", kann primär auf das deutlich gestiegene Bildungsniveau der Bevölkerung sowie auf den Wunsch nach individueller Selbsterfahrung und damit auf die gesellschaftlichen Großtrends des Post-Materialismus und der Individualisierung zurückgeführt werden. Welcher Stellenwert Kulturvereinen zukommt, wie die Organisationen die Zukunft einschätzen und wie sie ihre Position gegenüber Staat und Politik definieren, hierzu erlauben die Ergebnisse der Organisationsbefragung erste Trendaussagen.

Dynamische Entwicklung der Kulturorganisationen

Die Ergebnisse der Organisationsbefragung bestätigen die dynamische Entwicklung der Kulturvereine. Bei den an der Befragung beteiligten Organisationen im Bereich Kultur handelte es sich mehrheitlich um vergleichsweise junge Einrichtungen, die überwiegend (57%) erst nach 1979 entstanden. Damit gehört der Kulturbereich zu den bedeutendsten Wachstumsbereichen des Dritten Sektors in Deutschland. Zum Bild eines Kulturbereichs, der sich im Aufwärtstrend befindet, passt sehr gut, dass die Organisationen über ein ausgeprägtes Selbstbewusstsein verfügen. Gemäß den Ergebnissen der Befragung waren diese mehrheitlich der Meinung, dass ihre Bedeutung für die Gesellschaft in Zukunft zunehmen (66%) oder zumindest gleich bleiben (16%) wird (vgl. Abbildung 5.2.1).

Diese positive Zukunftssicht wird gespeist aus der Überzeugung, dass gemeinnützige Kulturorganisationen wesentlich innovativer als vergleichbare öffentliche oder private kommerzielle Einrichtungen sind. Interessanterweise heben sich die im kulturellen Bereich tätigen Organisationen in diesem Punkt auch deutlich von der Selbsteinschätzung der anderen Organisationen ab, die vor allem im Vergleich zu kommerziellen Anbietern zu einer zurückhaltenderen Einschätzung ihrer Innovationspotenziale neigen. Nachhaltig bestätigen die Ergebnisse zugleich den Öffentlichkeitsbezug der im Kulturbereich tätigen Organisationen. Neun von zehn der befragten Organisationen stimmten der Einschätzung zu, dass gemeinnützige Organisationen die Garantie einer offenen Gesellschaft darstellen und diese Organisationen auch Minderheiten und Andersdenkenden eine Stimme geben. Auch in dieser Hinsicht betrachten sich die im kulturellen Bereich tätigen Organisationen als Avantgarde des Dritten Sektors.

Beschäftigungsstruktur und Finanzen

Bestätigt wird durch die Ergebnisse der Organisationsbefragung auch der vergleichsweise geringe Verberuflichungsgrad der im kulturellen Bereich tätigen Dritte-Sektor-Organisationen. Wie bereits geschildert (vgl. Kapitel 4.2.4) ist die Beschäftigungsstruktur der Dritte-Sektor-Organisationen in Deutschland deutlich durch Vollzeitbeschäftigung geprägt. Knapp die Hälfte der NPO-Belegschaft waren gemäß den Ergebnissen der Organisationsbefragung Hauptamtliche. Im Vergleich dazu waren nur 22 Prozent der in kulturellen Organisationen Tätigen vollzeitbeschäftigt. Im Gegensatz zur Gesamtbeschäftigungsstruktur im Dritten Sektor dominiert im Kulturbereich die Beschäftigung auf Honorarbasis (vgl. Abbildung 5.2.2).

Abbildung 5.2.1: Selbsteinschätzung der im Kulturbereich tätigen Nonprofit-Organisationen

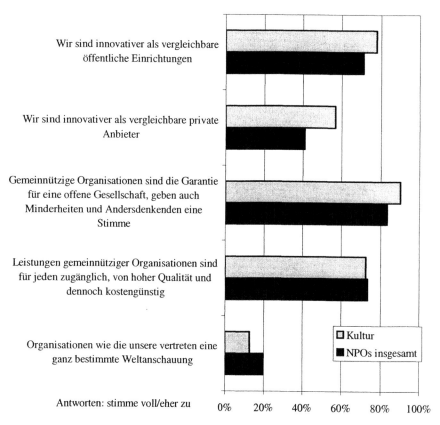

Datenbasis: WWU Münster/WZB – Organisationserhebung 1998 (n = 2.240)

Neben den Honorarkräften kommt den geringfügig Beschäftigten und ABM-Kräften im Kulturbereich eine größere Bedeutung als im Durchschnitt der Dritte-Sektor-Organisationen zu. Auf die geringe Ausprägung des Vollzeitsegments wurde bereits hingewiesen, doch auch die Teilzeitbeschäftigung war zum Zeitpunkt der Befragung in Kulturorganisationen zugunsten der als prekär zu charakterisierenden Beschäftigungsverhältnisse – Honorarkräfte sowie geringfügig Beschäftigte – deutlich ausgeprägter als bei der Gesamtheit der Organisationen.

Abbildung 5.2.2: Beschäftigungsstruktur im Kulturbereich

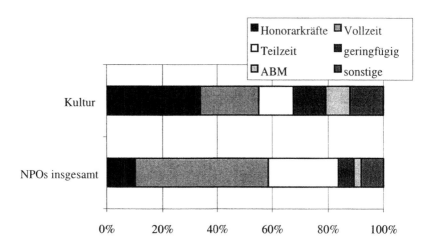

Datenbasis: WWU Münster/WZB – Organisationserhebung 1998 (n = 2.240)

Gefragt nach ihrer Einschätzung der Beschäftigungsentwicklung äußerten sich die im Kulturbereich tätigen Organisationen retrospektiv wie auch prospektiv verhalten positiv. Angesprochen auf die Beschäftigungsentwicklung der zurückliegenden zwei Jahre wurde von weniger als jeder fünften Organisation angegeben, dass sie Beschäftigungseinbußen hinnehmen musste. Auch prospektiv gingen im Kulturbereich vergleichsweise wenige Organisationen von Einbußen bei der Beschäftigung aus. Die Mehrheit rechnete mit einer gleich bleibenden Beschäftigung (33%) oder sogar mit einer Zunahme (22%).

Diese doch vergleichsweise positive Einschätzung ist erstaunlich, da die im Kulturbereich tätigen Organisationen in hohem Maße über finanzielle Probleme klagen. Eine deutliche Mehrheit von 59 Prozent der Kulturorganisationen gab an, dass sie gegenwärtig oder in den letzten Jahren in finanziellen Schwierigkeiten war. Gemäß den Ergebnissen der Organisationsbefragung ist damit der Kulturbereich ein in finanzieller Hinsicht problematischer Bereich des Dritten Sektors. Auf die Frage nach den Ursachen der finanziellen Schwierigkeiten wurde von den Kulturorganisationen schwerpunktmäßig auf den Abbau der kommunalen Förderung verwiesen.

Die Ergebnisse der Organisationsbefragung bestätigen daher, dass der Bereich Kultur in Deutschland maßgeblich von den Kommunen und deren finanzieller Potenz geprägt wird. Von den befragten Organisationen des Kulturbereichs war die überwiegende Mehrheit (78%) nur lokal tätig. Hieran wird deutlich, dass die im Bereich Kultur tätigen Dritte-Sektor-Organisationen ein wesentliches Element lokaler Infrastruktur sind. Zweifellos stellen die schwierige Situation und die problematische Entwicklung der kommunalen Haushalte die Organisationen vor gravierende Probleme. Ein Blick auf die Finanzierungsstruktur verdeutlicht die starke Abhängigkeit der Organisationen von öffentlicher Unterstützung. Der Finanzierungsmix der im Kulturbereich tätigen Dritte-Sektor-Organisationen ist wenig ausgeprägt und wird zu einseitig von öffentlichen Mitteln gespeist. Die Einnahmen der befragten Kulturorganisationen stammten überwiegend, zu 56 Prozent, aus öffentlichen Haushalten. Eigenerwirtschafteten Mitteln kam mit 20 Prozent eine durchaus nicht zu unterschätzende Bedeutung zu, während die Einnahmen aus Mitgliedsbeiträgen (10,3%) sowie insbesondere aus Spenden- und Sponsoringgeldern (3%) eher zu vernachlässigen waren. Gefragt nach der zukünftigen Entwicklung des Finanzierungsmix gingen die Kulturorganisationen vor allem von einer Steigerung der Einnahmen aus eigenwirtschaftlicher Tätigkeit sowie durch Spenden- und Sponsoringgelder aus, während die Entwicklung der öffentlichen Zuschüsse als rückläufig eingeschätzt wurde.

Haltung zu Staat und Kommune

Vor diesem Hintergrund ist leicht nachzuvollziehen, dass das Verhältnis zum Staat bzw. zur öffentlichen Hand von den Kulturorganisationen als problematisch und reformbedürftig angesehen wird. Gefragt, mit welchen Problemen sie sich gegenwärtig konfrontiert sehen, wurde zum einen auf finanzielle Engpässe verwiesen, zum anderen aber der Mangel an politischen Konzepten herausgestellt (vgl. Abbildung 5.2.3).
Als besonders gravierendes Problem sahen die Kulturorganisationen die unzureichende bzw. abnehmende öffentliche Finanzierung an. Von 74 Prozent der Kulturorganisationen wurde dies als zentrales Problem genannt. Mit ebenfalls hohen Zustimmungswerten (58%) wurde von Seiten der Kulturorganisationen die zu starke Abhängigkeit von öffentlicher Finanzierung beklagt. Andererseits wurde von den Organisationen aber auch angegeben, dass die Vorteile der öffentlichen Finanzierung ihre Nachteile überwiegen. Dieser Einschätzung wurde immerhin von 72 Prozent der Kulturorganisationen zugestimmt. Der Grund für diesen hohen Zustimmungswert ist möglicherweise darin zu sehen, dass die im Kulturbereich tätigen Organisationen derzeit nicht über hinreichende Möglichkeiten einer alternativen Ressourcenerschließung verfügen. Hierauf deuten die hohen Zustimmungswerte zu der Einschätzung hin, dass „keine Möglichkeit zusätzlicher Finanzierung, etwa durch eigenwirtschaftliche Tätigkeit oder Gebührenanhebung" gegeben sei.

Abbildung 5.2.3: Problemperzeption der Organisationen im Kulturbereich

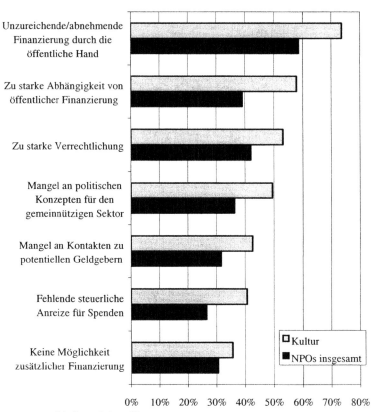

Antworten: stark/sehr stark betroffen

Datenbasis: WWU Münster/WZB – Organisationserhebung 1998 (n = 2.240)

Ferner wurden von den Kulturorganisationen der „Mangel an Kontakten zu potenziellen Geldgebern" sowie „fehlende steuerliche Anreize für Spenden" beklagt. Im Fadenkreuz der Kritik stehen die „zu starke Verrechtlichung/ Bürokratisierung" sowie der eklatante „Mangel an politischen Konzepten für den gemeinnützigen Sektor". Wie aus der Graphik ersichtlich, sehen sich die im Kulturbereich tätigen Organisationen in stärkerem Maße von diesen Problemen betroffen als der Durchschnitt der Dritte-Sektor-Organisationen. Eine besonders kritische Position nehmen die Kulturorganisationen gegenüber der Politik ein. Fast jede zweite Organisation ist der Meinung, dass die

Politik der aktuellen Entwicklung „hinterherlaufe" und sich im Wesentlichen durch Konzeptlosigkeit gegenüber dem Dritten Sektor auszeichne.

Änderung der Rahmenbedingungen als maßgebliche Forderung

Obgleich staatsfern organisiert, sind Dritte-Sektor-Organisationen im Kulturbereich in hohem Maße auf den Staat bzw. auf die Kommune hin orientiert. Am deutlichsten zeigt sich dies an ihrer Abhängigkeit von öffentlichen Zuwendungen. Da die gemeinnützigen Kulturorganisationen mehrheitlich am „Tropf der kommunalen Förderung" hängen, sind sie von der derzeitigen Ebbe in den kommunalen Haushalten besonders stark betroffen. Besonders harsch fällt daher auch ihre Kritik gegenüber der Politik aus, die sich aus Sicht der Kulturorganisationen durch einen „Mangel an Konzepten für den gemeinnützigen Sektor" auszeichne, den Organisationen „keine Möglichkeit zusätzlicher Finanzierung" eröffne, sondern vielmehr einer „zu starken Verrechtlichung" Vorschub leiste und nichts tue, um „fehlende steuerliche Anreize für Spenden" sowie den „Mangel an Kontakten zu potenziellen Geldgebern" zu beseitigen. Die Kritik an der Politik ist zu übersetzen in die klare Forderung nach einer Überprüfung der gesetzlichen Rahmenbedingungen und konkret nach einer Modernisierung des Gemeinnützigkeitsrechts.

5.3 Sport

„Sport ist im Verein am schönsten". Dieses Motto des Deutschen Sportbundes, des Dachverbandes des organisierten Sports in Deutschland, hat statistisch betrachtet einen wahren Kern. Sportvereine sind der Vereinstyp, der in der Gunst der Bundesbürger ganz oben rangiert. Gemäß den Ergebnissen der Umfrageforschung sind jeweils ein knappes Drittel der erwachsenen Bundesbürger Mitglied in einem Sportverein und nur etwa fünf Prozent Mitglied in einer Partei. Mit 27 Millionen Mitgliedschaften in 87.000 Vereinen zählt der Deutsche Sportbund zu den größten deutschen Mitgliederorganisationen. Sportvereine sind ein klassischer und bedeutender Bereich des lokalen Vereinslebens und des freiwilligen Engagements. Sie rekurrieren vor allem auf das finanzielle und personelle Engagement ihrer Mitglieder. Über 40 Prozent der im deutschen Dritten Sektor geleisteten ehrenamtlichen Arbeit entfällt auf den Sport-, Freizeit- und Kulturbereich. Auf der Basis von Hochrechnungen des Deutschen Sportbundes nannte die Bundesregierung im Jahr 1996 eine Zahl von ca. 2,5 Millionen Menschen, die in Sportvereinen ehrenamtlich tätig sind und auf der Vorstandsebene sowie in der täglichen Vereinsarbeit unentgeltlich engagiert sind (vgl. Bundestags-Drucksache 13/5674 vom 01.10.1996).

Sportvereine sind meist lokal verwurzelt und sind über die konkrete sportliche Betätigung hinaus wichtig für das Zusammenleben im Dorf oder im Stadtteil, nicht zuletzt durch den hohen Stellenwert des Jugendbereichs.

Traditionsreich und dynamisch zugleich

Die Untersuchungen des Johns Hopkins-Projektes zeigen eine große Vielfalt der Organisationen im Sportbereich hinsichtlich Vereinsgröße und -alter. Die Stichprobe von 260 in der Organisationsbefragung erfassten Sportvereinen hatte eine breite Streuung hinsichtlich ihres Alters (vgl. Abbildung 5.3.1). Einen Schwerpunkt bildet dabei die zweite Hälfte des 19. Jahrhunderts und damit die Zeit des Kaiserreichs.

Abbildung 5.3.1: Alter von Sportvereinen

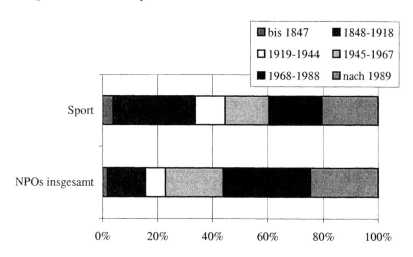

Datenbasis: WWU Münster/WZB – Organisationserhebung 1998 (n = 2.240)

Während in der ersten Hälfte des 19. Jahrhunderts unter Turnvater Jahn zunächst das liberale und später das eher konservative Bürgertum das Turnen als Sporttreiben im Verein entdeckt hatte, wurde im Kaiserreich der Sportverein in der unteren Mittelschicht sowie in der Arbeiterschaft, und zwar vor allem unter den Facharbeitern, zunehmend populär. Wie auch heute wurde Sporttreiben damals eingesetzt, um die „feinen Unterschiede" der sozialen Milieuzugehörigkeit zu dokumentieren. Dies galt im Besonderen für den Fußball, der als Exportprodukt aus England erst nach und nach in Deutschland Fuß fasste und zunächst vor allem von den sozial aufstrebenden

Angestellten und Kaufmannsgehilfen entdeckt wurde. Mit der Zielsetzung, sich vom Arbeitersport und vom traditionellen Turnen abzugrenzen, wählte man klingende Vereinsnamen, wie etwa „Borussia", „Alemannia" oder „Markomannia", die deutliche Reminiszenzen an Burschenschaften, Corps und Landsmannschaften erkennen lassen (Eisenberg 1994: 196). Es waren vor allem die „Aufsteiger", die sich in Fußballvereinen organisierten und hierdurch versuchten, sich gegenüber den alten Eliten, die damals so genannte „Herrensportarten" pflegten, wie etwa Pferderennen, Segeln, Rudern sowie Automobilfahren, abzugrenzen (Eisenberg 1993: 163).

Sportvereine waren damals aber nicht nur nach sozialer Schichtzugehörigkeit stratifiziert, sondern sie waren ferner, ähnlich wie die sozialen Vereine, aus denen sich die heutigen Wohlfahrtsverbände entwickelten, nach konfessionellen bzw. weltanschaulich-ideologischen Milieus differenziert. So zählte in der Weimarer Republik (nach Eisenberg 1993: 152) der der Sozialdemokratie nahe stehende Arbeiter-Turn- und Sportbund rund 560.000 Mitglieder, während die den Kommunisten nahe stehende „Kampfgemeinschaft für rote Sporteinheit" auf 70.000 Mitglieder kam. Das Eichenkreuz mit seinen 220.000 Turnern stand der evangelischen Kirche nahe. Demgegenüber zählte zum katholischen Milieu Ende der 1930er Jahre ein ganzes Spektrum von Sportdachverbänden, wie etwa die „Deutsche Jugend-Kraft" (250.000 Mitglieder), der „Reichsverband für das Frauenturnen" (70.000 Mitglieder) sowie der Deutsche Rad- und Motorradverband „Concordia" (26.000 Mitglieder). Neben diesen zumeist unmittelbar den Sportvereinigungen zuzurechnenden Organisationen bestanden weitere, die unter dem Label „Körperertüchtigung" und „Touristik" liefen und im weiteren Sinne und unserem heutigen Verständnis gemäß auch den Sportorganisationen zugerechnet werden könnten.

Das Sportvereinswesen zeichnete sich damals durch einen deutlichen Klassencharakter aus. Doch damit nicht genug! Zu den dunklen Seiten des organisierten Sports zählt sicherlich der schon früh einsetzende Antisemitismus. Vorrangig genannt werden muss hier der 1873 gegründete Alpenverein. Dieser nutzte in der Weimarer Republik jede Gelegenheit, seine Aktivitäten mit antidemokratischen und deutschnationalen Tendenzen zu verbinden. Bereits 1924 wurde ein so genannter Arierparagraph eingeführt und damit Alpinisten jüdischer Abstammung die Mitgliedschaft im Alpenverein verwehrt (Rapp 1997).

Im Unterschied zum Bereich Soziales und Gesundheit wurde im Sport nach dem Zweiten Weltkrieg an die nach weltanschaulich-ideologischen Milieus differenzierte Vereinslandschaft nicht wieder angeknüpft. Vielmehr wurde der Deutsche Sportbund als Dachorganisation aller Sportvereine, die sich dem Wettkampfgedanken verpflichtet sahen, gegründet. Seither erfreuen sich der Sport und das Sporttreiben im Verein zunehmender Beliebtheit, und es ist eine stetige Aufwärtsentwicklung der Vereinszahlen zu beobachten.

Analog zu den regelmäßig im Auftrag des Deutschen Sportbundes durchgeführten Sportvereinsbefragungen (FISAS) (Emrich et al. 2001) war es das Ziel der Organisationsbefragung der Deutschlandstudie des Johns Hopkins-Projektes, einen Eindruck von der Vielfältigkeit der Sportvereine sowie einen Einblick in ihr Binnenleben zu gewinnen. Die Ergebnisse der Organisationsbefragung bestätigen die Vielfalt und Dynamik des Sportvereinswesens in Deutschland. Etwas vereinfacht kann man zwischen älteren und eher großen Mehrspartenvereinen, die vor 1945 gegründet wurden und in der Regel mehr als 500 Mitglieder haben, und den jüngeren, eher kleineren Vereinen, die sich nicht selten auf eine Sparte des Sporttreibens konzentrieren, unterscheiden. Die Entstehung neuer Sportarten gerade auch in Anbindung an sich verändernde und ausdifferenzierende gesellschaftliche Milieus hat inzwischen zu einer Vielfalt von Sportvereinen geführt. Fast alle der befragten Sportvereine sehen ihren Tätigkeitsschwerpunkt primär auf lokaler und regionaler Ebene (94%).

Geringe Professionalisierung und hohe Bedeutung freiwilliger Leistungen

Der freigemeinnützige Kultur-, Freizeit- und Sportbereich hat trotz seiner starken Mitgliederbasis und lokalen Omnipräsenz nur einen Anteil von 5,4 Prozent an der Gesamtbeschäftigung des deutschen Dritten Sektors. Dies entspricht, gemäß Hochrechnung des Johns Hopkins-Projektes für 1995, einem Volumen von 77.300 Vollzeitstellen (vgl. Kapitel 4.2.4). Allerdings werden etwa 40 Prozent der Freiwilligenarbeit in diesen drei Bereichen geleistet – was einem zeitlichen Umfang von 400.000 Vollzeitstellen entspricht. Die große Bedeutung ehrenamtlichen Engagements im Sport wird von den Ergebnissen der Organisationsbefragung bestätigt. 58 Prozent der 260 befragten Sportvereine beschäftigten keine Hauptamtlichen, die übrigen zum überwiegenden Teil Honorarkräfte (vgl. Abbildung 5.3.2).

Somit weicht der Sport nicht nur erheblich von der Beschäftigungsstruktur des Dritten Sektors in Deutschland generell ab, sondern Sportvereine zeigen hinsichtlich ihrer Beschäftigungsstruktur auch deutliche Unterschiede zu anderen als eher gering professionalisiert zu bezeichnenden Bereichen des Sektors: In allen Bereichen des Dritten Sektors ist der Anteil der Voll- und Teilzeitbeschäftigung erheblich höher als in Sportvereinen. Noch weitaus ausgeprägter als im Kulturbereich ist bei Sportvereinen die Beschäftigung auf Honorarbasis. Insofern ist berufliche Arbeit im Sportverein mehrheitlich eine nebenberufliche oder quasi freiberufliche Beschäftigung und nimmt nur selten die Form eines klassischen Angestelltenverhältnisses an. Vor diesem Hintergrund wird verständlich, warum im Unterschied zur Gesamtheit der Organisationen die befragten Sportvereine von einer eher positiven Beschäftigungsentwicklung ausgingen, wobei sich diese positive Einschätzung auch auf das Segment der Vollzeitbeschäftigung bezog.

Abbildung 5.3.2: Beschäftigungsstruktur in Sportvereinen

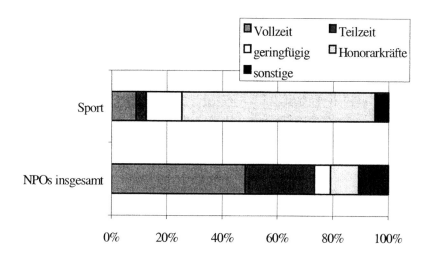

Datenbasis: WWU Münster/WZB – Organisationserhebung 1998 (n = 2.240)

Doch Sportvereine sind nicht nur aufgrund der Ausprägung des ehrenamtlichen Segments in hohem Maße mitgliederorientiert, auch die Finanzierung der Sportvereine wird zu einem großen Teil durch die Mitgliedschaft sichergestellt. Nach den Ergebnissen der Organisationsbefragung bestritten rund die Hälfte der Vereine ihre Etats aus Mitgliedsbeiträgen, weitere 15 Prozent aus eigener wirtschaftlicher Tätigkeit und ein weiteres Zehntel aus Spenden. Öffentliche Mittel machen etwa zehn Prozent der Finanzierung aus, wobei diese Zuschüsse breit auf die Vereine verteilt sind. Insofern kann sich kaum ein Verein überwiegend durch öffentliche Mittel finanzieren. Typisch für Sportvereine ist also eine Mischfinanzierung aus Mitgliedsbeiträgen, Spenden, Zuschüssen und eigenerwirtschafteten Mitteln, wobei jedoch den Mitgliedsbeiträgen zweifellos der zentrale Stellenwert zukommt.

Zentrale Probleme und Einstellung zum Staat

In der Wahrnehmung zentraler Probleme lässt sich bei Sportvereinen und den anderen Organisationen des deutschen Dritten Sektors eine ganze Reihe von Gemeinsamkeiten feststellen, allerdings unterscheiden sich die Sportvereine in einigen Aspekten auch signifikant von der Gesamtheit der befragten Organisationen. Auch bei Sportvereinen ist „unzureichende und/oder abnehmende staatliche Finanzierung" das am häufigsten benannte Problem. Sportvereine sehen sich mit 67 Prozent sogar überdurchschnittlich häufig davon betroffen. Angesichts des beschriebenen Finanzierungmix der Sportvereine ist nur zu verständlich, dass die Problematik einer „zu starken Abhängigkeit von öffentlicher Finanzierung" bei den Sportvereinen mit 27 Prozent der Nennungen weit weniger als bei anderen Dritte-Sektor-Organisationen ins Gewicht fällt. Entsprechendes gilt, wenn auch weniger ausgeprägt, für die Einschätzung, dass „keine Möglichkeit zusätzlicher Finanzierung" besteht. In ihrer Einschätzung weichen hier die Sportvereine klar von der Gesamtheit der befragten Organisationen ab.

Ähnlich verbreitet wie bei anderen Organisationen ist der Vorwurf an den Staat, die politischen und rechtlichen Rahmenbedingungen nicht zufriedenstellend zu gestalten. Selbst die Sportvereine beklagen den „Mangel an politischen Konzepten für den gemeinnützigen Sektor". Sogar gravierender als die Mehrheit der befragten Organisationen betrachten Sportvereine die „zu starke Verrechtlichung/Bürokratisierung" sowie die „fehlenden Anreize für Spenden und Zuwendungen". Zusammen mit einem „geringen Spendenaufkommen" wird die gegenwärtig praktizierte steuerliche Behandlung von Spenden von den Sportvereinen als ein größeres Problem wahrgenommen als in anderen Bereichen.

In einem weiteren Aspekt unterscheidet sich die Problemwahrnehmung der Sportvereine entscheidend von anderen Bereichen (vgl. Abbildung 5.3.3). Es ist dies die Problematik der Gewinnung und des reibungslosen Einsatzes von Ehrenamtlichen. Deutlich mehr als die Hälfte der befragten Sportvereine sieht sich mit „Schwierigkeiten bei der Anwerbung Ehrenamtlicher/Freiwilliger" konfrontiert. Nahezu jede dritte Organisation klagt über „Probleme beim Einsatz Ehrenamtlicher und freiwilliger Mitarbeiter". Diese Einschätzungen lassen darauf schließen, dass im Segment der ehrenamtlichen und freiwilligen Arbeit in Sportvereinen durchaus Defizite bestehen, wenn auch die Bereitschaft, sich ehrenamtlich zu engagieren, wie durch den Freiwilligensurvey nachgewiesen, insgesamt in der Bevölkerung eher zugenommen hat und hier sogar in erheblichem Umfang noch nicht erschlossene Ressourcen von Engagementbereitschaft vorhanden sind (Rosenbladt 2000; Klages 2000). Die Aktivierung dieses Potenzials dürfte gerade den Sportvereinen nicht schwer fallen, denn sie stimmen in wesentlich geringerem Umfang der Einschätzung einer „geringen Wahrnehmung in der Öffentlichkeit" zu als Organisationen anderer gemeinnütziger Bereiche (vgl. Abbildung 5.3.3).

Das Problemprofil, das die Sportvereine zeichnen, korrespondiert im Wesentlichen mit ihrer Charakterisierung als Organisationen, die besonders stark von freiwilligen und privaten Leistungen getragen werden, gleichzeitig aber vielfältige, gesellschaftlich bedeutsame Aktivitäten im öffentlichen Raum entfalten.

Abbildung 5.3.3: Problemperzeption von Sportvereinen

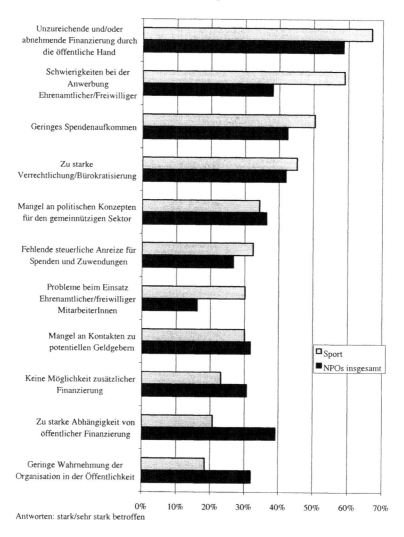

Datenbasis: WWU Münster/WZB – Organisationserhebung 1998 (n = 2.240)

Zu nennen wäre hier der hohe Stellenwert des Jugendbereichs vieler Sportvereine, welcher wiederum sozialpädagogische Aspekte beinhaltet, etwa in Form von Kampagnen zur Drogen- und Gewaltprävention oder von offenen Freizeitangeboten mit gemeinschafts- und partizipationsfördernder Intention. Daneben gehen verschiedene Aktivitäten im lokalen Umfeld auch über den sportlichen Bereich hinaus von den Sportvereinen aus. Ein entsprechendes Bewusstsein äußert sich in der jeweils rund 90-prozentigen und damit überdurchschnittlichen Zustimmung der Sportvereine zu den Aussagen „Gemeinnützige Organisationen sind der soziale Kitt, der unsere Gesellschaft zusammenhält" und „Organisationen wie die unsere schaffen ein Zusammengehörigkeitsgefühl, das staatliche Einrichtungen nicht erbringen können". Die hohen Zustimmungswerte der Sportvereine zu den genannten Items verdeutlichen ein Selbstverständnis und Selbstbewusstsein der Sportvereine als wichtige gesellschaftliche Akteure. Darauf aufbauend wird mit Nachdruck der Anspruch an den Staat gerichtet, die Tätigkeiten der Vereine sowohl stärker finanziell zu berücksichtigen als auch für ihre Aktivitäten bessere rechtliche Rahmenbedingungen zu schaffen.

5.4 Umwelt und Naturschutz

Ähnlich wie der Kultur- und Freizeitbereich ist auch Umwelt- und Naturschutz ein klassisches Tätigkeitsfeld von Dritte-Sektor-Organisationen (Priller/Rückert-John 2000). Einige der in Deutschland in diesem Tätigkeitsfeld anzutreffenden Organisationen können wie Sport- und Kulturvereine auf eine beachtliche Tradition zurückblicken, wie etwa der Naturschutzbund Deutschland (NABU), der bereits 1899 als Bund für Vogelschutz gegründet wurde und heute rund 350.000 Mitglieder zählt. Gleichwohl ist die Attraktivität dieses Bereichs bürgerschaftlichen Engagements in engem Zusammenhang zum Aufkommen der Neuen Sozialen Bewegungen, insbesondere der Ökologie- und Anti-Atomkraft-Bewegung ab den 1970er Jahren zu sehen (Roth/Rucht 1991).

Dass es sich bei Umwelt- und Naturschutzorganisationen meist um recht junge Einrichtungen handelt, wird durch die Ergebnisse der Organisationsbefragung deutlich: 40 Prozent und damit fast jede Zweite der befragten Umweltorganisationen ist erst zwischen 1976 und 1989 entstanden. Dies ist als deutliches Indiz für die Nähe dieses Bereichs zu den Neuen Sozialen Bewegungen zu werten. Der Gründungsschub in dieser Zeit geht einher mit der damals erfolgten Etablierung grüner Parteien als parlamentarischer Arm der Ökologiebewegung und der parallelen Formierung von Umweltverbänden als Interessenvertretungsorgane (vgl. Lahusen 1997). Auch die vergleichsweise starke Präsenz der Umweltorganisationen vor Ort ist auf den Ursprung in den

Neuen Sozialen Bewegungen zurückzuführen. Gemäß den Ergebnissen der Organisationsumfrage sind sechs von zehn Umweltorganisationen (62%) auf der lokalen und fast jede Zweite (46%) auf der regionalen Ebene aktiv. Obgleich in den Medien vor allem die *global players* der Umweltbewegung, insbesondere Greenpeace, präsent sind und besondere Beachtung finden, handelt es sich bei den meisten Organisationen um Akteure vor Ort. Dies erscheint durchaus schlüssig, denn Umweltprobleme treten häufig in einem spezifischen lokalen Zuschnitt auf und bedürfen dort auch der Lösung (vgl. Brand 1997). Die Betonung der lokalen Ebene findet in der bekannten Losung der Umweltbewegung „Global denken, lokal handeln" ihren Niederschlag.

Beschäftigung

Trotz ausgeprägter lokaler Bezüge und beachtlicher Gründungsdynamik ist der Anteil der im Bereich Umwelt und Naturschutz tätigen Organisationen an der Gesamtbeschäftigung des Sektors sowohl in Deutschland als auch international eher gering (Priller/Rückert-John 2000). So hat dieser Bereich im internationalen Vergleich einen Anteil an der Beschäftigung des Sektors von gut einem Prozent, für Deutschland liegt der Wert sogar darunter (0,8%). Trotz des vergleichsweise geringen Anteils der Umweltorganisationen an der Gesamtbeschäftigung des Sektors sollte man die Bedeutung dieses Bereiches als Arbeitsmarkt perspektivisch nicht unterschätzen. In den 1990er Jahren hat sich die Beschäftigung in Umweltorganisationen im deutschen Dritten Sektor dynamischer als in irgendeinem anderen Bereich entwickelt und von 1990-1995 in etwa verfünffacht. Die Ergebnisse der Organisationsbefragung zeigen ferner, dass die Mehrheit der hier tätigen Organisationen weiterhin mit einer eher positiven Entwicklung rechnet. 1998 ging mehr als jede Dritte der befragten Organisationen (35%) von einer steigenden Beschäftigungsentwicklung aus und nur jede Fünfte rechnete mit einem Rückgang. Die Einschätzungen der befragten Organisationen korrespondieren durchaus mit Prognosen des Deutschen Instituts für Wirtschaftsforschung (DIW), das entsprechende Beschäftigungszuwächse im Umweltbereich ebenfalls als wahrscheinlich ansieht (vgl. Blazejczak/Edler 1997). Im Hinblick auf die Beschäftigungsstruktur zeichnet sich der Umweltbereich durch einen beachtlichen Anteil an Vollzeitstellen, aber ebenfalls durch einen signifikanten Anteil an flexiblen Beschäftigungsformen aus (vgl. Abbildung 5.4.1).

Der beachtliche Anteil an Vollzeitstellen ist ein deutliches Indiz für die zunehmende Professionalisierung des Umweltbereichs, der sich – wie in der Literatur generell konstatiert – seit seinen Anfängen als Umweltbewegung kontinuierlich zu einem Politikfeld mit ausdifferenzierten Organisationsstrukturen entwickelt hat (Rucht/Roose 2001). In vielen Kommunen, aber auch auf der Landes- und Bundesebene sowie in Brüssel, sind Dritte-Sektor-Organisationen des Umweltbereichs inzwischen anerkannte Partner der Politik. Gleichzeitig kommt kurzzeitigen und flexiblen Beschäftigungsverhältnissen, geringfügiger Beschäftigung und sonstigen Beschäftigungsformen – §242s, Zivildienst, Freiwilliges ökologisches Jahr, Praktikum sowie, zum Zeitpunkt der Befragung, Arbeitsbeschaffungsmaßnahmen – in Umweltorganisationen eine wichtige Bedeutung zu.

Abbildung 5.4.1: Beschäftigungsstruktur im Umweltbereich 1997[1]

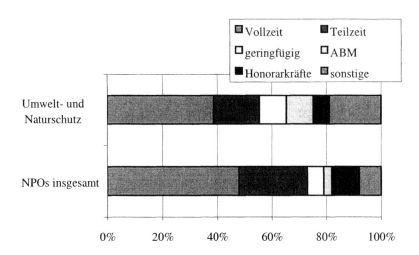

Datenbasis: WWU Münster/WZB – Organisationserhebung 1998 (n = 2.240)

Allerdings ist es nicht so, dass durch die zunehmende Verberuflichung das Ehrenamt aus den Umweltvereinen verdrängt wird. Der Bereich bindet nach wie vor in beachtlichem Umfang ehrenamtliches bzw. bürgerschaftliches Engagement. So verfügte die Hälfte der befragten Umweltorganisationen über kein bezahltes Personal, wobei es sich hierbei mehrheitlich um kleinere Organisationen handelte, während größere Organisationen (mit einem Jahresbudget von über 50.000 €) in der Regel mit Hauptamtlichen arbeiteten. Nicht in gleichem Umfang wie der Sportbereich, aber wesentlich deutlicher

---

1 Teilzeitarbeit ist definiert als Beschäftigungsverhältnis mit einem wöchentlichen Arbeitsstundenumfang von 15 bis 34 Stunden. Geringfügige Beschäftigung umfasst <15 Arbeitsstunden pro Woche. Im Unterschied zur Teilzeitarbeit zählt die geringfügige Beschäftigung zur sozialversicherungsfreien und prekären Beschäftigung.
Unter der Kategorie „Sonstige" sind die folgenden Beschäftigungsverhältnisse zusammengefasst: §242s, §249h AFG; Zivildienstleistende; Absolventen eines freiwilligen sozialen und ökologischen Jahres.

ausgeprägt, als dies in den Bereichen Gesundheit, Soziales sowie auch Internationales der Fall ist, zeichnet sich der Umweltbereich durch Mitgliederbasierung aus. Dies ist nicht zuletzt darin begründet, dass hier neben hochprofessionell arbeitenden Organisationen vor Ort noch sehr viele kleinere Umwelt- und Naturschutzvereine und Initiativen tätig sind, die ihren Bewegungscharakter nicht eingebüßt haben und sich primär als Mitgliedervereinigungen sehen.

Problemsicht

Umwelt- und Naturschutz-Organisationen unterscheiden sich bei der Benennung von Problemen nicht von den anderen Bereichen, denn es sind hier ebenfalls Finanzierungsfragen, die als die zentralen Probleme betrachtet werden (vgl. Abbildung 5.4.2).

Zwar wird auch hier die „unzureichende Finanzierung durch die öffentliche Hand" als markantes Problem benannt, doch deutlich häufiger wird von den Organisationen dieses Bereichs das „geringe Spendenaufkommen" als zentrale Problemquelle angegeben. An zweiter Stelle wird die „Schwierigkeit bei der Anwerbung Ehrenamtlicher" genannt. Die Problemwahrnehmung der Organisationen des Umwelt- und Naturschutzbereichs ist ein Indiz dafür, dass sich dieser Bereich nicht primär auf eine staatliche/öffentliche Finanzierung hin orientiert. Von den Umwelt- und Naturschutzvereinen wurden die Problemkomplexe wie „geringe Wahrnehmung der Organisation in der Öffentlichkeit", „der Mangel an Kontakten zu potenziellen Geldgebern" sowie „mangelnde Erfahrung im Fundraising" wesentlich häufiger angegeben als jene, die direkt politikindiziert sind, wie etwa der „Mangel an politischen Konzepten" und die „zu starke Verrechtlichung/Bürokratisierung". Entsprechendes gilt für die Problematik einer „zu starken Abhängigkeit von öffentlicher Finanzierung".

In dieser Einschätzung spiegelt sich die Finanzierungsstruktur des Umweltbereichs wider, der im Vergleich zur Gesamtheit des Dritten Sektors deutlich weniger von der öffentlichen Hand lebt und zu einem sehr beachtlichem Umfang (62,1%) auf selbsterwirtschaftete Mittel und Spenden rekurriert (vgl. Abbildung 5.4.3).

Abbildung 5.4.2: Problemperzeption im Umweltbereich

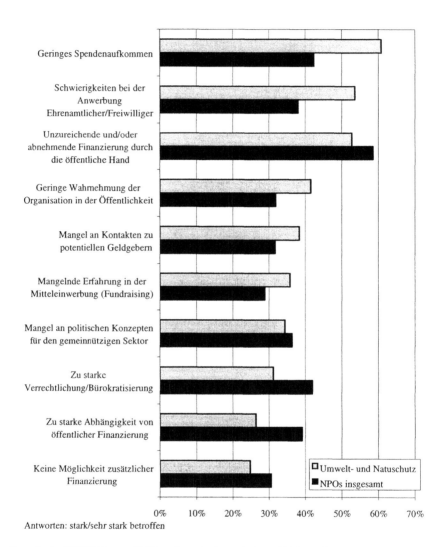

Antworten: stark/sehr stark betroffen

Datenbasis: WWU Münster/WZB – Organisationserhebung 1998 (n = 2.240)

Abbildung 5.4.3: Finanzierungsquellen des Umweltbereichs 1995

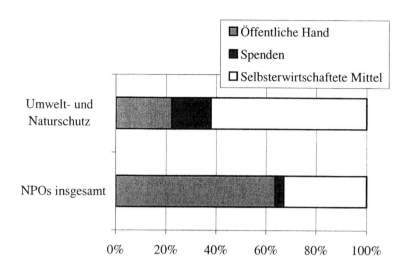

Datenbasis: Johns Hopkins Comparative Nonprofit Sector Project, Teilstudie Deutschland

Gleichwohl wird die Politik auch von den Organisationen des Umwelt- und Naturschutzes kritisiert. Immerhin beklagte etwa jede dritte befragte Organisation den Mangel an politischen Konzepten für den Sektor, mehr als jede zweite Organisation sieht im geringen Spendenaufkommen ein zentrales Problem. Das Spendenaufkommen wird jedoch auch wesentlich von den betreffenden Rahmenbedingungen, sprich dem Steuerrecht und seinen Anreizen zum Spenden, zum Stiften, bestimmt.

Im Hinblick auf die Entwicklung der Finanzen stimmt der Umweltbereich mit der Mehrheit der befragten Organisationen überein. Man geht davon aus, dass es bei den staatlichen Mitteln zu Rückgängen kommen wird. Die überwiegende Mehrheit (71%) der befragten Umweltorganisationen war dieser Meinung. Demgegenüber ging etwa die Hälfte der Organisationen davon aus, dass die eigenerwirtschafteten Mittel stabil bleiben werden, und ein weiteres Drittel ging hier sogar von einer Steigerung aus. Ebenfalls jede zweite befragte Organisation erwartet hinsichtlich der Spenden keine Veränderung; nur jede fünfte Organisation ging von einem steigenden Spendenniveau aus. Hinsichtlich der zukünftigen Finanzierung herrscht bei Umwelt- und Naturschutzorganisationen lediglich vorsichtiger Optimismus. Deutlich optimistisch schätzten die Organisationen dagegen ihre zukünftige gesellschaftliche Bedeutung ein: Eine deutliche Mehrheit (61%) war der Meinung, dass die Bedeutung der gemeinnützigen Organisationen in Zukunft zunehmen wird. Damit gehören die Umwelt- und Naturschützer gemeinsam mit dem Bereich der international tätigen Organisationen zu den Optimisten des Dritten Sektors.

5.5 Internationales

Aktuell ziehen NGOs oder *Non-Governmental Organizations* zunehmend öffentliche Aufmerksamkeit auf sich (vgl. Zimmer 2001). NGOs, verstanden als Chiffre für international tätige Lobbyorganisationen im Umwelt-, Sozial- und Entwicklungsbereich, wie sie auf internationalen Konferenzen oder als Akteure bei spektakulären Protestaktionen zu beobachten sind, genießen häufig ein David-gegen-Goliath-Image, werden als das „gute" Gewissen der Weltgesellschaft gegenüber den „schlechten" Eigeninteressen von Staaten und Konzernen stilisiert.

Auch NGOs, wie sie im folgenden Abschnitt eingegrenzt werden, als international tätige Organisationen in den Arbeitsfeldern Entwicklungs- und Katastrophenhilfe, Förderung von Menschenrechten, Völkerverständigung und Internationale Zusammenarbeit genießen zunehmende Prominenz in jenem Strang des Globalisierungsdiskurses, welcher Armut, Krankheit und strukturelle Ungleichheit zwischen Staaten und Weltregionen zum Gegenstand hat. Gleichzeitig artikulieren sich in anderen Aspekten dieses Diskurses, die Umbrüche und Ungerechtigkeiten innerhalb der Gesellschaften, globale ökonomische Strukturen und ökologische Probleme thematisieren, in den letzten Jahren neue Akteure wie Attac oder Peoples' Global Action, welche eher als internationale Bewegungs- oder Basisarbeitsorganisationen denn als international tätige Hilfsorganisationen zu charakterisieren sind (zu einzelnen Beispielen Frantz/Zimmer 2002). Ähnlich wie etwa Greenpeace vor einigen Jahren prägen sie mit ihren spektakulären Auftritten derzeit das Medien-Image von NGOs eher als jene Organisationen, welche im Rahmen des Johns Hopkins-Projektes vornehmlich untersucht wurden, die auch an der Organisationsbefragung teilgenommen haben und sich in ihrem Tätigkeitsprofil schwerpunktmäßig auf die Bereiche humanitäre Auslands- oder Entwicklungshilfe sowie Menschenrechte konzentrieren.

Dynamisch und auf Wachstumskurs

Insgesamt handelt es sich beim Bereich Internationales weltweit wie auch in Deutschland um ein eher kleineres Segment des Dritten Sektors hinsichtlich der Zahl der Organisationen, der Mitarbeiter/-innen sowie der Finanzkraft (vgl. 4.2.3 und 4.2.4). Zugleich ist er ein junger, wachsender Bereich der Nonprofit-Aktivitäten, der ähnlich wie der Bereich Umwelt und Naturschutz in den vergangenen Dekaden in Bezug auf sein Volumen deutlich zugelegt hat (vgl. Abbildung 5.5.1).

Abbildung 5.5.1: Altersstruktur im Bereich Internationale Aktivitäten

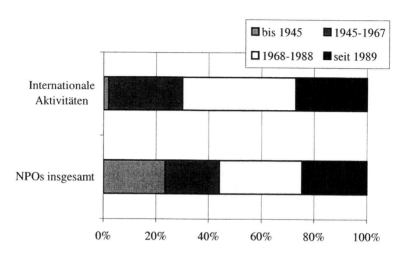

Datenbasis: WWU Münster/WZB – Organisationserhebung 1998 (n = 2.240)

Dass es sich um einen vergleichsweise jungen Bereich handelt, wird durch die Ergebnisse der Organisationsbefragung bestätigt. Die Wachstumsdynamik setzte im Wesentlichen nach dem Zweiten Weltkrieg ein und damit parallel zu einer weltpolitischen Phase, in der für die spezifischen Ziele international tätiger Dritte-Sektor-Organisationen, nämlich die Verwirklichung von Menschenrechten und Entwicklung, neue institutionelle und ideologische Rahmenbedingungen entstanden. In der Bundesrepublik ist die Unterstützung von im Bereich Internationales tätigen Organisationen in engem Zusammenhang mit dem nach erfolgtem Wiederaufbau zunehmenden Wohlstand der Bevölkerung, aber auch mit dem besonderen bzw. negativen Erbe der damals noch jungen Bundesrepublik zu sehen. In den 1950er Jahren gingen mit der Stabilisierung eines Gesellschaftsmodells, welches auf sozialstaatlich regulierter Ökonomie und parlamentarischer Demokratie beruht, bis in weite Gesellschaftsschichten hinein spürbare Wohlstandssteigerungen einher. Zusammen mit der Überzeugung, dass dies das weltweit überlegene Gesellschaftsmodell sei, und mit einer entsprechenden Wachstums- und Entwicklungsideologie wurde die Vorstellung zum Paradigma, die Stückpfeiler des Wohlstands „nachholend" mittels Entwicklungshilfe, Menschenrechtsarbeit und Demokratieförderung in anderen Ländern zu etablieren, und dass dies auch eine Aufgabe mildtätiger und humanitärer Organisationen und philanthropisch gesinnter Menschen sei. Gleichzeitig setzte die junge Bundesrepublik, die in der Außenpolitik um ihre Wiederanerkennung als verlässlicher Partner kämpfen musste und Mühe hatte in das Konzert der Industrienationen aufgenommen zu werden, auf eine Entwicklungszusammenarbeit und Katastrophenhilfe, die nicht von staatlichen, sondern subsidiär von privat-gemeinnützigen Organisationen, wie etwa Caritas International oder der Welthungerhilfe, durchgeführt wurde (Glagow 1983).

Mit einem Beschäftigungsanteil von knapp einem Prozent am deutschen Dritten Sektor, der im Jahr 1995 einem Umfang von ca. 10.000 Vollzeitstellen entsprach, wurde fast eine Verdoppelung im Vergleich zu 1990 erreicht. Diese Steigerung wurde durch eine massive Erhöhung des Spendenaufkommens erreicht, das im Untersuchungsjahr mit 41 Prozent zur Finanzierung der im Bereich Internationales tätigen Organisationen beitrug, während staatliche Mittel immer noch 51 Prozent ausmachten, im Vergleich zu 76 Prozent im Jahr 1990 (vgl. Kapitel 4.2.3). Gemäß den Ergebnissen der Organisationsbefragung erwarten die international tätigen Organisationen für die Zukunft häufiger ein steigendes (26%) als ein sinkendes (21%) Beschäftigungsniveau. Deutlich mehr Organisationen gehen dabei von fallenden (38%) als von steigenden (15%) öffentlichen Zuschüssen aus. Demgegenüber sieht es beim prognostizierten Spendenaufkommen in etwa umgekehrt aus. Hier wurde zum Zeitpunkt der Befragung noch von weiteren Zunahmen ausgegangen. Organisationen des Bereichs Internationales sind stark professionalisiert. Fast alle Organisationen aus dem Bereich Internationales, die an der Organisationsbefragung teilnahmen, arbeiteten mit Hauptamtlichen und gut 60 Prozent der Beschäftigten arbeiteten Vollzeit.

Problemperzeption in der Boomphase

Organisationen im Bereich Internationale Aktivitäten sehen im Vergleich zu den meisten anderen Bereichen optimistischer in die Zukunft und verfügen über ein hohes Selbstvertrauen. Dennoch sind sie nicht frei von Sorgen. Die Selbstanalyse ihrer Probleme zeigt ein vom Durchschnitt des Sektors deutlich abweichendes Bild. Im Vordergrund steht das Problem der geringen öffentlichen Wahrnehmung der Organisationen, überdurchschnittliche Werte erreichen zudem ein unbefriedigendes Spendenaufkommen und mangelnde Erfahrung in der Mitteleinwerbung. Probleme mit staatlicher Finanzierung und staatlichen Rahmenbedingungen werden zwar ebenfalls häufig, jedoch seltener als in den meisten anderen Bereichen genannt (vgl. Abbildung 5.5.2).

Den Bereich der Internationalen Aktivitäten kennzeichnet offenbar eine weniger auf den Staat focussierte Sichtweise der finanziellen Probleme. Nicht der Staat, sondern vielmehr die allgemeine Öffentlichkeit ist der erste Adressat der Organisationen, wenn es im Bereich Internationales darum geht, Finanzlücken zu schließen. Insofern kommt der „geringen Wahrnehmung in der Öffentlichkeit" bei der Problemsicht der Organisationen eine derart pointierte Position zu.

Abbildung 5.5.2: Problemperzeption im Bereich Internationale Aktivitäten

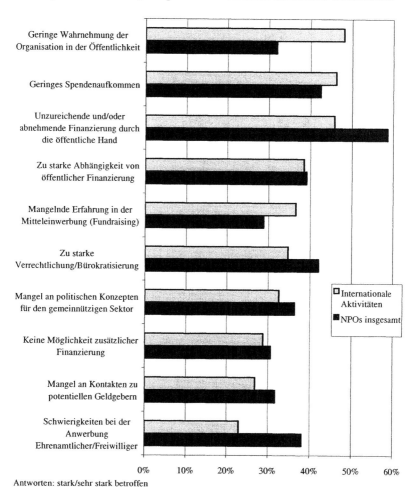

Datenbasis: WWU Münster/WZB – Organisationserhebung 1998 (n = 2.240)

Gleichwohl wird auch von den international tätigen Organisationen die „zu starke Abhängigkeit von öffentlicher Finanzierung" als Problem angesehen.

Vor dem Hintergrund, dass der Bereich Internationales in hohem Maße von einer positiven Wahrnehmung der Tätigkeit der Organisationen im Hinblick auf die Erhöhung des Spendenaufkommens abhängig ist, differenziert sich die Kritik gegenüber der Politik. Wenn auch nicht in gleicher Weise ausgeprägt wie in den anderen Bereichen zählen dennoch der „Mangel an politischen Konzepten für den gemeinnützigen Sektor" sowie die „zu starke Verrechtlichung/Bürokratisierung" zu den vergleichsweise häufig genannten Problemen der im Bereich Internationales tätigen Organisationen. Mehr als jede Dritte der befragten Organisationen nimmt eine kritische Position gegenüber der Politik und den staatlichen Rahmenbedingungen ihrer Tätigkeit ein, wenngleich sich ansonsten die Problemsicht dieses vergleichsweise jungen Arbeitsbereichs von Dritte-Sektor-Organisationen deutlich von den als eher klassisch sowie schon traditionell in die sozialstaatliche Daseinsvorsorge fest eingebundenen Organisationen in den Bereichen Gesundheit und Soziales unterscheidet.

5.6 Gesundheit und Soziales

Die Bereiche Gesundheit und Soziales sind gekennzeichnet vom spezifisch deutschen Sozialstaatsmodell mit seinem Subsidiaritätsprinzip, dem System der Sozialversicherungen und der Indienstnahme der Wohlfahrtsverbände für die staatlich organisierte soziale Versorgung (Zimmer 1997). Trotz dieser vergleichsweise strukturierenden Rahmenbedingungen zeichnen sich auch diese Bereiche durch eine Heterogenität ihrer Organisationen aus. Neben hoch professionalisierten, finanziell überwiegend von öffentlichen Leistungen getragenen NPOs einerseits findet man andererseits kleinere und lokal eingebundene Organisationen, die im Wesentlichen auf die Ressourcen der freiwilligen Leistungen ihrer Mitglieder, auf eigenerwirtschaftete Mittel und bürgerschaftliches Engagement rekurrieren. Während Großorganisationen wie Krankenhäuser, Reha-Zentren oder Heime in der Regel als voll professionalisierte Einrichtungen ohne weitergehende Anbindung an lokale Gemeinschaften arbeiten, trifft dies in dieser Form für kleinere Beratungseinrichtungen, Vereine, die Unterstützungsleistungen anbieten, oder die Vielzahl der als eingetragener Verein organisierten Selbsthilfegruppen nicht zu. Insofern zeichnen sich die beiden Bereiche hinsichtlich Alter, Vereinsgrößen, Mitgliedschaft, Beschäftigungsstruktur und Finanzierung der dort tätigen Organisationen durch Vielfältigkeit aus.

Vor dem Hintergrund der Krise des Sozialstaates und der aktuellen Infragestellung vieler überkommener Strukturen sieht sich der Sozial- und Gesundheitsbereich vor umfassenden Umbrüchen. Er ist stark betroffen von den Finanzproblemen sowohl der Sozialversicherungen als auch der öffentlichen

Haushalte, im Bund, in den Ländern und Kommunen. Reformen im Gesundheitswesen wie in der Arbeitsmarktförderungspolitik (ABM) haben einen nachhaltigen Einfluss auf die hier tätigen Organisationen. Entsprechendes gilt auch für die inzwischen in der Diskussion stehende Änderung des Zivildienstes. Die Krise des Sozialstaates sowie die von der Politik initiierten Änderungen treffen die in diesem Bereich tätigen großen Dienstleister ebenso wie die kleineren Organisationen, die in der Regel alle in mehr oder weniger auf kommunale Förderung rekurrieren und dank dieser Unterstützung bisher in der Lage waren, zumindest ein bescheidenes Maß an Professionalisierung zu realisieren.

Beschäftigungs- und Finanzierungsstruktur

Aus ökonomischer Sicht und im Hinblick auf die Ausgaben- und Beschäftigungsintensität handelt es sich beim Gesundheits- und Sozialbereich um den Kern des deutschen Dritten Sektors (vgl. 4.2.3 und 4.2.4). Der gemeinnützige Sozial- und Gesundheitsbereich ist mit einem hauptamtlichen Beschäftigungsumfang von ca. einer Million Vollzeitstellen ein bedeutender Arbeitsmarktfaktor (3% der Gesamtbeschäftigung in Deutschland, 1995). Über zwei Drittel der hauptamtlichen Arbeit im Dritten Sektor werden hier geleistet. Diese Beschäftigungsstruktur mit einem ausgeprägten hauptamtlichen Segment spiegelt sich auch in den Ergebnissen der Organisationsbefragung wider (vgl. Abbildung 5.6.1).

Insbesondere im Gesundheitswesen ist der Anteil der Vollzeitbeschäftigten sehr hoch, wobei die Krankenhäuser ausschlaggebend sind. Doch auch der Anteil der Teilzeitbeschäftigten fällt hier mit knapp 30 Prozent deutlich höher aus als in den meisten anderen Bereichen des deutschen Dritten Sektors. Herauszustellen ist, dass der Frauenanteil der Vollzeitbeschäftigten im Gesundheits- und Sozialbereich mit etwa 70 Prozent weit über dem Vergleichswert für die Gesamtwirtschaft (ca. 14 Prozent), aber auch über den Werten in anderen Bereichen liegt. Der Frauenanteil an den Teilzeitstellen und den geringfügigen Beschäftigungsverhältnissen beträgt 80 bzw. 75 Prozent, wobei dieser Wert allerdings in fast allen Bereichen ähnlich ist. Zivildienstleistende hatten 1995 immerhin einen Anteil von fünf Prozent an den Beschäftigten im Gesundheits- und Sozialbereich.

Eine knappe Mehrheit der befragten Organisationen im Gesundheitsbereich erwartete einen Umbruch in der Struktur der Beschäftigung und eine große Mehrheit prognostizierte einen Abbau von Vollzeitstellen zugunsten von Teilzeitbeschäftigung. Etwas abgeschwächt ergab sich dieses Bild auch im Bereich der Sozialen Dienste.

Abbildung 5.6.1: Beschäftigungsstruktur im Sozial- und Gesundheitsbereich

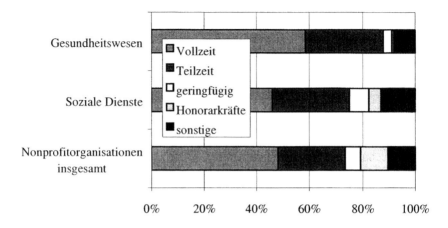

Datenbasis: WWU Münster/WZB – Organisationserhebung 1998 (n = 2.240)

Insgesamt erwarteten hier über 60 Prozent gleich bleibende und 18 Prozent sinkende Beschäftigtenzahlen, im Gesundheitswesen gingen sogar 40 Prozent von sinkenden und 40 Prozent von gleich bleibenden Mitarbeiterzahlen aus. Mit dieser pessimistischen Einschätzung geht die Erwartung gravierender Änderungen der Finanzierungsgrundlagen einher. Jeweils über 60 Prozent gingen von sinkenden öffentlichen Zuschüssen aus. Über die Entwicklung der kassengetragenen Leistungsentgelte sind die Meinungen gespalten, jedoch überwiegen im Gesundheitsbereich wiederum die Pessimisten, die auch hier Rückgänge erwarten. Ein Drittel der befragten Organisationen ging immerhin von steigenden eigenerwirtschafteten Mitteln aus, während anderen Finanzquellen wie Spenden oder Sponsoring kaum eine Bedeutung beigemessen wurde.

Die Ergebnisse der Organisationsbefragung bestätigen das Bild von einer ausgeprägten Abhängigkeit der im Bereich Gesundheit tätigen Organisationen von Leistungsentgelten bzw. von der öffentlichen Hand (vgl. Abbildung 5.6.2).

Die Finanzierung des Gesundheitsbereichs wird derzeit fast vollständig durch die öffentliche Hand und das System der Krankenkassen abgedeckt, während in den Sozialen Diensten der Anteil eigenerwirtschafteter Mittel beträchtlich ist. Von summarisch geringer Bedeutung, wenn auch für viele kleinere Organisationen überlebenswichtig, sind Spenden.

Abbildung 5.6.2: Finanzquellen im Sozial- und Gesundheitsbereich

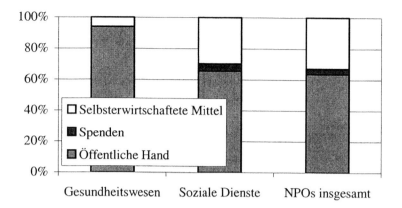

Datenbasis: Johns Hopkins Comparative Nonprofit Sector Project, Teilstudie Deutschland

Im Bereich Soziale Dienste waren vor allem Organisationen, die überwiegend mit hauptamtlichen Kräften arbeiten, von öffentlichen Mitteln abhängig, während diejenigen, die ohne hauptamtliche Kräfte tätig sind, auf einen Finanzierungsmix rekurrierten, in dem öffentlichen Mitteln ein eher nachgeordneter Stellenwert zukam und der sich aus folgenden Hauptbestandteilen zusammensetzte: 14 Prozent öffentliche Mittel, 38 Prozent Spenden, 18 Prozent Mitgliedsbeiträge und 25 Prozent eigenerwirtschaftete Mittel.

Ein eindeutiges Bild von den besonderen Herausforderungen, die im Bereich der professionalisierten sozialen Dienstleistungen und der gemeinnützigen Gesundheitsversorgung bestehen, zeigt ein Vergleich von Organisationen mit hauptamtlicher Beschäftigung aus diesen beiden Bereichen mit eben solchen aus allen anderen Bereichen des deutschen Dritten Sektors (vgl. Abbildung 5.6.3).

Dominierend sind in den Bereichen Soziale Dienste und Gesundheit wie auch beim Querschnitt der anderen mit Hauptamtlichen arbeitenden Organisationen Probleme, die aus unzureichender oder zurückgehender staatlicher Finanzierung, aus der starken Abhängigkeit von öffentlichen Mitteln sowie den staatlich gesetzten Rahmenbedingungen herrühren. Diese Kernprobleme treten im Sozial- und Gesundheitsbereich jedoch noch klarer hervor als in den anderen Bereichen, während Probleme, die sich auf finanzielle oder personelle Freiwilligenleistungen, das Verhältnis zur Öffentlichkeit oder die Arbeitsorganisation beziehen, nicht überdurchschnittlich von den Organisationen des Gesundheits- und Sozialbereichs genannt werden. Zwar lassen sich bei den mit professionellem Personal arbeitenden Organisationen kaum Unterschiede in der Problemperzeption erkennen, allerdings sehen sich die in den Bereichen Gesundheit und Soziales tätigen Organisationen in stärkerem Umfang von den genannten Problemen betroffen.

Abbildung 5.6.3: Problemperzeption professioneller sozialer Dienstleister

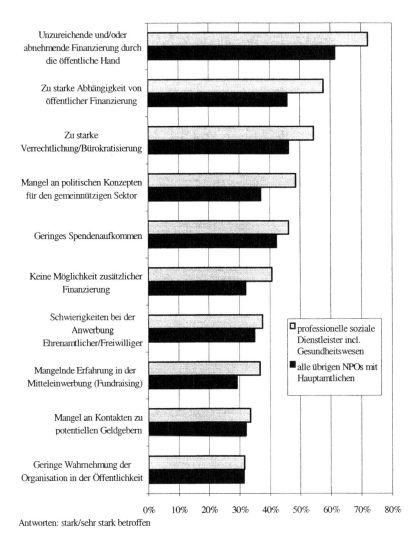

Datenbasis: WWU Münster/WZB – Organisationserhebung 1998 (n = 2.240)

Insgesamt kann man sogar festhalten, dass je staatsnaher die Organisation agiert, desto problembelasteter wird das Verhältnis zu Staat und Politik eingeschätzt. So werden von den Organisationen des Gesundheitsbereichs beispielsweise auch die „Unsicherheit der Rechtslage" (22%) sowie die „Einschränkung verbandlicher Interessenvertretung" (16%) als problemrelevant eingeschätzt. Insofern kann man festhalten, dass die „Nähe zum Staat", und zwar als Garant sicherer Finanzierung und Unterpfand einer positiven Organisationsentwicklung, wie es lange Zeit für den deutschen Dritten Sektor typisch war, sich inzwischen für die Organisationen nur noch bedingt auszahlt. Die Ergebnisse der Organisationsbefragung lassen darauf schließen, dass das Verhältnis der gemeinnützigen Organisationen zum Staat in Deutschland einer dringenden Revision bedarf. Es wird nicht einfach sein, diesen Problembereich anzugehen, da, wie im Folgenden anhand der Ergebnisse der Organisationsbefragung gezeigt wird, es gerade für die „staatnahen" Organisationen zunehmend schwieriger wird, eine unabhängige und auch positiv-kritische Position gegenüber Staat und Politik zu entwickeln.

5.7 Identität und Image der Organisationen

Wie die vorhergehenden Abschnitte gezeigt haben, sehen sich Organisationen des Dritten Sektors in vielen Arbeitsbereichen, und zwar gerade in denen, die stark durch staatliche Finanzierung und Indienstnahme im Rahmen sozialstaatlicher Arrangements gekennzeichnet sind, mit großen politischen Unwägbarkeiten und finanziellen Zukunftssorgen konfrontiert. Der Staat, einerseits großer Förderer ihrer Aktivitäten, zeigt sich andererseits als wenig verlässlicher Partner und Garant geeigneter Rahmenbedingungen für die Wahrnehmung der durch ihn zugewiesenen Aufgaben und erwarteten Leistungen. Folglich stehen gemeinnützige Organisationen vor der politischen Herausforderung, ihre Rolle in der Gesellschaft unter anderen politischen Rahmenbedingungen zu verteidigen, neu zu definieren und ihre Ansprüche und Leistungen effektiv zu kommunizieren. Es ist erstaunlich, dass trotz dieses Problemhorizontes, der durch die Infragestellung der politischen, gesellschaftlichen und finanziellen Basis vieler Organisationen gekennzeichnet ist, eine deutliche Mehrheit der befragten Organisationen auf die Frage, welche Bedeutung die gemeinnützigen Organisationen in der Zukunft haben werden, zu einem überwiegend optimistischen Urteil kommt (vgl. 4.2.5). Noch positiver fällt die Einschätzung der Zukunftsperspektiven der in den Bereichen Internationales sowie Umwelt tätigen Organisationen aus. Knapp 90 Prozent der befragten Organisationen im Bereich Internationales und rund 84 Prozent der Umweltorganisationen gehen von einer gleich bleibenden oder sogar zunehmenden Bedeutung des Dritten Sektors im Kontext der weiteren gesellschaftlichen Entwicklung aus. Im Vergleich dazu liegen die Zustimmungswerte bei den in den Bereichen Soziale Dienste und Gesundheit tätigen Organisationen etwas niedriger; doch auch hier überwiegt der Optimismus trotz der problematischen Finanzierungssituation und der zweifellos verbesserungswürdigen politischen Rahmenbedingungen (vgl. Abbildung 5.7.1).

Abbildung 5.7.1: Die Bedeutung der gemeinnützigen Organisationen für die Gesellschaft wird ...

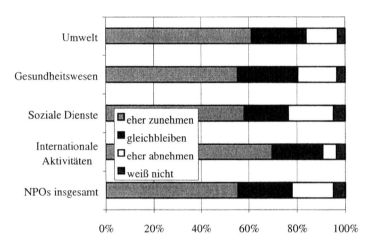

Datenbasis: WWU Münster/WZB – Organisationserhebung 1998 (n = 2.240)

Der optimistische Blick in die Zukunft geht einher mit dem Selbstbewusstsein einer überwältigenden Mehrheit der Organisationen als gesellschaftlich integrierende, progressive und innovative Kraft, die sowohl kommerziellen Akteuren als auch dem Staat in den von ihnen abgedeckten Aufgabenfeldern haushoch überlegen sind. Der Aussage „Ohne gemeinnützige Organisationen würde es viele soziale und politische Errungenschaften nicht geben. Wir bringen die Entwicklung in diesem Land voran" stimmten 90 Prozent der befragten Organisationen „voll" oder „eher" zu. Lediglich drei Prozent der Organisationen vertraten eine entgegengesetzte Meinung, sieben Prozent enthielten sich der Antwort. Mit 96 Prozent war die Zustimmung im Bereich Internationale Aktivitäten am größten. Doch auch die Bereiche Umwelt, Soziale Dienste und Gesundheitswesen wiesen Zustimmungswerte von über 90 Prozent auf.

Organisationen des Dritten Sektors sehen sich als wichtigen Akteur im Kampf für Toleranz, Gerechtigkeit und Pluralismus. Der Aussage „Gemeinnützige Organisationen sind die Garantie einer offenen Gesellschaft. Wir geben auch Minderheiten und Andersdenkenden eine Stimme" unterstützten 83 Prozent, sogar 98 Prozent der Entwicklungshilfe- und Menschenrechtsorganisationen und 87 Prozent der Organisationen im Bereich Soziale Dienste. In ihrem Selbstverständnis sehen sich die Organisationen als Motor der gesellschaftlichen Entwicklung und als vorrangig an den Bedürfnissen der Menschen orientiertes soziales Korrektiv. Dass gemeinnützige Organisationen eine Vorreiterrolle inne haben, wenn es darum geht, neue soziale Probleme anzugehen, dieser Meinung waren 84 Prozent der befragten Organisationen. Auch hier lag der Bereich Internationale Aktivitäten vorn, doch auch die Zustimmung aus den Bereichen Soziale Dienste und Gesundheitswesen wies Werte von über 90 Prozent auf.

Befragt, wie sie sich gegenüber den Konkurrenzsektoren „Markt" und „Staat" definieren, fällt das Ergebnis ebenso eindeutig aus: Während der „Markt" als klare Konkurrenz empfunden wird, blickt man auf den „Staat" als ein primär durch Bürokratie gekennzeichnetes Gebilde eher herab, wenngleich große Teile des deutschen Dritten Sektors in hohem Maße staatsabhängig sind und inzwischen ihr Potenzial, Politik effektiv beeinflussen zu können, eher negativ einschätzen.

Wie im Folgenden noch zu zeigen sein wird, vermitteln die Ergebnisse der Organisationsbefragung insgesamt eher ein Bild einer Defensivhaltung seitens der Organisationen.

Abgrenzung gegenüber dem Markt

Gegenüber Firmen und Unternehmen grenzen sich die gemeinnützigen Organisationen unter Hinweis auf die ihre besondere soziale Verantwortung, ihre Kostengünstigkeit und allgemeine Zugänglichkeit sowie ihre besondere Mitglieder- bzw. Klientenorientierung ab. Der Aussage „die Leistungen gemeinnütziger Organisationen sind für jeden zugänglich, von hoher Qualität und dennoch kostengünstig, ganz im Gegensatz zu den Angeboten öffentlicher Einrichtungen oder gar kommerzieller Anbieter" stimmten 74 Prozent der Befragten „voll" oder „eher" zu. Lediglich 13 Prozent hielten diese Einschätzung für nicht zutreffend. Dem Anspruch, „sich nach den Bedürfnissen der Menschen und nicht nach ihrem Geldbeutel zu richten, wie es kommerzielle Anbieter tun", werden gemeinnützige Organisationen nach Meinung einer Mehrheit von 84 Prozent gerecht. „Wir sind stets auf der Suche nach neuen Wegen, unsere Klienten/Mitglieder zufrieden zu stellen" trifft nach Ansicht von 85 Prozent „voll" oder „eher" zu. Widersprochen wird dem nur von sechs Prozent der Befragten. Während sich hinsichtlich der sozialen Kompetenz und Verantwortung zwischen den Organisationen der betrachteten Bereiche keine gravierenden Unterschiede zeigen, trifft dies auf die Einschätzung der eigenen Innovationskraft im Vergleich zu Unternehmen nicht zu. Insgesamt sind 41 Prozent der befragten Organisationen der Meinung, innovativer zu sein als die kommerzielle Konkurrenz; ein gutes Viertel vertritt die Gegenposition. Im Bereich Internationales ist dagegen eine satte Mehrheit der Meinung, innovativer als kommerzielle Unternehmen zu sein, während im Bereich Gesundheit eine eher skeptische Einschätzung der Innovationskraft der gemeinnützigen Organisationen im Vergleich zur kommerziellen Konkurrenz vorherrscht (vgl. Abbildung 5.7.2).

Abbildung 5.7.2: „In unserem Bereich sind wir innovativer als vergleichbare privat-kommerzielle Anbieter"

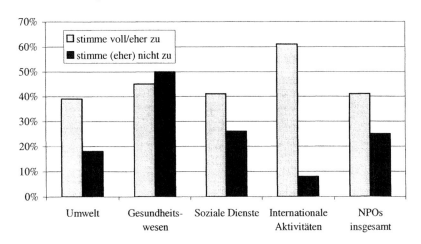

Datenbasis: WWU Münster/WZB – Organisationserhebung 1998 (n = 2.240)

Doch nicht nur hinsichtlich der Fähigkeit, im Vergleich zu Firmen und Unternehmen innovativ tätig zu werden, räumt ein Teil der Organisationen Schwachstellen ein. Entsprechendes gilt auch für die Betriebsabläufe und ein effizientes Management. Der in der Literatur prominent vertretenen These von den defizitären Dritte-Sektor-Organisationen (vgl. Seibel 1992) stimmten die befragten Organisationen nur begrenzt zu. So hält ein knappes Viertel die These für zutreffend, dass gemeinnützige Organisationen im Vergleich zur Privatwirtschaft amateurhaft oder dilettantisch arbeiten. Im stark durch kleinere Mitgliederorganisationen geprägten Bereich Umwelt ist diese Meinung besonders verbreitet, doch auch in den hoch professionalisierten und überwiegend mit Vollzeitbeschäftigten arbeitenden und von sehr großen Organisationen (insbesondere Krankenhäusern) geprägten Bereich des Gesundheitswesens stimmt fast jede fünfte Organisation dieser Einschätzung zu.

Gleichzeitig sehen sich die Organisationen durch eine stärkere Verbetriebswirtschaftlichung daran gehindert, ihre eigenen Ziele zu verfolgen (28%). Mehr als jede dritte Organisation beobachtet eine zunehmende Ähnlichkeit mit erwerbswirtschaftlichen Unternehmen. Dieser Einschätzung stimmten mit 80 Prozent besonders deutlich die Organisationen im Bereich Gesundheitswesen zu. Im Bereich Soziale Dienste waren 43 Prozent dieser Meinung. Weniger betroffen von der Profilveränderung sind nach eigener Einschätzung die Organisationen des Umweltschutzes und der Bereichs Internationales. Hier stimmte nur jede Vierte bzw. Fünfte der befragten Organisationen (22% bzw. 26%) der Einschätzung zu, dass sie einem erwerbwirtschaftlichen Unternehmen immer ähnlicher würden. Somit lässt sich festhalten, dass sich gemeinnützige Organisationen für sozial gerechter, kostengünstiger und bedürfnisorientierter halten, doch sich in punkto Innovationskraft sowie im Hinblick auf ein effizientes Management im Vergleich zum Markt häufig eher in der Defensive sehen. Die sicherlich notwendige Abgrenzung zum Markt wird dadurch noch erschwert, dass in der Einschätzung der Organisationen die derzeitige Verbetriebswirtschaftlichung ihrer Organisationsstrukturen mit einer Verschiebung ihres Profils einhergeht und damit letztendlich identitätsgefährdend ist.

Positionsbestimmung gegenüber dem Staat

Im Unterschied zum Markt scheint den Organisationen die Positionsbestimmung gegenüber dem Staat auf den ersten Blick wesentlich leichter zu fallen. Der Staat ist für sie die zentrale negative Abgrenzungsfolie (vgl. Abbildung 5.7.3).
Im Hinblick auf Innovations- und Integrationsfähigkeit grenzten sich die befragten Organisationen klar gegenüber dem Staat ab. Sehr hohe Zustimmungswerte erhielten Aussagen, die den gemeinnützigen Organisationen im Vergleich zum Staat besondere Leistungsfähigkeit zuschreiben. Von dieser insgesamt sehr selbstbewussten und positiven Eigeneinschätzung lassen sich nur leichte Abweichungen feststellen. Insgesamt erhielt die Einschätzung „In unserem Bereich sind wir innovativer als öffentliche Einrichtungen" sehr hohe Zustimmungswerte, jedoch fiel der Bereich Soziale Dienste mit 70 Prozent leicht ab, wobei die Übrigen jedoch nur selten die Ablehnung dieser These bezeugten, sondern sich zumeist für das Feld „keine Antwort möglich" entschieden.
Gerade auch hinsichtlich der Positionierung gegenüber dem Staat spielen soziale Kompetenz und Integrationsfähigkeit der Organisationen eine wichtige Rolle. Besonders nachdrücklich wird die Meinung vertreten, dass die eigene Organisation „viel näher an den Bedürfnissen der Menschen ist als der Staat" und die Organisationen des Dritten Sektors für ein Zusammengehörig-

keitsgefühl sorgten, das der Staat den Menschen nicht vermitteln könne. Im Durchschnitt stimmten sogar gut 75 Prozent der Organisationen der Aussage zu „Ohne gemeinnützige Organisationen wären Bedürftige ganz auf sich allein gestellt".

Abbildung 5.7.3: Gemeinnützige Organisationen im Vergleich zum Staat

Datenbasis: WWU Münster/WZB – Organisationserhebung 1998 (n = 2.240)

Bereichsspezifisch variiert diese Einschätzung: Der Bereich Soziale Dienste weist hier besonders hohe Werte auf, während die Zustimmung der Organisationen des Umweltbereichs unterdurchschnittlich ausfiel, was darauf zurückzuführen ist, dass sich ihr Selbstverständnis weniger an konkreten sozialen Problemen und Bedürfnissen, sondern primär am gesamtgesellschaftlichen Problem Umweltschutz orientiert. Trotz geringerer Zustimmungswerte finden sich bei diesen Fragen kaum definitive Gegenstimmen (ca. 5%), so dass der Umkehrschluss, dass viele Befragte die Schaffung von Zusammengehörigkeitsgefühl und größere Nähe zum Menschen eher dem Staat zutrauen, definitiv nicht zutrifft.

Allerdings basieren die klare Abgrenzung und das Selbstbewusstsein gegenüber dem Staat mitnichten auf einer Position der Stärke. Vielmehr ist das Verhältnis der Organisationen gegenüber dem Staat aktuell hoch problematisch. Aus der Sicht der Organisationen ist der Staat primär ein Problemerzeuger (vgl. Abbildung 5.7.4).

Abbildung 5.7.4: Problemperzeption nach Bereichen

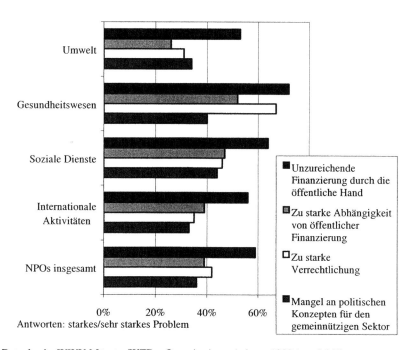

Datenbasis: WWU Münster/WZB – Organisationserhebung 1998 (n = 2.240)

Gefragt nach ihren aktuellen Schwierigkeiten, erhielten die direkt mit Staatstätigkeit in Verbindung stehenden Probleme die höchsten Werte. Vier der sechs meistgenannten Probleme aus einer Auswahl von 31 Problemen hängen direkt mit dem Staat zusammen. Die vier Hauptprobleme sind „unzureichende Finanzierung durch die öffentliche Hand", „zu starke Abhängigkeit von öffentlicher Finanzierung", „zu starke Verrechtlichung" sowie „Mangel an politischen Konzepten für den gemeinnützigen Sektor". Auch hier zeigt sich deutlich, dass sich die Nähe zum Staat für die Organisationen inzwischen nicht mehr auszahlt. Der besonders staatsnah organisierte Bereich des Gesundheitswesens betrachtete die überbordende Verrechtlichung nach der unzureichenden öffentlichen Finanzierung als zweitwichtigstes Problem.

Der Dritte Sektor als „zahnloser Tiger"?

Diese Problemperzeption der Organisationen lässt ein offensives Lobbying in Richtung Staat als naheliegend erscheinen, doch gerade im Hinblick auf ihre Möglichkeiten, Politik zu beeinflussen, sehen sich die Organisationen eher in einer Position der Schwäche (vgl. Abbildung 5.7.5).

Abbildung 5.7.5: „Die politische Einflussnahme von Organisationen wie der unseren nimmt ab"

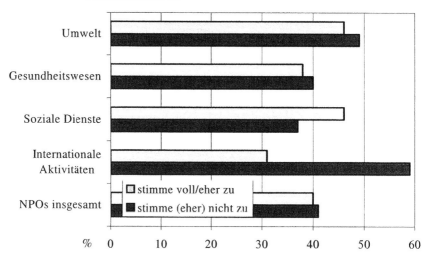

Datenbasis: WWU Münster/WZB – Organisationserhebung 1998 (n = 2.240)

Insgesamt sehen 40 Prozent der Organisationen ihren politischen Einfluss schwinden. Für den Bereich Soziale Dienste trifft dies sogar für fast jede

zweite Organisation zu. Nur die Organisationen des Bereichs Internationales schätzen ihre Möglichkeiten, nach wie vor politisch Einfluss nehmen zu können, optimistischer ein.
Die Einschätzung der politischen Einflussmöglichkeiten der Organisationen steht in einem fast schon als makaber zu charakterisierenden Verhältnis zu ihrer Staatsnähe bzw. Staatsferne. Je staatsnäher die Organisationen agieren, desto weniger sehen sie sich in der Lage, politisch Einfluss zu nehmen. Je weniger eingebunden die Organisationen in die sozialstaatliche Dienstleistungserstellung sind, desto positiver schätzen sie ihre Chancen im Hinblick auf ein effektives Lobbying ein.
Vergleichsweise entlarvend für die Selbsteinschätzung der Organisationen im Hinblick auf ihre Abhängigkeit bzw. Unabhängigkeit vom Staat war die Frage, welche Maßnahmen sie in einer aktuellen finanziellen Notsituation ergreifen würden. Hier nannten die Organisationen des Gesundheitswesens sowie des Sozialbereichs vorrangig die eher klassisch zu nennenden Strategien Kontaktaufnahme auf geeigneter politischer Ebene sowie Information des Dachverbandes, während die im Bereich Internationales tätigen Organisationen Spendenaufrufen Priorität einräumten und im Bereich Umweltschutz Mitgliederwerbung eine zentrale Rolle spielte.
Insofern kann als Resümee festgehalten werden, dass im Vergleich zu ihrer Selbsteinschätzung gegenüber dem Markt die Positionsbestimmung der Organisationen gegenüber dem Staat in hohem Maße von Ambivalenz geprägt ist. Einerseits schätzen sich die Organisationen gegenüber dem öffentlichen Sektor als „haushoch" überlegen ein. Aus ihrer Sicht sind sie innovativer und bürgernäher als öffentliche Einrichtungen. Ganz besonders stellen sie ihre Fähigkeit heraus, sich an den Bedürfnissen der Menschen zu orientieren und ein Zusammengehörigkeitsgefühl zu schaffen. Nicht der Staat, sondern der Dritte Sektor ist nach ihrer Einschätzung der Garant für den sozialen Zusammenhalt. Der Staat wird, besonders ausgeprägt von den im Gesundheitswesen und in den Sozialen Diensten tätigen Organisationen, als wesentlicher Problemerzeuger betrachtet, der für die zunehmende Verrechtlichung und Bürokratisierung verantwortlich ist, nur noch eine unzureichende Finanzierung bereitstellt und sich darüber hinaus zunehmend durch Konzeptlosigkeit auszeichnet. Gleichzeitig sehen sich gerade die Bereiche Soziales und Gesundheit, die zudem die traditionellen Kernbereiche des deutschen Dritten Sektors vor allem in ökonomischer Hinsicht darstellen, kaum noch in der Lage, politisch Einfluss zu nehmen und lobbymäßig für eine Verbesserung der Rahmenbedingungen des Dritten Sektors in Deutschland tätig zu werden. Gerade hier jedoch wäre der Hebel zur Veränderung und zur grundlegenden Verbesserung der derzeitigen Situation anzusetzen. Doch scheint es den Kernbereichen und Flaggschiffen des deutschen Dritten Sektors, namentlich den Organisationen, die primär in den Bereichen Gesundheit und Soziales tätig sind, offensichtlich sehr schwer zu

fallen, aus dem Schatten der Vergangenheit herauszutreten und eine staatsunabhängigere und damit eigenständigere Position zu entwickeln.

6. Modernisierungstendenzen auf lokaler Ebene: Public-Private Partnership in Münster und Jena

6.1 Zum Hintergrund der Fallstudien

Die Ergebnisse der Organisationsbefragung, die im vorangegangenen Kapitel präsentiert und diskutiert wurden, weisen darauf hin, dass eine Neubestimmung des Verhältnisses zwischen Staat und Nonprofit-Sektor auf der Tagesordnung steht. Im Folgenden wird exemplarisch – am Fall Münsters und Jenas – überprüft, inwiefern sich die Beziehungen zwischen Nonprofit-Organisationen und Kommune gewandelt haben und wie aktuelle Kooperationsmuster in ausgewählten Bereichen zu beschreiben sind. Den konzeptionellen Hintergrund bilden hierbei zwei der aktuell diskutierten Reformansätze, die aus der Debatte um die seit den 1990er Jahren auf lokaler Ebene in Bewegung geratenen Prozesse und Strukturen hervorgegangen sind: zum einen das Neue Steuerungsmodell und zum anderen das Leitbild bzw. Konzept des aktivierenden Staates.

Zu diesem Zweck wird zunächst skizziert, inwiefern sich diese beiden Reformansätze auf eine Zusammenarbeit zwischen Nonprofit-Organisationen und Kommune beziehen und welche Auswirkungen die den jeweiligen Konzepten impliziten Modernisierungsimpulse theoretisch auf Kooperationen haben (7.2). Danach wird das den Fallstudien zu Grunde liegende methodische Vorgehen im Zuge des Städtevergleichs erläutert. Aufbauend auf einer Feldbeschreibung, der näheren Betrachtung der Standortprofile Münsters und Jenas (7.3), interessieren schließlich die spezifischen Arten der Kooperation innerhalb der drei Bereiche Soziale Dienste und Gesundheit (7.4), Kinder-, Jugend- und Familienpolitik (7.5) sowie Kultur (7.6). Abschließend können in einer Zusammenfassung der Ergebnisse Aussagen zum Stellenwert des Nonprofit-Sektors auf lokaler Ebene getroffen werden, die den Trend hin zu einem bestimmten, kooperativen Modernisierungsimpuls in beiden untersuchten Städten untermauern (7.7).

6.2 Verwaltungsmodernisierung und der Stellenwert von Nonprofit-Organisationen

In der aktuellen Diskussion um die Veränderung von Staatlichkeit lassen sich für die lokale Ebene in Deutschland zwei unterschiedliche Reformansätze unterscheiden (Wollmann 1999). Einerseits wird im Umfeld der New Public Management-Bewegung eine an betriebswirtschaftlichen Effizienzkriterien orientierte Modernisierung des öffentlichen Sektors und insbesondere der Lokalverwaltungen unter dem Leitmotiv des Neuen Steuerungsmodells gefordert (Budäus/Finger 1999). Andererseits wird aktuell zunehmend an partizipative Demokratiekonzepte angeknüpft und für eine Öffnung von Staat und Verwaltung gegenüber bürgerschaftlichem Engagement sowohl auf der politischen Entscheidungs- als auch auf der verwaltungsdominierten Implementations-Ebene plädiert (Blanke/Schridde 1999).

Das Leitbild des Aktivierenden Staates als ein Reformmodell, das dieser zweiten Richtung zuzuordnen ist, vereint unterschiedliche theoretische Ideen und Konzepte. Es verbindet das Neue Steuerungsmodell auf der einen und die Debatte zum bürgerschaftlichen Engagement auf der anderen Seite (Banner 1997; Baer 2002; Damkowski/Rösener 2003).

Das Konzept des *New Public Management* (NPM) will *Public Choice*-Theorien mit Konzepten des *Property Rights*- und des *Principal Agent*-Ansatzes sowie mit privatwirtschaftlichen Managementtheorien vereinen. Es zielt vor dem Hintergrund sich durch Europäisierungs- und Globalisierungstendenzen stark verändernder Kontextbedingungen auf eine Neubewertung bzw. Neuorganisation öffentlicher Aufgabenerledigung. Relativ spät im internationalen Vergleich, erlangt die Modernisierungsdebatte für Deutschland erst in den 1990er Jahren eine praktische Aktualität. So hat die deutsche Form der Konzepte des NPM, das *Neue Steuerungsmodell* (NSM), seine Ursprünge im Jahr 1991, unter der Federführung der Kommunalen Gemeinschaftsstelle für Verwaltungsorganisation (KGSt). Daraufhin werden durch Kommunalverwaltungen nach und nach die Empfehlungen der KGSt durchgeführt, die auf den Vorstellungen von organisatorischer Entflechtung in Verbindung mit einem Kontraktmanagement basieren (Bogumil 1997). Ab 1995 scheint die KGSt die dem NSM inhärenten Modernisierungsimpulse insoweit erfolgreich vorangetrieben zu haben, dass von einem „flächendeckenden Phänomen" gesprochen werden kann (Bogumil 2001).

Der Nonprofit-Sektor wird von diesen beiden Reformansätzen in sehr unterschiedlicher Weise tangiert. Bei Einführung des Neuen Steuerungsmodells ändern sich grundlegend die Formen der Kooperation und Zusammenarbeit zwischen lokalen Nonprofit-Organisationen und Kommune (Zimmer 1996). Waren bisher unter dem Leitmotiv der „Subsidiarität" insbesondere in den Bereichen Soziales und Gesundheit sowie Kinder und Jugend Nonprofit-Organisationen und lokaler Staat im „dualen System" der Wohlfahrtspflege eng miteinander verkoppelt, so würde bei konsequenter Einführung des Neuen Steuerungsmodells dieses vorrangig auf Verhandlung basierende neokorporatistische Arrangement abgelöst werden durch vertraglich geregelte und zeitlich begrenzte Kooperationen zwischen den Nonprofit-Organisationen als Dienstleistern und der Kommune als Financier der Produktion öffentlicher

Güter. Mit diesem Modell tritt an die Stelle des Steuerungsmodus der Verhandlung der des Wettbewerbs. Bei der Einwerbung öffentlicher Aufträge stehen Nonprofit-Organisationen damit in dem betreffenden Bereich in Konkurrenz zu anderen Anbietern und lokalen Dienstleistern, wobei es sich sowohl um privat-kommerzielle als auch um öffentliche Konkurrenten handeln kann. Nach diesem Modell steht der Kommune eine Transformation in Richtung Konzernleitung bevor, deren handlungsleitende Maxime an Effizienzkriterien orientiert ist. Bei der Auswahl der Vertragsnehmer kommt der Organisationsform der Dienstleister keine besondere Bedeutung mehr zu. Insofern nehmen im Kreis der lokalen Dienstleister Nonprofit-Organisationen keine Sonderstellung ein.

Anders sieht es dagegen aus, wenn Verwaltungsreform- und Modernisierungsansätze mit Konzepten partizipativer Demokratie unterlegt sind. Nonprofit-Organisationen kommt im Rahmen dieser Diskussion ein herausgehobener Stellenwert zu, da sie sich aufgrund ihrer zivilgesellschaftlichen Komponenten, wozu ehrenamtliches und freiwilliges Engagement ebenso zu zählen sind wie die anteilige Finanzierung durch Spenden, aber auch durch Mitgliedsbeiträge, markant von anderen Dienstleistern vor Ort unterscheiden. Nach diesem Modell arbeiten Kommunen nicht vorrangig unter Kostengesichtspunkten mit Nonprofit-Organisationen zusammen, obgleich dies durchaus auch eine Rolle spielen kann. Vielmehr betrachten Rat und Verwaltung die Zusammenarbeit mit Nonprofit-Organisationen als Chance einer besseren Einbindung von Verwaltungshandeln sowie gleichzeitig als Möglichkeit der Aktivierung bürgerschaftlichen Engagements. Unter dem Leitmotiv des „aktivierenden oder ermunternden Staates" wird hierbei eine Verantwortungsteilung bei der Erstellung öffentlicher Güter sowie sukzessive eine Neubestimmung des Verhältnisses von öffentlich und privat angestrebt (Evers/Leggewie 1999). Im Idealfall wird nach diesem Modell von Seiten der Kommune Verantwortung an die Gesellschaft zurückgegeben, wobei jedoch die Gewährleistungsfunktion der Kommune und damit das finanzielle Netz erhalten bleibt. Mit maßgeblicher partizipativer Komponente gestaltet sich kommunale Daseinsvorsorge nach diesem Modell in erster Linie als *welfare mix*, wobei Nonprofit-Organisationen neben der Dienstleistungsfunktion vor allem auch sozial-integrative Funktionen wahrnehmen (Evers/Olk 1996). Der Steuerungsmodus dieses Ansatzes entspricht eher der Verhandlungstradition. Dabei ist allerdings im Unterschied zum klassischen neokorporatistischen Arrangement der Kreis der Verhandlungsteilnehmer nicht exklusiv geschlossen, sondern auch für neue Anbieter zugänglich.

Welche Konsequenzen sich durch ein Verfolgen der unterschiedlichen Reformansätze ergeben, d.h. ob die Entwicklung eher in die Richtung „aktivierender Staat" geht oder aber das Neue Steuerungsmodell und damit Leistungsvereinbarungen und Kontraktmanagement in Zukunft die Zusammenarbeit zwischen Nonprofit-Organisationen und Kommune prägen wird, wurde exemplarisch in Jena und Münster untersucht. Die folgenden Fragestellungen leiteten die Untersuchung:

- Welche Bedeutung hat der Nonprofit-Sektor im Vergleich zu staatlichen oder kommerziellen Anbietern im Rahmen kommunaler Daseinsvorsorge in Jena und Münster?
- Auf welcher Grundlage arbeiten Nonprofit-Organisationen und Kommune in Münster und Jena zusammen? Ist die Kooperation vorrangig durch Leistungsvereinbarungen bzw. durch Verträge geprägt oder sind auch andere Formen der Zusammenarbeit von Bedeutung?
- Lassen sich im Hinblick auf die Zusammenarbeit zwischen Nonprofit-Organisationen und kommunaler Verwaltung Unterschiede bzw. Gemeinsamkeiten in Ost- und Westdeutschland feststellen?

6.3 Methodik und Feldbeschreibung

6.3.1 Methodik

Die Ergebnisse des Städtevergleichs basieren auf einem Methodenmix aus Dokumentenanalyse und Experteninterviews. Während sich die Aussagen zur Bedeutung bzw. zur Leistungstiefe der Nonprofit-Organisationen in den betreffenden Bereichen im Wesentlichen auf die Ergebnisse der Dokumentenanalyse stützen, basieren die Ausführungen zur Kooperation und Zusammenarbeit mit der Kommune vor allem auf den in den Interviews ermittelten Informationen.

Im Rahmen der Dokumentenanalyse wurden Veröffentlichungen von Nonprofit-Organisationen, Rat, Verwaltung und Parteien ausgewertet. Ferner wurde ein Pressespiegel der ortsansässigen Tageszeitungen angelegt.[1] Insgesamt wurden in Münster und Jena 67 Interviews mit Vertretern von Politik, Verwaltung und Nonprofit-Organisationen durchgeführt. In Jena beschränkte sich die Feldarbeit auf die Zeit von April 1997 bis Juni 1997; in Münster wurden die Interviews von April 1997 bis Mai 1998 durchgeführt.

Interviewt wurden in beiden Städten pro Bereich jeweils die Vorsitzenden der Ratsausschüsse, die Beigeordneten (Dezernenten) und die Amtsleiter. Bei den Nonprofit-Organisationen wurde jeweils ein Vertreter oder eine Vertreterin der geschäftsführenden Ebene (Mitglied des Vorstands oder Geschäftsführer) interviewt. Unter Berücksichtigung des Kriteriums der Vergleichbarkeit wurde pro Bereich in Jena und Münster mindestens eine

---

1 Pressespiegel: Westfälische Nachrichten und Münstersche Zeitung sowie Ostthüringer Zeitung, Stadtanzeiger und Wochenblatt.

Nonprofit-Organisation in der Untersuchung berücksichtigt. Die Interviews wurden leitfadengestützt als Expertengespräche geführt, wobei sich die Dauer in der Regel auf 60 bis 90 Minuten belief.

6.3.2 Städteprofile im Vergleich

Als „Hauptstadt Westfalens" (Jacobi 1993) kommt der Bischofs- und ehemaligen Hansestadt Münster (265.000 Einwohner) in einem überwiegend ländlich geprägten Umland traditionell die Funktion eines politischen, wirtschaftlichen und kulturellen Zentrums zu. Zu nennen sind hier Einrichtungen der medizinischen Versorgung und der höheren Bildung, aber auch das breite Angebot der Kulturbetriebe sowie die lokale Gastronomie und die studentisch geprägte Kneipenszene. Ferner befinden sich in Münster zahlreiche Behörden des Regierungsbezirks Westfalen-Lippe.

Jena ist eine der fünf kreisfreien Städte Thüringens. Trotz Eingemeindung von Umlandgemeinden im Zuge der Gebietsrefom von 1993 sind die Einwohnerzahlen Jenas rückläufig. Derzeit hat die Stadt knapp 100.000 Einwohner. Jena ist bekannt zum einen durch seine alte, bereits 1588 gegründete Universität, an der berühmte Wissenschaftler und Dichter tätig waren, zum anderen als traditioneller Produktionsstandort hochwertiger optischer Produkte und Glaswaren. Ebenso wie Münster übernimmt Jena die Funktion eines Oberzentrums in einem weitgehend ländlich geprägten Umland. An erster Stelle ist hier die medizinische Versorgung zu nennen, die in Jena vor allem durch die Universitätsklinik gewährleistet wird. Darüber hinaus befindet sich auch in Jena eine Reihe von Verwaltungsbehörden. Münster wie Jena sind Universitätsstädte. Die Westfälische Wilhelms-Universität zählt etwa 45.000 Studenten und 6.337 Beschäftigte. An der Friedrich-Schiller-Universität waren im Wintersemester 1996/97 knapp 12.000 Studierende eingeschrieben und 6.250 Personen beschäftigt.

Den größten Anteil am Wirtschaftsleben Münsters haben Handel und Dienstleistungen. Mehr als drei Viertel der Beschäftigten sind im tertiären Sektor tätig (Arbeitsamt 1997). Dagegen ist der Anteil der Industrie relativ gering. Im Vergleich zu anderen nordrhein-westfälischen Städten gilt Münster als wohlhabende Beamten- und Dienstleistungsstadt. Die durchschnittliche Arbeitslosenquote (September 1996 bis September 1997) betrug für Münster 9,8 Prozent und lag damit um zwei Prozent unter dem Durchschnitt Nordrhein-Westfalens[2]. Wirtschaft und Beschäftigung waren in Jena während der DDR-Zeit zentral auf das Carl-Zeiss-Kombinat ausgerichtet und damit in hohem Maße vom produzierenden Gewerbe geprägt. Die Vereinigung bedeutete das Ende des Kombinats. Zwar blieb der Produktionsstandort Jena erhalten, doch gingen im produzierenden Gewerbe in beachtlichem Umfang

---

2 Vgl. Landesamt für Datenverarbeitung und Statistik Nordrhein-Westfalen (1997: 248).

Arbeitsplätze verloren. Der Anstieg der Beschäftigtenzahl im Dienstleistungsbereich war seitdem zwar beachtlich, doch ist es insgesamt zu einem Rückgang der Beschäftigung gekommen. Im Vergleich zu Münster ist Jena eher als ressourcenschwache Kommune zu charakterisieren, die sich zudem in einem Strukturwandel vom Industriestandort zum Dienstleistungszentrum befindet. Die Arbeitslosenquote betrug in Jena im Jahr 1996 15 Prozent und lag damit deutlich über der Münsters.

Aus einer vergleichenden Perspektive zeigen sich deutliche Unterschiede zwischen Jena und Münster, insbesondere hinsichtlich der Prägung und Entwicklung der Städte. Während seit dem Mittelalter die katholische Kirche in Münster einen dominanten Einfluss ausgeübt, wurde Jena zumindest ab Mitte des letzten Jahrhunderts überwiegend durch die Zeiss-Werke geprägt. Gilt das Bistum Münster mit traditionsreichen Namen wie Graf von Galen und Franz Hitze als Zentrum eines sozial engagierten Katholizismus, so verbindet man in Jena soziales und kulturelles Engagement vor allem mit Zeiss und insbesondere mit der Person des Unternehmers Ernst Abbe. Die Popularität von Lothar Späth als Vorstandsvorsitzender der aus dem Zeiss-Kombinat hervorgegangenen Aktiengesellschaft deutet darauf hin, dass man in Jena versucht, in gewisser Weise an diese Tradition anzuknüpfen.

Kommt dem konfessionellen Moment auch heute noch in Münster eine maßgebliche Bedeutung zu, so sind Kirche und Kirchenbindung in Jena geradezu bedeutungslos. In Münster gehören 56 Prozent der Bevölkerung der römisch-katholischen Kirche und 20 Prozent einer evangelischen Konfession an. In Jena bekennen sich nur etwa 15 Prozent der Bevölkerung zu einer christlichen Konfession. Damit liegt die Kirchenbindung in Jena sogar unter dem ostdeutschen Durchschnitt, der mit etwa 25 Prozent angegeben wird.

Analog zur prominenten Stellung der katholischen Kirche ist in Münster die CDU stark verankert. Aus allen Kommunalwahlen ging die Partei bisher als stärkste Fraktion hervor. Bis zur Kommunalwahl 1994 war die CDU in Münster daher auch ununterbrochen in der Regierungsverantwortung. Im Untersuchungszeitraum wurde Münster allerdings von einer Koalition aus SPD und Bündnis'90/Die Grünen regiert. Der Wechsel war insbesondere auf die hohen Stimmengewinne der Grünen zurückzuführen; auch war die FDP 1994 an der Fünf-Prozent-Hürde gescheitert. Inzwischen hat die CDU in den Kommunalwahlen von 1999 die absolute Mehrheit zurückgewonnen. Ist die politische Kultur in Münster in hohem Maß von Kontinuität geprägt, so war die Zeit nach der Wende in Jena durch Formierungs- und Profilierungsbestrebungen der Parteien gekennzeichnet. Wie insgesamt in Ostdeutschland ist die Mitgliederbasis der Parteien in Jena wenig ausgeprägt. Zwar hatte die PDS in den Nachwendejahren massive Mitgliederverluste hinzunehmen, dennoch war sie in Jena im Untersuchungszeitraum die mitgliederstärkste Partei (1.000 Mitglieder) und nach SPD und CDU die drittstärkste Fraktion in der Stadtverordnetenversammlung. Analog zu Münster wurde Jena zum Untersuchungszeitraum von einer Koalition aus SPD und Bündnis'90/Die Grünen regiert. Diese Minderheitsregierung verfügte aber nur über ein knappes Drittel der Sitze, so dass je nach Sachlage Mehrheiten mit Hilfe der anderen Ratsparteien gesucht werden mussten. Inzwischen haben sich die Mehrheitsverhältnisse auch in Jena zugunsten der CDU verschoben, während die PDS ihre Position behaupten konnte. Da von den Interviewpartnern wiederholt auf die Konsensorientierung der Parteien hingewiesen wurde, liegt der Eindruck nahe, dass zum Untersuchungszeitpunkt der Konsolidierungsprozess der Parteien in Jena noch nicht abgeschlossen war.

Im Gegensatz zur Politik war die Konsolidierung der Verwaltung in Jena zum Untersuchungszeitpunkt bereits relativ fortgeschritten. Hinsichtlich der Personalstärke der Verwaltung bestanden, bezogen auf die Größe der Städte, keine gravierenden Unterschiede. So wies der Stellenplan der Stadt Münster (Stand 04/1997) 3.940 Stellen aus, während der Haushaltsplan von Jena für 1997 insgesamt 1.850 Stellen vorsah. Unterschiede wurden in den Interviews allerdings hinsichtlich des Stellenwerts der Verwaltungsmodernisierung deutlich. In Münster wurde die Modernisierung nach Maßgabe des Neuen Steuerungsmodells federführend vom damaligen Kämmerer der Stadt initiiert, der dem Reformprozess eine maßgebliche Bedeutung beimaß. Neben den eher binnenorientierten Elementen der Verbesserung von Effizienz und Wirtschaftlichkeit wurde im Untersuchungszeitraum in Münster der Zielkategorie „mehr Bürgerorientierung" im Rahmen des Modernisierungsprozesses ein hoher Stellenwert eingeräumt (vgl. Kohl 1998). Im Unterschied zu Münster kam in Jena zum Untersuchungszeitpunkt der Verwaltungsmodernisierung kein zentraler Stellenwert zu. Einzelne Elemente des Neuen Steuerungsmodells, wie etwa die Einführung von Kontraktmanagement, wurden weniger der Spezifik der Verwaltungsmodernisierung, sondern eher mit der Transformation und Anpassung der Jenaer Verwaltung an grundlegend veränderte Umweltbedingungen in Verbindung gebracht.

Das Image Münsters als einer reichen Stadt bestätigte sich auch mit Blick auf den Haushalt, der entgegen dem allgemeinen Trend (vgl. Karrenberg/Münstermann 1998) in Münster im Untersuchungszeitraum ausgeglichen war, obgleich die Ausgaben kontinuierlich in jedem Jahr gestiegen waren. Das Volumen betrug 1998 1,4 Milliarden DM, was gegenüber 1997 eine Steigerung um 32 Millionen DM oder 2,4 Prozent bedeutete. Allerdings war perspektivisch nicht mit einer weiterhin positiven Entwicklung zu rechnen, da die Zahl der Sozialhilfeempfänger auch in Münster eine steigende Tendenz aufwies. Im Gegensatz zu Münster versuchte Jena im Untersuchungszeitraum, die Ausgaben zu kürzen. Mit 374 Millionen Gesamtvolumen DM plante Jena im Haushalt 1997 zwischen 10 bis 13 Millionen DM gegenüber den Ausgaben der beiden Vorjahre einzusparen. Der kommunale Handlungsspielraum war in Jena insofern gering, als immerhin mehr als drei Prozent des Haushaltes zur Tilgung von Darlehen eingeplant waren.

6.4 Der Bereich Soziale Dienste und Gesundheit

6.4.1 Gesetzliche Rahmenbedingungen

Für den Bereich Soziale Dienste und Gesundheit bestimmen Bundes- und Landesgesetze den Rahmen kommunalpolitischen Handelns. Zu nennen sind hier insbesondere das Bundessozialhilfegesetz (BSHG) sowie das Pflegeversicherungsgesetz (PflegeVG). Da im „dualen System" der Wohlfahrtspflege Nonprofit-Organisationen, namentlich den Wohlfahrtsverbänden, ein bedingter Vorrang gegenüber öffentlichen Trägern eingeräumt wird, besteht auf lokaler Ebene ein ausdifferenziertes Spektrum nicht-staatlicher Leistungsträger. Traditionell sind die Wohlfahrtsverbände in die Bedarfsplanung vor Ort direkt eingebunden (Heinze/Olk 1981; Backhaus-Maul 1998). Aufgrund der Gesetzesnovellierung in den 1990er Jahren ist es hier zumindest tendenziell zu einer Gleichstellung aller Leistungsträger gekommen. Am weitesten gehen in dieser Hinsicht die Bestimmungen des Pflegeversicherungsgesetzes. Als Tendenz lässt sich festhalten, dass bei den über Leistungsentgelte finanzierten Diensten im Sozialen und im Gesundheitsbereich der Organisationsform des Trägers keine besondere Bedeutung mehr zukommt. Während im BSHG noch ein bedingter Vorrang der Wohlfahrtsverbände bzw. der Nonprofit-Organisationen festgelegt ist, spielt die Organisationsform im Pflegeversicherungsgesetz keine Rolle.

6.4.2 Zur Stellung des Nonprofit-Sektors

Ein Blick auf die den Bürgern in den beiden Städten zur Verfügung stehenden Versorgungseinrichtungen im Bereich Soziale Dienste und Gesundheit zeigt, dass Münster über eine sehr ausdifferenzierte Angebotspalette verfügt. In Jena fällt diese dagegen vergleichsweise bescheiden aus (vgl. Tabelle 6.4.2.1). Es wird deutlich, dass es sich im Fall von Münster um eine wohlhabende Stadt handelt, demgegenüber ist Jena transformationsbedingt wesentlich schlechter gestellt.

Obgleich Münster gemessen an der Einwohnerzahl nur gut doppelt so groß ist wie Jena, verfügt die Stadt im sozialen Dienstleistungsbereich über ein weites Spektrum von Einrichtungen, wobei im Vergleich zu Jena insbesondere der Bereich der Seniorenbetreuung stark vertreten ist. Rein quantitativ, von der Zahl der Einrichtungen betrachtet, kann zum einen festgehalten werden, dass Einrichtungen in staatlicher bzw. kommunaler Trägerschaft sowohl in Münster als in Jena eine nachgeordnete Rolle zukommt. Unter Berücksichtigung der Einwohnerzahl ist das staatlich/kommunale Segment in Jena allerdings stärker präsent als in Münster.

Tabelle 6.4.2.1: Einrichtungen im Sozial- und Gesundheitsbereich

Bereich	Stadt		NPO		Andere		Insgesamt	
	Münster	Jena	Münster	Jena	Münster	Jena	Münster	Jena
Krankenhäuser/Kliniken	0	0	2	0	7	1	9	1
Senioren- und Pflegeheime	0	2	13	7	10	1	23	10
Seniorenbegegnungsstätten	7	1	48	7	0	0	55	8
Behindertenwohnheime/ Werkstätten	0	1	1	2	0	0	1	3
Sozialstationen/ Pflegedienste	0	9	16	6	20	19	36	25
Betreutes Wohnen	6	1	12	1	6	0	24	2
Übergangswohnheime für Aussiedler	1	2	0	0	0	0	1	2
Insgesamt	14	16	92	23	43	21	149	60

Datenbasis: Münster: Informationen des Sozialamtes; Jena: Bericht zur Feldarbeit Kreinkenbom/Harbeck

Wesentlich prominenter vertreten als in Jena ist in Münster der Nonprofit-Sektor. Während die Anzahl der gemeinnützigen und der kommerziellen Anbieter sich in Jena in etwa die Waage halten, sind in Münster mehr als doppelt so viele Einrichtungen in gemeinnütziger als in privat-kommerzieller Trägerschaft. In beiden Städten übersteigt die Anzahl der privat-kommerziellen Anbieter jeweils die Anzahl der staatlichen oder kommunalen Dienstleister.

So befindet sich in Münster kein Krankenhaus in der Trägerschaft der Stadt, zwei Häuser werden von Nonprofit-Organisationen betrieben, wobei eine Fachklinik als e.V. organisiert ist und ein weiteres Haus als gemeinnützige GmbH geführt wird. Die neben der Universitätsklinik vorhandenen sechs Häuser werden von Ordensgemeinschaften als GmbHs geführt und fallen so aus dem Nonprofit-Bereich heraus. In Jena sind alle Krankenhäuser der Universitätsklinik zuzurechnen, auf dem NPO-Sektor bemüht sich lediglich ein Verein „Anthroposophische Medizin" um die Gründung eines eigenen Hauses.

In Münster wie in Jena finden sich die meisten privat-kommerziellen Anbieter im Bereich der Pflegedienste. Wie noch gezeigt wird, sind in Münster hier auch inzwischen als GmbH organisierte Mitgliederorganisationen der Wohlfahrtsverbände zu finden. Ähnlich wie bei den Krankenhäusern ist im hoch regulierten Pflegebereich ein Wechsel der Trägerschaftsstrukturen festzustellen. An die Stelle von eingetragenen Vereinen (e.V.) treten zunehmend nicht-gemeinnützig organisierte Anbieter, die aber durchaus noch Mitgliederorganisationen eines Wohlfahrtsverbandes sein können.

Insgesamt lässt sich hinsichtlich der Verteilung der Trägerschaftsformen in beiden Städten eine starke Stellung des Nonprofit-Sektors festhalten, die allerdings in Jena durch einen vergleichsweise hohen Anteil privat-kommerzieller Anbieter sowie durch einen größeren kommunalen Anteil leicht modifiziert ist. Im Folgenden wird die interne Strukturierung des Nonprofit-Sektors in den beiden Städten näher betrachtet.

6.4.3 Die interne Strukturierung des Nonprofit-Sektors in Münster und Jena

Eine bereichsspezifische Betrachtung der Nonprofit-Organisationen ergibt in Münster das folgende Bild:

- Der Caritasverband ist nach Angebotspalette, Umsatz und Personal der zentrale Anbieter. Er versteht sich als modern geführtes „Dienstleistungsunternehmen, das nach ökonomischen Prinzipien arbeitet."[3] Der Verband machte keine Angaben zur Anzahl seiner Beschäftigten; Schätzungen gehen aber von etwa 800 Mitarbeitern aus. Die Caritas Münster ist als Holding organisiert, der sowohl e.Vs. als auch nicht-gemeinnützige Organisationen angeschlossen sind. So sind alle Einrichtungen der stationären und teilstationären Alten- und Behindertenhilfe, der ambulanten Pflege sowie die Sozialstationen der „Caritas Betriebsführungs- und Trägergesellschaft Münster mbH" angeschlossen, während das Fachseminar für Altenpflege als GmbH organisiert ist. Zu den als e.V. organisierten Mitgliedern des Verbandes zählen unter anderem der Sozialdienst katholischer Frauen sowie der Katholische Verein für Soziale Dienste (Caritas 1997a).
- Ebenfalls prominent vertreten ist das Diakonische Werk, das 1996 rund 520 Mitarbeiter und 50 Zivildienstleistende beschäftigte.
- Dem Deutschen Roten Kreuz – Kreisverband Münster e.V. (DRK) – kommt mit rund 120 Mitarbeitern, 56 Zivildienstleistenden und 15.000 persönlichen Mitgliedern ebenfalls eine beachtliche Bedeutung zu.[4] Schwerpunkt der Arbeit des DRK sind die ambulanten Dienste.
- Die AWO – Kreisverband Münster e.V. – verfügt über circa 140 Mitarbeiter (vgl. AWO 1997). Analog zur Caritas ist auch die AWO dazu übergegangen, Arbeitsbereiche nicht mehr gemeinnützig zu organisieren. So werden die Behindertenwerk- und -wohnstätten als gemeinnützige GmbH geführt (ebenda).
- Dem Paritätischen Wohlfahrtsverband – Kreisgruppe Münster (DPWV) – als Dach der nicht konfessionell oder weltanschaulich orientierten Nonprofit-Organisationen sind über 106 Mitgliedsorganisationen[5] mit

---

3 Caritasverband für die Stadt Münster (1996): Wegweiser: 2.
4 Interview mit: Deutsches Rotes Kreuz, Kreisverband Münster, Geschäftsführer, 20.10.1997.
5 Die durchschnittliche Mitgliederzahl der 54 Kreisgruppen in Nordrhein-Westfalen liegt bei 50 (vgl. DPWV 1997a).

rund 450 hauptamtlichen Mitarbeitern angeschlossen. Die vergleichsweise starke Stellung des DPWV ist vor allem auf die etwa ab Mitte der 1970er Jahre entstandenen Vereine und Initiativen zurückzuführen, die in der Universitätsstadt zumindest anfänglich dem Umfeld der neuen sozialen Bewegungen zuzurechnen waren. Zum Untersuchungszeitpunkt waren in der Geschäftsstelle des DPWV 20 Mitarbeiter und sieben Zivildienstleistende (vgl. DPWV 1997) beschäftigt. Der DPWV bietet hier auch direkt Dienste an,[6] wozu der Mahlzeitendienst „Essen auf Rädern" und die Trägerschaft der Münsteraner Informations- und Kontaktstelle für Selbsthilfe (MIKS) zu zählen sind.

- Ergänzend ist die Jüdische Gemeinde als kommunaler Verband der Zentralwohlfahrtsstelle der Juden in Deutschland mit zwei Angeboten im Rahmen der Jugend- und Sozialarbeit zu erwähnen.
- Die Hilfsorganisationen – Malteser-Hilfsdienst (MHD), Johanniter-Unfall-Hilfe (JUH) und Arbeiter-Samariter-Bund (ASB) – bieten schwerpunktmäßig Fahrdienste an. Der MHD (kath.) beschäftigt 17 hauptamtliche Mitarbeiter und 40 Zivildienstleistende.[7] Das evangelische Pendant, die JUH, arbeitet mit 27 Hauptamtlichen und 17 Zivildienstleistenden.[8] Der ASB verfügt über 15 hauptamtliche Mitarbeiter und 50 Zivildienstleistende.[9]
- Ferner lässt sich ein breites Spektrum kleinerer Organisationen bzw. Vereine feststellen, die meist dem DPWV angeschlossen sind. Zum einen bieten diese Vereine Dienste für sehr spezifische Zielgruppen an. Als größter dieser Art von Vereinen ist die Lebenshilfe mit 55 Beschäftigten zu nennen. Zum anderen handelt es sich um Fördervereine, die etablierte Dienstleister, wie etwa Krankenhäuser oder Pflegeheime, unterstützen. Einen weiteren Typ stellen ausschließlich auf ehrenamtliches Engagement rekurrierende Vereine dar, die individuelle Hilfen anbieten. Ein Beispiel hierfür ist die „Münster-Tafel".
- Ergänzend zu nennen sind die rund 300 Selbsthilfegruppen (MIKS 1996a), von denen etwa die Hälfte inzwischen als e.V. organisiert ist, insbesondere da ihre Angebote eine gewisse finanzielle Basis voraussetzen, wenn eine bezahlte Betreuung gewünscht wird, eine ABM-Kraft eingestellt oder ein Beratungstelefon eingerichtet werden soll.[10]
- Schließlich sind 16 Stiftungen zu nennen, denen zum einen als Träger von Einrichtungen, zum anderem als Financiers von sozialen Leistungen

---

6 1984 wurde auf Landesebene beschlossen, nur noch Mitgliederbetreuung zu betreiben. Dieser Beschluss wurde 1992 revidiert, um auf Kreis- und Stadtebene die finanziellen Gestaltungsspielräume zu erhöhen.
7 WN, 06.08.1998: Porträt des MHD innerhalb der Serie „Profis in Sachen Hilfe".
8 WN, 04.08.1998: Porträt der JUH innerhalb der Serie „Profis in Sachen Hilfe".
9 WN, 21.07.1998: Porträt des ASB innerhalb der Serie „Profis in Sachen Hilfe".
10 Interview mit: Münsteraner Informations- und Kontaktstelle für Selbsthilfe (MIKS), Mitarbeiterin, 21.10.1997.

eine ganz entscheidende Bedeutung zukommt. Acht Stiftungen werden treuhänderisch von der Stadt verwaltet (Jacobi 2000). Während die nicht von der Stadt verwalteten Stiftungen als Anstaltsstiftungen vor allem im Bereich der Altenpflege operativ tätig sind, verfügen die städtisch verwalteten Stiftungen aufgrund von Immobilien und Kapitalien über ein Vermögen von 230 Millionen DM, dessen Erträge zur Finanzierung von sozialen Leistungen und insbesondere für die Förderung der Selbsthilfe sowie in zunehmenden Maße zur Unterstützung des ehrenamtlichen Engagements eingesetzt werden. Die treuhänderische Stiftungsverwaltung ist dem Sozialdezernat der Stadt zugeordnet, so dass das Dezernat in beachtlichem Umfang über zusätzliche „freie" Mittel verfügt. Eine herausragende Stellung nimmt die Stiftung Siverdes ein, die laufende Arbeiten und Projekte von Selbsthilfegruppen mit jährlich rund 250.000 DM unterstützt.

Auch in Jena findet sich ein breites Spektrum von gemeinnützigen Organisationen im sozialen Bereich. Die Wohlfahrtsverbände haben hier ebenfalls eine zentrale Position inne, doch im Gegensatz zu Münster kommt den konfessionellen Verbänden keine prominente Bedeutung zu:

- Der bedeutendste Wohlfahrtsverband in Jena ist das Deutsche Rote Kreuz – Kreisverband Jena-Eisenberg-Stadtroda. Die „Vorwendeorganisation" DRK beschäftigte 1997 270 Mitarbeiter und 80 Zivildienstleistende, die durch 250 ehrenamtliche Helfer unterstützt wurden.[11] Auch der Rettungsdienst ist in der Obhut des DRK, dem 12.000 persönliche Mitglieder (7.500 davon in der Stadt Jena) angehören.
- Die Arbeiterwohlfahrt – Kreisverband Jena e.V. ist gemessen an ihren Mitarbeitern der zweitgrößte Verband der Stadt. Die AWO beschäftigt 93 Mitarbeiter sowie zwei Zivildienstleistende. Als „Import" aus den alten Ländern hat die AWO mit lediglich 146 Mitgliedern im Vergleich zum DRK jedoch einen nur geringen Rückhalt in der Bevölkerung. Der Verband hat sich vor allem im Zuge der Übernahme staatlicher sozialer Einrichtungen etabliert. Auch die Kontaktstelle für Selbsthilfegruppen, die in Jena im Rahmen eines Bundesmodellvorhabens eingerichtet wurde, befindet sich in ihrer Trägerschaft.
- Dem Deutschen Paritätischen Wohlfahrtsverband, der in der Stadt keine Geschäftsstelle unterhält, ist als größter Mitgliedsverein die Volkssolidarität – Kreisverband Jena-Saale-Holzlandkreis e.V. angeschlossen, die zu den „Vorwendeorganisationen" zählt und mit ca. 4.000 Mitgliedern über eine feste Basis in der Bevölkerung verfügt. Weitere „große" Mitglieder des DPWV sind die Lebenshilfe für das behinderte Kind und der Arbeiter-Samariter-Bund.

---

11 Interview mit: DRK-Kreisvorstand, Geschäftsführer, 12.05.1997.

- Die Caritas gehört ebenfalls zu den „Vorwendeorganisationen". Mit weniger als drei Mitarbeiterinnen hat die Caritas im Vergleich zu Münster jedoch eine eher marginale Bedeutung.
- Die Kreisstelle des Diakonischen Werkes ist lediglich Träger einer Sozialstation und eines Seniorenzentrums und damit in der Leistungserstellung relativ bedeutungslos. Ein vormals kommunales Pflegeheim, das 1997 übernommen wurde, ist als gemeinnütziger Diakonie-Verbund Eisenach GmbH ausgegliedert worden.
- Die Hilfsdienste Malteser-Hilfsdienst (MHD), Johanniter-Unfall-Hilfe (JUH) und Arbeiter-Samariter-Bund (ASB) haben sich vor allem in den Fahrdiensten eine feste Position geschaffen. Der ASB hat sich daneben auch als sozialer Dienstleister etablieren können.[12]
- Ferner sind rund 70-80 Selbsthilfegruppen zu nennen, die hauptsächlich im Bereich der Gesundheitshilfe tätig sind. Allerdings finden sich auch Gruppen, die Hilfe für Arbeitslose und Senioren sowie für Menschen in besonderen Situationen, wie etwa alleinerziehende Frauen, anbieten. Auch hier sind einige Gruppen als e.V. organisiert, und zwar dann, wenn das Leistungsspektrum über die Gruppe hinaus durch Fortbildungsveranstaltungen oder Beratungen ausgeweitet wurde.

Des Weiteren findet sich eine Reihe von Seniorengruppen, die aus den Gewerkschaften[13] und dem ehemaligen Kombinat Carl Zeiss hervorgegangen sind.

Die Strukturierung der Nonprofit-Organisationen im Bereich Soziale Dienste weist in Münster und Jena vielfältige Gemeinsamkeiten auf. In beiden Städten zeichnet sich der Bereich durch Trägerpluralität aus, wobei in beiden Kommunen die Wohlfahrtsverbände stark vertreten sind. Gleichzeitig gibt es in Jena und in Münster eine große Zahl von Selbsthilfegruppen. Vergleicht man die jeweilige Trägerlandschaft, so zeigt sich deutlich die Milieubindung der Nonprofit-Organisationen. In der Bischofsstadt Münster sind die konfessionell gebundenen Wohlfahrtsverbände die stärksten Dienstleister. In Jena fällt dagegen auf, dass vor allem die Verbände stark sind, die schon vor der Wende in der DDR große Aktivität gezeigt haben; das DRK macht dies besonders deutlich, aber auch die Volkssolidarität unter dem DPWV hat eine bedeutende Stellung. Die konfessionellen Verbände spielen dagegen nur eine untergeordnete Rolle, auch wenn sie wie die Caritas schon in der DDR aktiv waren. Die aus den alten Bundesländern nach Jena gekommenen Verbände haben, wie die AWO zeigt, Schwierigkeiten, sich bei der Bevölkerung zu etablieren, und auch der DPWV hat letztlich nur Bedeutung aufgrund der mitgliederstarken Volkssolidarität als einer „Vorwendeorganisation".

---

12 Mitgliedsorganisationen-Parität in Jena.
13 Z.B. die Seniorenwandergruppe der SG Handel, erwähnt in der Ostthüringer Zeitung vom 10.10.1997.

Im Hinblick auf die Veränderungen der Trägerlandschaft lässt sich vor allem in Münster ein klarer Trend ablesen. In den Arbeitsbereichen, die durch die Sozial- und Pflegegesetzgebung hoch reguliert sind und in denen die Organisationen weitgehend auf Leistungsentgelte rekurrieren, kommt es verstärkt zur Änderung der Organisations- und Rechtsform. Mit der Auslagerung von Diensten in GmbHs und mbHs haben die Wohlfahrtsverbände in einigen Sparten den Auszug aus dem Nonprofit-Bereich begonnen und organisieren diese Dienstleistungserstellung zunehmend in nicht-gemeinnützigen Rechts- und Organisationsformen. Da aber auch die nicht-gemeinnützige Organisation unter dem Dach des Verbands verbleibt, geht der Verbandseinfluss nicht verloren. Die Caritas ist nach wie vor der zentrale Anbieter in Münster und hat als solcher auch weiterhin einen entscheidenden Einfluss auf die Bedarfsplanung.

6.4.4 Kommunale Förderung

Sozialetat

In Münster betrug das Budget des Sozialdezernats im Haushaltsansatz 1997[14] insgesamt 293 Millionen DM, das waren rund 29 Prozent der Gesamtsumme des Verwaltungshaushaltes. Das Budget des Sozialamts hatte hieran mit 145 Millionen DM (49,5%) den größten Anteil. Innerhalb des Zeitraums von 1995-1997 erhöhte sich der Etat des Sozialamts erheblich.[15] Der Haushaltsansatz 1997 bedeutet gegenüber 1995 eine Steigerung von 14 Millionen DM oder 10,7 Prozent. Das freie Budget (12,2 Millionen DM) blieb nominell konstant, verringerte sich anteilig allerdings von 9,2 auf 8,4 Prozent.

Für das Haushaltsjahr 1997 hatte die Stadt Jena für den Bereich Soziales einschließlich der Kinder- und Jugendhilfe Ausgaben von insgesamt knapp 91 Millionen DM eingeplant. Davon entfielen 35,1 Millionen DM auf das Budget des Sozialamts. Im Vergleich zum Vorjahr ließ sich hier ein Rückgang von rund 14 Millionen DM feststellen, was im Wesentlichen auf das Inkrafttreten der zweiten Stufe der Pflegeversicherung zurückzuführen war. Im Bereich der Förderung der Wohlfahrtspflege lassen sich im Vergleich zu den Vorjahren nur kleine Änderungen festhalten, wobei dessen prozentualer Anteil am gesamten Sozialetat im Vergleich zu 1996 von 5,3 auf 7,1 Prozent zugenommen hat.

---

14 Vgl. hierzu und im Folgenden: Stadt Münster, Haushaltsplan 1997.
15 Die Ausgabenseite verringerte sich zwar nominell von 186 Mio. DM (1995) auf 145 Mio. DM (1995), jedoch sind die Ausgaben gegenüber 1995 um 55 Mio. DM zu bereinigen. Diese Summe war unter neutralen Haushaltsstellen verbucht und betraf die Einnahmen und Ausgaben des örtlichen Trägers, die durch die Übertragung von Aufgaben des überörtlichen Trägers entstehen. Diese werden ab dem Haushaltsjahr 1997 über das Sachbuch für haushaltsfremde Vorgänge abgewickelt.

Tabelle 6.4.4.1: Die Ausgaben der Sozialämter in Münster und in Jena nach Verwendungszweck

Verwendungszweck	Summe der Ausgaben in Münster i		Summe der Ausgaben in Jena	
	in Mio. DM	in Prozent	in Mio. DM	in Prozent
Sozialverwaltung	12,7	8,7	5,3	15,1
Hilfe zum Lebensunterhalt	82,3	56,7	22,7	64,7
Weitere Hilfe aufgrund verschiedener rechtlicher Grundlagen	34,9	24,1	0,8	2,3
Förderung der Wohlfahrtspflege	5,7	3,9	2,5	7,1
Sonstige freiwillige Aufgaben	6,5	4,5	3,8	10,8
Sonstige Ausgaben	3,1	2,1	-	0
Insgesamt	145,2	100	35,1	100

Datenbasis: Haushaltspläne Münster und Jena 1997

Im Vergleich der beiden Städte zeigt sich die gute Ressourcenausstattung Münsters, während der Bereich Soziales in Jena mit einem wesentlich niedrigeren Etat auskommen muss. In beiden Städten wird deutlich mehr als die Hälfte der Ausgaben für den Bereich der Hilfe zum Lebensunterhalt verwendet. Im Vergleich zu Münster gehen anteilsmäßig in Jena deutlich höhere Mittel an die Sozialverwaltung.

Vergabepraxis

An finanzieller Förderung wurden Nonprofit-Organisationen im Sozial- und Gesundheitswesen in Münster 1997 innerhalb des freien Budgets 7,2 Millionen DM und in Jena rund 1,9 Millionen DM bereitgestellt. Bezogen auf die Einwohnerzahl der Städte ergibt sich, dass in Münster pro Einwohner rund 28 DM und in Jena lediglich 17 DM aufgebracht werden. Hierbei sind im Fall von Münster die Stiftungsgelder als nicht-kommunale Mittel nicht mitberücksichtigt, so dass sich hier im Vergleich zu Jena ein deutlich höheres Förderungsniveau ergibt.

In Münster wird fast ausschließlich institutionell gefördert. 1997 standen lediglich 124.000 DM als Projektmittel zur Verfügung. Die Vereine stellen einen Antrag an den Ausschuss oder direkt an den Rat. Bei Bewilligung wird die Fördersumme mehr oder weniger automatisch im nächsten Haushaltsjahr fortgeschrieben. Pro Haushaltsjahr ist ein Verwendungsnachweis zu erstellen.[16] Bei Trägern, die gleich mehrere Dienstleistungen anbieten, werden Zuschüsse für bestimmte, schriftlich fixierte Aufgabenfelder vergeben. Diese Form der Förderung ist jedoch nicht mit einem Leistungsvertrag gleichzuset-

---

16 Zuschussbescheid (Muster) der Stadt Münster, Sozialamt, über eine Pauschalförderung an einen Verein.

zen, sondern stellt eine Form der auf Dauer gestellten institutionellen Förderung dar.

Schwerpunktmäßig werden in Münster die Wohlfahrtsverbände gefördert, an die im Jahr 1997 Mittel in Höhe von 875.000 DM gingen. Die Mittel werden von den Verbänden praktisch „unter sich" nach Beschluss der AG 95[17] und nach Stärke der Verbände aufgeteilt.[18] Insgesamt ist die Förderung in Münster auf Wachstum angelegt, da zahlreiche Zuschussvereinbarungen eine Klausel über die Dynamisierung der Mittel, d.h. eine bestimmte jährliche Steigerungsrate, enthalten. In diesem Zusammenhang bemerkte treffend der Kämmerer der Stadt Münster:

„*Freiwillige Aufgaben werden zu Pflichtaufgaben, wenn man sie erst mal übernommen hat.*"[19]

Auch in Jena erfolgt die Mittelvergabe auf Antragstellung, und zwar gemäß den dafür erarbeiteten Richtlinien,[20] wobei „die Zuschüsse ... ausschließlich und unmittelbar für den im Antrag zu bezeichnenden Zweck zu verwenden"[21] sind. Unter Berücksichtigung des vorgegebenen Budgets unterbreitet die Verwaltung dem Sozialausschuss einen Vorschlag für die Behandlung der einzelnen Anträge, über den im Rat entschieden wird.[22]

Anders als in Münster wird in Jena keine Pauschalförderung an die Wohlfahrtsverbände gewährt, vielmehr werden die Zuschüsse vom Jenaer Sozialamt jeweils direkt an die Einzelorganisation vergeben. Als Zuschussformen sind Anteils-, Fehlbedarfs- und Festbetragsfinanzierung möglich, wobei vor der Bewilligung jeweils zu prüfen ist, welche Finanzierungsart „den Grundsätzen der Wirtschaftlichkeit und Sparsamkeit am besten entspricht."[23] So erhielt beispielsweise die AWO einen 10-prozentigen Zuschuss zu den Kosten ihrer Geschäftsstelle, musste jedoch die „Verwendung der Mittel genau spezifizieren".[24] Darüber hinaus muss angemerkt werden, dass die Fördermittel, die für die Wohlfahrtsverbände bereit gestellt werden, eine rückläufige Tendenz aufweisen.

Zurückzuführen ist der Rückgang der Fördermittel um mehr als die Hälfte seit 1995 auf die Bestrebungen der Wohlfahrtsverbände, ihre Aktivität auf

---

17 Ein bereichsübergreifendes strategisches Gremium, an dem die Geschäftsführer der Wohlfahrtsverbände und die Verwaltungsspitze teilnehmen.
18 Caritas 35%, Diakonisches Werk 20%, AWO, DRK und DPWV je 15%.
19 Interview mit: Kämmerer der Stadt Münster am 07.05.1997.
20 Richtlinien des Sozialamtes der Stadt Jena zur Förderung der Träger der freien Wohlfahrtspflege vom 1. Januar 1997.
21 Ebenda.
22 Richtlinien des Sozialamtes der Stadt Jena zur Förderung der Träger der freien Wohlfahrtspflege vom 1. Januar 1997.
23 Ebenda.
24 Interview mit: AWO, Geschäftsführer, 05.06.1997.

Bereiche zu verlagern, in denen eine volle Finanzierung durch Leistungsentgelte erreicht werden kann.

Tabelle 6.4.4.2: Entwicklung der Fördermittel an Wohlfahrtsverbände

	1995	1996	1997
Höhe der Fördermittel, in Tsd. DM	686	498	311
Entwicklung zum Vorjahr, in %	-	- 27,4	- 37,6

Datenbasis: Stadt Jena, Haushaltsplan 1997

Dieser Trend ist für Jena in besonderem Maße herauszustellen. Wie in den Interviews deutlich wurde, versuchen Kommune und soziale Dienstleister hierdurch insbesondere den Beschäftigungsstand zu halten. Dabei wird die Nonprofit-Organisation in gewisser Weise als wirtschaftlich orientierter Kooperationspartner der Kommune bzw. als „kommunaler Subunternehmer" betrachtet.

6.4.5 Kooperation zwischen Nonprofit-Organisationen und der Kommune

Münster

In Münster lassen sich hinsichtlich der Zusammenarbeit zwischen Nonprofit-Organisationen und Kommune im Bereich Soziales drei Formen feststellen. Zum einen gibt es in Münster etablierte Gremien der gemeinsamen Planung und Koordination, in denen vor allem die Wohlfahrtsverbände ihren Einfluss geltend machen. Als Beispiel kann hier die AG 95 genannt werden, die bereichsübergreifend die Geschäftsführer der Wohlfahrtsverbände und die Verwaltungsspitze zusammenführt. Wie bereits erwähnt, wird in diesem klassisch neokorporatistischen Gremium unter anderem über die Aufteilung des Zuschusses an die einzelnen Wohlfahrtsverbände entschieden.

Zum anderen kommt dem klassischen Lobbying eine wichtige Bedeutung zu. So bemerkte der stellvertretende Leiter des Sozialamtes im Interview:

„Lobbyarbeit ist für Vereine und Verbände fast wichtiger als ein konzeptionell durchdachter Antrag, und die Politik hat ganz oft einfach Angst, einen Negativbescheid zu fällen. [...] Die NPO haben ihre Pfründe gesichert und in den vergangenen Jahren des Wohlstandes sogar ausgebaut; jetzt dort Kürzungen anzusetzen, würde ein riesiges Geschrei auslösen. Und die NPO sind ja sehr geschickt darin, die Presse zu mobilisie-

ren und sich öffentlich in der Opferrolle der Technokraten darzustellen."[25]

Die Verwaltung versucht, dieser Praxis entgegenzuwirken, indem sie verstärkt das Instrument des Kontraktmanagements einsetzt, wodurch die Zusammenarbeit transparenter gestaltet und gleichzeitig die Kontrolle der Verwaltung gegenüber der Leistungserstellung der NPOs erhöht werden soll. Der Trend, die Zusammenarbeit zwischen Kommune und Nonprofit-Organisationen nach Maßgabe des Neuen Steuerungsmodells zu gestalten, ist in Münster deutlich zu erkennen. So wurde in den Interviews wiederholt bestätigt, dass der Bereich der Sozialen Dienste verstärkt unter wettbewerbsähnliche Bedingungen gestellt wird. Da in Münster eine deutliche Macht- und Einflussasymmetrie gerade zwischen den konfessionellen Wohlfahrtsverbänden und den anderen gemeinnützigen Anbietern von Sozialen Diensten festzustellen ist, wird die Umstellung auf Vertragsbeziehungen insofern auch von Seiten der Träger eher begrüßt, da gerade die kleineren Anbieter sich dadurch eine Verbesserung ihrer Chancenstruktur ausrechnen.

In der Praxis muss jedoch festgestellt werden, dass die Einführung von Kontrakten die Bedeutung der Lobbyarbeit in Münster bisher nicht zurückgedrängt hat. Vielmehr setzt Lobbying jetzt zu einem früheren Zeitpunkt, und zwar bei der Ausarbeitung der Verträge, an. Perspektivisch werden die vertragsförmig gestalteten Beziehungen zwischen Kommune und Nonprofit-Organisationen jedoch einen höheren Stellenwert erhalten. Da unter diesen Bedingungen die Organisations- und Trägerschaftsform eher von nachrangiger Bedeutung ist, bleibt abzuwarten, ob es in diesem Bereich analog zum Gesundheitswesen in noch stärkerem Maße als bisher zur Auslagerung von Einrichtungen bzw. zur „GmbH-isierung" von Organisationen kommen wird.

Schließlich gewinnt in Münster eine dritte Form der Kooperation zunehmend an Bedeutung, die eher sozialräumlich bzw. stadtteilbezogen und damit dezentral ausgerichtet ist. Danach wird auf Stadtteilebene von den kommunalen sozialen Diensten in Kooperation mit den gemeinnützigen Organisationen der Bedarf im Stadtteil ermittelt. Die freien Träger übernehmen daran anschließend weitgehend die Leistungserstellung (vgl. Stadt Münster 1998a). Ferner wird ebenfalls auf Stadtteilebene eine Vielzahl von Arbeitskreisen und „Runden Tischen" initiiert, an denen sowohl betroffene Bürger als auch die Vertreter der im Stadtteil arbeitenden Nonprofit-Organisationen beteiligt sind. Im Zusammenhang mit dieser dezentral angelegten Kooperationsstrategie ist die aktive Förderung der Freiwilligenarbeit zu sehen. So wurde vom Sozialdezernat in Kooperation mit dem Diakonischen Werk zum Zeitpunkt der Untersuchung ein Modellprojekt initiiert, das in einem Stadtteil die freiwilligen Ressourcen der Gemeindediakonie gezielt und

---

25 Interview mit: Stadt Münster – Sozialamt, stellvertretender Amtsleiter, 22.05.1997.

koordiniert als Ergänzung und Prävention von stationärer Pflege einsetzen und fördern soll. Bewährt sich das Projekt, ist eine Ausdehnung auf das gesamte Stadtgebiet vorgesehen.[26] Parallel dazu entwickelt das Sozialdezernat das Konzept einer Ehrenamtsbörse. Ergänzend ist hier anzumerken, dass diese Form der sozialräumlichen Kooperation unter Aktivierung ehrenamtlichen Engagements in Münster vor allem durch Stiftungsgelder gefördert wird. So soll die Ehrenamtsbörse nicht aus dem kommunalen Etat, sondern ausschließlich mit Stiftungsmitteln finanziert werden.

Jena

Auch in Jena erfolgt die Kooperation zwischen Nonprofit-Organisationen und Kommune zunehmend auf Vertragsbasis. Allerdings wird hier das Instrument des Kontraktmanagements nicht eingesetzt, um dem Lobbying entgegenzuwirken, sondern um den Nonprofit-Organisationen zu Planungssicherheit zu verhelfen. Seit dem „Wegbrechen des zweiten Arbeitsmarktes"[27] und der problematischen Hauhaltslage wird von Seiten der Verwaltung die jährliche Förderung der freien Träger nicht mehr als geeignet erachtet, das bisherige Dienstleistungsniveau aufrecht zu erhalten.[28] An die Stelle der jährlichen Förderung, wobei von den Leistungserstellern ein Eigenanteil aufzubringen ist, treten Leistungsvereinbarungen, die vorrangig mit denjenigen Organisationen abgeschlossen werden, die in diesem Bereich schon engagiert sind und mit denen die Verwaltung bereits seit längerem zusammenarbeitet.[29] In diesem Zusammenhang bemerkte der Dezernent für Kultur und Soziales im Interview:

„Es gibt wohl auch den Weg, dass Leistungsvereinbarungen auf dem Wege entstehen, dass sich bestimmte soziale Angebote in der Stadt auf dem Wege der Versorgung durch den zweiten Arbeitsmarkt etabliert haben, deren Qualität allgemein anerkannt wird. In solchen Fällen ist es typisch, auf den Weg der Ausschreibung zu verzichten und dieses Angebot abzusichern und es in dieser Trägerschaft zu belassen."[30]

In Jena sind Leistungsvereinbarungen bzw. längerfristig angelegte vertraglich geregelte Kooperationsbeziehungen nur in den Bereichen zu finden, in denen Nonprofit-Organisationen als „Subunternehmer" Pflichtaufgaben der Kommune übernehmen. Die vertraglichen Vereinbarungen werden von den freien

---

26 MZ, 27.01.1998: Modellprojekt der Hiltruper Gemeindediakonie: „Hilfegemeinschaft" für Pflegebedürftige.
27 Interview mit: Dezernent für Kultur und Soziales, 14.05.1997.
28 Interview mit: Leiter des Sozialamtes, 22.04.1997.
29 Interview mit: Dezernent für Kultur und Soziales, 14.05.1997, und Interview mit dem Vorsitzenden des Sozialausschusses, 24.04.1997.
30 Interview mit: Dezernent für Kultur und Soziales, 14.05.1997.

Trägern begrüßt, wenn nicht sogar aktiv eingefordert, weil diese sie aus der typischen Situation der Jenaer Vereine befreien. In der Regel wurden hier Dienstleistungen mit Hilfe von nur kurzfristig über ABM finanziertem Personal, über sonstige Arbeitsfördermaßnahmen oder mit Mitteln aus Modellprojekten aufgebaut. Beim Auslaufen dieser Maßnahmen ist oft die gesamte Arbeit gefährdet. Leistungsverträge schaffen so für die freien Träger eine kalkulierbare Grundlage und Planungssicherheit und erlauben die Einrichtung regulärer Arbeitsplätze.[31]

Vertragliche Vereinbarungen dienen in Jena somit in erster Linie der Sicherung von Arbeitsplätzen. Auf keinen Fall wird von Seiten der Verwaltung mit der Umstellung auf Leistungsvereinbarungen eine Wettbewerbsorientierung nach Maßgabe des Neuen Steuerungsmodells verbunden. Wie der Leiter des Sozialamtes im Interview deutlich machte, wird in Jena Wettbewerb als Steuerungsinstrument im sozialen Bereich eher abgelehnt:

„Ich persönlich bin kein Freund von hartem Wettbewerb im sozialen Bereich. Ich bin auch demgegenüber kritisch, dass die Pflegeversicherung diesen Wettbewerb per Gesetz eröffnet hat. Da kommt es zu ganz dramatischen Vorgängen. Das ist ein Kampf, der sich häufig auf dem Rücken der Pflegebedürftigen abspielt."[32]

Ähnlich wie in Münster im Rahmen der AG 95 delegiert die Kommune auch in Jena bestimmte Förderentscheidungen an Nonprofit-Organisationen. Während dies in Münster vorrangig in Kooperation mit den Wohlfahrtsverbänden erfolgt, hat man in Jena die Koordination und Abstimmung von Anträgen von Selbsthilfegruppen für städtische Zuschüsse an die „Informations- und Kontaktstelle für Selbsthilfe" (IKOS) delegiert. IKOS hat zusammen mit den Vereinen Förderrichtlinien ausgearbeitet. Die Mittelvergabe erfolgt auf dem Antragsweg, wobei die Anträge von einem IKOS-Vertreter und einem „Selbsthilfebeirat", bestehend aus sechs gewählten Vertretern der Selbsthilfegruppen, auf ihre Verhältnismäßigkeit gesichtet werden.[33] Die Anträge werden dem Sozialausschuss gesammelt vorgelegt und in einer Ausschusssitzung mündlich von IKOS vorgestellt.

Im Unterschied zu Münster, wo insbesondere die konfessionellen Verbände über erhebliche Markt- wie auch indirekt vermittelte politische Macht verfügen, ist die Zusammenarbeit zwischen den Nonprofit-Organisationen und der Verwaltung in Jena in starkem Maße von einer Art Fürsorglichkeit gegenüber den freien Trägern geprägt. Als Grund hierfür ist anzuführen, dass die Sozialverwaltung wegen der veränderten gesetzlichen Rahmenbedingungen nach der Vereinigung mit der Aufgabe konfrontiert war, die Erstellung sozialer Dienstleistungen zu entstaatlichen und den Aufbau einer pluralen

---

31 Interview mit: Jenaer Betreuungsverein, Geschäftsführerin, 13.05.1997.
32 Interview mit: Leiter des Sozialamtes, 22.04.1997.
33 Interview mit: Geschäftsführerin von IKOS, 06.05.1997.

Trägerlandschaft zu fördern. Insofern half und hilft die Kommune freien Trägern nachhaltig bei der Organisationsgründung und dem Vereinsaufbau. Die Unterstützung zeigt sich unter anderem daran, dass Verwaltungsmitarbeiter bis hin zum Amtsleiter in den betreffenden Organisationen Mitglied sind und sich auch aktiv engagieren. So gab der Leiter des Sozialamtes im Interview an, dass er Mitglied der AWO und der Lebenshilfe sei, die er zum Teil mitgegründet und aufgebaut habe.[34] Aufbauhilfen leistet die Kommune ferner im Rahmen von Arbeitskreisen oder durch die Planung von publikumswirksamen Veranstaltungen, wie etwa der Gesundheitswoche oder der Woche der Senioren, bei denen freie Träger die Möglichkeit der Eigenpräsentation erhalten. Schließlich muss in diesem Zusammenhang auch die indirekte Förderung in Form von Schenkungen ausrangierter Büroeinrichtungen oder in Form von vorübergehender kostenloser Bereitstellung von Büroräumen durch die Kommune genannt werden.[35]

6.4.6 Perspektiven und Trends

In Münster haben Nonprofit-Organisationen im Bereich der Sozialen Dienste eine starke Position inne. Die Trägerlandschaft hat sich in den vergangenen Jahren erheblich diversifiziert, wodurch die starke Stellung des DPWV in Münster zu erklären ist. Allerdings wurde die zentrale Bedeutung der konfessionellen Verbände als „Marktführer" hierdurch nicht in Frage gestellt. Demgegenüber ist das gemeinnützige Moment im Bereich Soziale Dienste in Jena vergleichsweise schwächer ausgeprägt. Allerdings zeigt sich auch hier eine Pluralität der Anbieter, wobei den Wohlfahrtsverbänden ebenso wie in Münster die größte Bedeutung zukommt. Im Unterschied zu Münster sind die konfessionellen Verbände im Nonprofit-Sektor in Jena aufgrund ihrer mangelnden soziokulturellen Einbindung nur schwach vertreten. „Marktführer" ist hier das DRK, das als „Vorwendeorganisation" über die meisten Mitarbeiter verfügt, gefolgt von der AWO, die nur in geringem Maße in der Bevölkerung verankert ist. Es liegt nahe, die vergleichsweise starke Position der AWO in Jena auf den Einfluss der Mehrheitsfraktion im Rat zurückzuführen.

Als markanter Trend zeichnet sich in Münster eine sogenannte „GmbH-isierung" der Trägerstrukturen ab. Vor allem die Wohlfahrtsverbände, insbesondere die Caritas als „Marktführer", gehen dazu über, solche Dienstleistungsangebote auszulagern, die überwiegend durch Leistungsentgelte finanziert werden. Die entsprechenden Einrichtungen sind nicht mehr als e.V., sondern zunehmend unter nicht-gemeinnützigen Trägerstrukturen, wie etwa als GmbH, organisiert. Demgegenüber werden die weniger regulierten Angebote auch weiterhin von e.V. erstellt. Die neu errichteten GmbHs verbleiben

---

34 Interview mit: Leiter des Sozialamtes, 22.04.1997.
35 Interview mit: Querschnittsbeauftragtem des Jenaer Betreuungsvereins, 13.05.1997.

als Mitgliederorganisationen allerdings unter dem Dach der Caritas. Ein entsprechender Trend ist in Jena im Nonprofit-Bereich in vergleichbarer Intensität nicht festzustellen. Vom größten Träger – dem DRK – werden jedoch ähnliche Überlegungen angestellt.

Der Vergleich der beiden Städte zeigt deutlich, dass der Verankerung in sozialen Milieus für die Konsolidierung von Nonprofit-Organisationen eine beachtliche Bedeutung zukommt. So ist die Position der Caritas in Münster aus der Stärke des katholischen Milieus in der Bischofsstadt sowie aus der Tradition eines sozial engagierten Katholizismus heraus zu erklären. Hier stellt sich die Frage, ob diese dominante Stellung vor dem Hintergrund der Individualisierung der Lebensformen auch in Zukunft zu halten ist. Die Diversifikation der Trägerlandschaft lässt hier zumindest Zweifel aufkommen. Die zweite Frage, die sich in diesem Zusammenhang stellt, betrifft den internen Zusammenhalt der großen Anbieter in Münster. Möglicherweise hat die Änderung der Trägerschaftsform Auswirkungen auf die Organisationskultur der betreffenden Einrichtung. Rein formal betrachtet spielt bei den über Leistungsentgelte finanzierten Dienstleistungen die Organisationsform des Anbieters für den Kostenträger keine Rolle. Nicht zuletzt ist hierdurch zu erklären, warum sich das gemeinnützige Element in dem durch die Pflegeversicherung neu entstandenen Anbietermarkt auch in Münster nicht in gleicher Weise etablieren konnte. Die vergleichsweise starke Position privat-kommerzieller Anbieter ist in Jena vermutlich ebenfalls milieu- bzw. transformationsbedingt zu erklären.

Am Beispiel Jenas lässt sich einerseits zeigen, dass der Aufbau pluraler Trägerstrukturen unter beachtlicher Einbindung von Nonprofit-Organisationen nach der Wende erfolgreich gemeistert wurde. Gleichzeitig wird aber die geringe Verankerung der Nonprofit-Organisationen, und insbesondere der neu hinzugekommenen Anbieter, in der Bevölkerung deutlich. Nicht von ungefähr haben die „Vorwendeorganisationen" DRK und Volkssolidarität den größten Rückhalt in der Jenaer Bevölkerung. Andererseits lässt sich am Beispiel Jenas auch deutlich zeigen, dass der Bereich der Sozialen Dienste keineswegs mehr ein exklusives Betätigungsfeld von Nonprofit-Organisationen darstellt. Vor allem auf dem ambulanten Pflegemarkt haben sich nicht gemeinnützig organisierte Anbieter hier erfolgreich etablieren können.

Insgesamt scheint einiges darauf hinzudeuten, dass es perspektivisch im Bereich Soziale Dienste und Gesundheit zu einer Neustrukturierung der Trägerlandschaft kommen wird. Vermutlich werden nicht gemeinnützige Organisationsformen einen zentralen Stellenwert in den über Leistungsentgelte und insofern hoch regulierten Bereichen erhalten, während Nonprofit-Organisationen ihr Betätigungsfeld vor allem in den weniger regulierten Bereichen finden werden, in denen mit hoher Wahrscheinlichkeit auch wieder stärker auf ehrenamtliches Engagement zurückgegriffen wird. Für den wachsenden

Stellenwert von GmbHs in der Trägerlandschaft bietet die Strukturierung des Bereichs Gesundheit vor allem in Münster ein aussagekräftiges Beispiel. Von der Universitätsklinik abgesehen sind mit ganz wenigen Ausnahmen alle Krankenhäuser als GmbHs organisiert, wobei es sich bei den Anteilseignern durchgängig um Ordensgemeinschaften handelt.

In Übereinstimmung mit den Intentionen des Neuen Steuerungsmodells wird in Münster in den hoch regulierten und über Leistungsentgelte finanzierten Bereichen die Kooperation zwischen Nonprofit-Organisationen und Kommune zunehmend vertragsmäßig gestaltet. Dagegen verfolgt die Münsteraner Sozialverwaltung in Bereichen, die nicht durch Leistungsentgelte finanziert werden und stärker durch ehrenamtliches Engagement geprägt sind, einen eher sozialräumlich orientierten Ansatz, wobei sie versucht, auf Stadtteilebene die Kooperation mit den dortigen Nonprofit-Organisationen zu intensivieren. Dazu setzt sie gezielt die Stadtteilbüros ein, die im Sinne eines „ermunternden oder aktivierenden Staates" bei der Bedarfsermittlung und Festlegung der Leistungsersteller Nonprofit-Organisationen, Betroffene und interessierte Bürger an einen Tisch bringen. Diese Stadtteilorientierung bietet gerade für die kleinen Anbieter Chancen, da vor Ort die „Marktmacht" der Wohlfahrtsverbände und ihre politischen Einflussmöglichkeiten nicht in gleicher Weise zum Tragen kommen. Doch auch die Wohlfahrtsverbände unterstützen in Münster die Stadtteilorientierung, da diese Form der Kooperation gerade für die unter ihrem Dach als e.V. organisierten Einrichtungen ebenfalls Vorteile bietet. Flankiert wird die Strategie der Stadtteilorientierung in Münster durch eine aktive Förderung des ehrenamtlichen Engagements.

In Jena werden die Beziehungen zwischen Nonprofit-Organisationen und Kommune ebenfalls zunehmend vertraglich gestaltet. Allerdings dienen die Leistungsverträge hier vor allem dazu, den Nonprofit-Organisationen Planungssicherheit zu garantieren. Im Vergleich zu Münster sind Jenas Nonprofit-Organisationen als sehr verwaltungsabhängig zu charakterisieren. Die schwache Stellung der freien Träger ist im Wesentlichen transformationsbedingt. Die Organisationen können kaum auf gewachsene Strukturen zurückgreifen. Sie wurden vielfach auf Initiative und mit beachtlicher Unterstützung der Verwaltung gegründet. Es lässt darauf schließen, dass in gewisser Weise ein patriarchalisches Verhältnis zwischen Kommune und Nonprofit-Organisationen entstanden ist. Oder positiv ausgedrückt: Es ist eine Art Fürsorgehaltung der Verwaltung gegenüber den Organisationen des Nonprofit-Sektors in Jena festzustellen. Dies zeigt sich unter anderem daran, dass die Verwaltung bemüht ist, die Zahl der Anbieter in den verschiedenen Bereichen zu begrenzen bzw. den Status quo zu konsolidieren. Insgesamt wird versucht, den derzeitigen Beschäftigungsstand der Nonprofit-Organisationen zu halten. Die Organisationen werden hierbei quasi als „kommunale Subunternehmer" eingesetzt.

Diese Strategie der Verwaltung wird in Jena von den Wohlfahrtsverbänden unterstützt, die sich zunehmend auf Bereiche konzentrieren, deren Finanzierung über Leistungsentgelte geregelt und damit auch langfristig sichergestellt ist. Ähnlich wie in Münster werden dagegen neue Projekte und Leistungen, die nicht über den „Sozialmarkt" zu finanzieren sind, eher von kleineren Vereinen unter Rekurs auf freiwillige Mitarbeit und ehrenamtliches Engagement initiiert. Perspektivisch ist damit zu rechnen, dass sich diese „Zweiteilung" der Trägerschaftslandschaft im Bereich der Sozialen Dienste weiter intensivieren wird. Zum einen gibt es die professionellen Dienstleister, meist in der Trägerschaft der Wohlfahrtsverbände, die als „kommunale Subunternehmer" tätig sind und als Vertragspartner der Stadt kommunale Pflichtaufgaben übernehmen. Zum anderen lassen sich Arbeitsbereiche und Felder von Nonprofit-Organisationen erkennen, die einen stärkeren Bezug zum bürgerschaftlichen Engagement bzw. zum Engagement für bestimmte Zielgruppen und für gesellschaftlich-humanitäre Zwecke aufweisen. Im Vergleich hierzu scheint im Gesundheitswesen die Bedeutung von Nonprofit-Organisationen perspektivisch eher noch weiter zurückzugehen.

In Münster sind die im Bereich Soziale Dienste nicht als „kommunale Subunternehmer" tätigen Nonprofit-Organisationen insofern in einer ungleich besseren Position als in Jena, als sie mit einer höheren kommunalen Förderung sowie zusätzlich mit der Unterstützung durch Stiftungsmittel rechnen können. Bei den „kommunalen Subunternehmern" zeigt sich im Vergleich der beiden Städte, dass Nonprofit-Organisationen in Münster in deutlichem Gegensatz zu Jena offensichtlich aus einer Position der Stärke heraus mit der Verwaltung verhandeln. Als Grund hierfür ist anzuführen, dass transformationsbedingt eine Reihe von sozialen Dienstleistern in Jena aus der Verwaltung heraus gegründet wurde. Demgegenüber verfügen die Organisationen in Münster über eine solide soziokulturelle Verankerung und über sehr gute Kontakte zur Politik. Vertragliche Beziehungen zwischen Nonprofit-Organisationen und Kommune haben daher in Münster und Jena einen deutlich anderen Stellenwert. Während sie in Jena in erster Linie als soziales und arbeitsmarktpolitisches Steuerungsinstrument und zur Konsolidierung der Leistungen eingesetzt werden, hofft die Verwaltung in Münster, mit Hilfe des Kontraktmanagements aus ihrer eher schwachen Position vor allem gegenüber den großen Anbietern auf dem Münsteraner Sozialmarkt ein Stück weit herauszukommen.

6.5 Der Bereich der Kinder-, Jugend- und Familienpolitik

6.5.1 Gesetzliche Rahmenbedingungen

Das Kinder- und Jugendhilfegesetz (KJHG) weist Nonprofit-Organisationen eine bedeutende Stellung zu. Es fördert die Vielzahl der Träger (§ 3), verpflichtet den öffentlichen Träger zur Förderung der freien Jugendhilfe (§ 4) und bekräftigt das Subsidiaritätsprinzip (§ 4, 2), indem es freien Trägern einen bedingten Vorrang bei der Erbringung von Leistungen der Jugendhilfe einräumt. Nach dem KJHG sind freie Träger aber nicht nur maßgeblich an der Leistungserstellung, sondern gleichzeitig auch an der Formulierung der Kinder- und Jugendpolitik zu beteiligen (Backhaus-Maul/Olk 1994: 124). Da die Mehrzahl der Leistungen nach dem KJHG keine Pflichtaufgaben, sondern freiwillige Leistungen darstellen, besteht im Bereich der Kinder- und Jugendpolitik für die Kommunen gleichzeitig ein größerer Handlungsspielraum als in dem nach dem BSHG geregelten Bereich der Sozialen Dienste.

Trägerstrukturen in Münster und Jena

Die Strukturierung der Trägerlandschaft in der Kinder- und Jugendarbeit weist deutliche Parallelen zum sozialen Bereich auf. In Münster findet sich eine Vielzahl von freien Trägern, deren Anzahl nach Angaben des betreffenden Amtes auf 270 geschätzt wird[36]. Den konfessionellen Wohlfahrtsverbänden kommt wiederum eine bedeutende Position zu. Sie dominieren die beschäftigungsintensiven und hoch professionalisierten Bereiche, für die die Stadt Münster als Kostenträger in der Verantwortung steht. Gleichzeitig gibt es aber ein breites Spektrum von kleineren und meist aus Initiativen hervorgegangenen Vereinen, die in der Regel dem DPWV angeschlossen sind. In der konfessionell geprägten Stadt Münster haben die Kirchengemeinden einen bedeutenden „Marktanteil" vor allem bei den Kindertagesstätten. Von den Jugendverbänden sind im Wesentlichen noch die Pfadfindergesellschaften zu nennen, allerdings verringert sich ihre Bedeutung zunehmend. Die Jugendarbeit verläuft in Münster nach Einschätzung der Verwaltung vergleichsweise wenig verbandzentriert, so ist der Stadtjugendring als Zusammenschluss der Verbände so gut wie „eingeschlafen"[37].

Auch in Jena lassen sich hinsichtlich der Trägerlandschaft Parallelen zum Sozialbereich aufzeigen, allerdings nehmen hier die „Nachwendeorganisationen" vor allem in der Beratung und offenen Jugendarbeit einen zentralen

---

36 Interview mit: Stadt Münster – Amt für Kinder, Jugendliche und Familien, Amtsleiter, 13.05.1997.
37 Interview mit: Stadt Münster – Dezernat V – Jugend, Gesundheit und Soziales, Dezernentin, 28.04.1997.

Stellenwert ein. Zu nennen ist insbesondere der „Demokratische Jugendring" als lokale Dachorganisation der Jugendarbeit in Jena. Entstanden ist die Organisation 1990 aus einem „Runden Tisch der Jugend", zu dem damals alle aktiven oder sich im Aufbau befindenden Jugendorganisationen eingeladen waren. Heute gehören dem lokalen Verband 21 Mitgliederorganisationen an.[38] Neben Dienstleistungen für die Mitgliederorganisationen, eigenen Veranstaltungen und Lobbytätigkeit hat der Jugendring eine Mittlerfunktion im Rahmen der kommunalen Förderpolitik inne, da ihm ein Stück weit die Ressourcenverantwortung übertragen wurde. Zu den „Nachwendeorganisationen" zählen ebenso verschiedene als e.V. organisierte Jugend- und Studentenclubs sowie ein soziokulturelles Zentrum als Ort der offenen Jugendarbeit.

Differenziert man das Tätigkeitsspektrum dieses Bereichs in Tagesstätten, Erziehungshilfen und offene Jugendarbeit, so lassen sich im Vergleich zwischen Münster und Jena Unterschiede zum einen hinsichtlich der „Marktposition" oder Stellung der freien Träger gegenüber kommunalen Anbietern und zum anderen hinsichtlich der Bedeutung einzelner freier Träger feststellen.

Tabelle 6.5.1.1: Einrichtungen und Träger im Bereich Tagesstätten in Münster

Träger	Einrichtungen	In Prozent	Plätze	In Prozent
Stadt	29	17,4	2.045	23,8
Kath. Gemeinden	45	29,9	3.500	40,7
Ev. Gemeinden	15	9,0	985	11,5
Wohlfahrtsverbände	17	10,2	735	8,5
Sonstige Vereine	61	36,5	1.333	15,5
Insgesamt	167	100	8.598	100

Datenbasis: Stadt Münster: Tagesbetreuung für Kinder. Broschüre, eigene Darstellung

Münster ist die Stadt der katholischen Kindergärten und Tagesstätten. Knapp ein Drittel der Einrichtungen und 40 Prozent der Plätze werden von den katholischen Gemeinden getragen. Kommunalen Einrichtungen kommt in diesem Bereich nur eine nachgeordnete Bedeutung zu. Die Stadt stellt etwa ein Fünftel der Einrichtungen und Plätze. Von der Anzahl der Einrichtungen sind ferner noch die auf Elterninitiativen zurückgehenden e.V. zu nennen, die über ein Drittel der Einrichtungen, aber nur gut 15 Prozent der Plätze stellen.

Im Vergleich zu Münster haben die Kirchengemeinden in Jena nur eine äußerst marginale Bedeutung. Hier ist die Stadt im Bereich der Kindertagesstätten der dominante Anbieter. Über 40 Prozent der Einrichtungen und mehr als 50 Prozent der Plätze werden von der Stadt zur Verfügung gestellt. Mit

---

38 Interview mit: Herr John, Demokratischer Jugendring Jena, 14.05.1997.

der Privatisierung der Tagesstätten wurde in Jena zwar erst 1993 begonnen, dennoch ist die starke Präsenz der Stadt in diesem Segment verwunderlich.

Tabelle 6.5.1.2: Einrichtungen und Träger im Bereich Tagesstätten in Jena

Träger	Einrichtungen	In Prozent	Plätze	In Prozent
Stadt	20	43,5	1.716	51,9
Kath. Gemeinden	1	2,2	60	1,8
Ev. Gemeinden	1	2,2	66	2,0
Wohlfahrts-verbände	9	19,5	615	18,6
Sonstige	15	32,6	850	25,7
Insgesamt	46	100	3.307	100

Quelle: Darstellung nach den Angaben des Kindertagesstättenbedarfsplanes Jena 1997/98

Im Vergleich zu Münster sind die Wohlfahrtsverbände in Jena in diesem Bereich stärker engagiert. So stellt vor allem die AWO ein breites Kontingent an Plätzen zur Verfügung. Allerdings wurde im Interview angedeutet, dass das Jugendamt in Jena einer Übernahme durch freie Träger etwas zurückhaltend gegenübersteht, da zum einen die Kinderzahlen rückläufig sind und insofern Einrichtungen auch wieder geschlossen werden könnten, zum anderen ist man jedoch auch der Meinung, dass eine wesentliche der Verantwortung beim Jugendamt liegen müsse.[39]

Vergleicht man die Bereiche Erziehungshilfen sowie offene Jungendarbeit in Münster und Jena, so ergibt sich ein weniger eindeutiges Bild. Hier kommt der Kommune als Trägerin von Einrichtungen auch in Jena keine zentrale Bedeutung zu. In Münster dominieren in der Erziehungshilfe wiederum die kirchlichen Träger sowie die konfessionellen Wohlfahrtsverbände im stationären Bereich, während dem DPWV angeschlossene Organisationen insbesondere dezentrale Hilfen bereithalten.[40] Bei den Einrichtungen der Jugendarbeit befinden sich in Münster wiederum zwei Drittel in der Trägerschaft von Kirchengemeinden, wobei knapp die Hälfte der Einrichtungen von katholischen Gemeinden getragen wird.[41] In Jena wird Hilfe zur Erziehung ausschließlich von freien Trägern geleistet. Neben DRK und AWO sind hier vor allem die „Nachwendeorganisationen", wie etwa das „Zentrum für Familien und Alleinerziehende" oder die „Hilfe vor Ort" zu nennen.[42] In diesen Bereichen versucht die Verwaltung aktiv, das Spektrum der Träger auszuweiten, und zwar um der im KJHG geforderten Trägerpluralität nachzukommen

---

39 Interview mit: Frau Brunner, Leiterin des Jugendamtes, 24.04.1997.
40 Landschaftsverband Westfalen-Lippe, Landesjugendamt (1997): Verzeichnis über Heime und sonstige Wohnformen der Jugendhilfe in Westfalen-Lippe, 2. Auflage, Stand Oktober 1997, eigene Darstellung.
41 Quelle: Stadt Münster, Haushaltsplan 1997.
42 Stadtverwaltung Jena 25.05.1998.

und um besser auf spezifische Bedürfnisse eingehen zu können.[43] Eine Ausnahme bildet hier das einzige Kinderheim in Jena, das von der Stadt getragen wird.

6.5.2 Kommunale Förderung und Vergabepraxis

Das Amt für Kinder, Jugendliche und Familien in Münster verfügte im Verwaltungshaushalt 1997 über ein Budget von 127,9 Millionen DM.[44] Dies waren 12,6 Prozent des gesamten städtischen Verwaltungshaushaltes. Den größten Ausgabenposten stellte mit über 68 Millionen DM die Tageseinrichtungen für Kinder dar. Die Erziehungshilfe belief sich auf über 41 Millionen DM. Von den 6,8 Millionen DM für Jugendarbeit flossen im Untersuchungsjahr 4,3 Millionen DM an freie Träger. Davon wurden 1,3 Millionen DM als Personalkostenzuschüsse vergeben. Unter die sonstigen Aufgabenfelder und Ausgaben fallen unter anderem Aufwendungen für die Familienförderung.

Tabelle 6.5.2.1: Finanzvolumen der kommunalen Jugendhilfe in Münster nach Bereichen

Aufgabenfeld	In Mio. DM	In Prozent des Amtsbudgets
Tageseinrichtungen	68,4	53,5
Erziehungshilfe	41,4	32,4
Jugendarbeit	6,8	5,3
Sonstige Aufgabenfelder	1,3	1,0
Weitere Ausgaben	10,0	7,8
Insgesamt	127,9	100,0

Datenbasis: Stadt Münster: Haushaltsplan 1997. Finanzplan und Investitionsprogramm 1996-2000; eigene Darstellung

Analog zum Sozialbereich wird in Münster vorrangig institutionell gefördert. Insgesamt 82 Prozent des freien Budgets werden institutionell und 18 Prozent projektbezogen vergeben. Davon steht ein Sondertopf (90.000 DM) als Projektmittel für Experimente und Innovationen zur Verfügung.

Die Stadt Jena stellt mit einem Mitteleinsatz von 51,3 Millionen DM etwa 17,9 Prozent des Verwaltungshaushaltes in den Dienst des Jugendbereiches. Aufgrund der stärkeren Präsenz der Stadt in diesem Bereich entfällt auch der größte Posten des Etats auf die kommunalen Einrichtungen der Jugendhilfe. Dementsprechend geringer ist im Vergleich zu Münster der Anteil der Aufwendungen für die freien Träger der Jugendhilfe.

---

43 Interview mit: Frau Brunner, Leiterin des Jugendamtes, 24.04.1997.
44 Stadt Münster: Haushaltsplan 1997. Finanzplan und Investitionsprogramm 1996-2000.

Tabelle 6.5.2.2: Finanzvolumen der kommunalen Jugendhilfe in Jena nach Bereichen

Aufgabenfeld	In Mio. DM	In Prozent des Amtsbudgets
Jugendhilfe nach KJHG	14,8	28,8
kommunale Einrichtungen der Jugendhilfe	25,7	50,0
Zuschüsse für freie Träger von Kindertagesstätten	9,2	17,9
Förderung der freien Jugendhilfe	1,7	3,3
Insgesamt	51,4	100

Datenbasis: Haushaltsplan Jena (1997); eigene Darstellung

Zwar haben Nonprofit-Organisationen im Bereich Kinder- und Jugendarbeit in Jena einen geringeren Stellenwert als in Münster, umgerechnet auf eine Pro-Kopf-Verteilung wird mit 513 DM pro Einwohner dieser Bereich in Jena jedoch deutlich stärker gefördert als in Münster, wo dem Jugendbereich 483 DM pro Kopf im Untersuchungszeitraum zugewiesen wurden. Auch muss man festhalten, dass in Jena der Jugendetat trotz kritischer Etatlage kontinuierlich gestiegen ist. Davon haben auch die freien Träger profitiert, deren Anteil an den verausgabten Mitteln sich zwischen 1995 und 1997 um zehn Prozent (von 27% auf 37%) erhöhte. Nach Meinung der Leitung des Jugendamtes spiegelt sich hier eine eindeutige politische Prioritätensetzung wider:

„Über alle Parteien hinweg gibt es ein klares Bekenntnis zur Jugendarbeit. Andere Ämter haben bereits auf Mittel verzichtet und sie der Jugendarbeit zur Verfügung gestellt."[45]

Hinsichtlich der Vergabepraxis besteht zwischen Münster und Jena insofern ein zentraler Unterschied, als analog zum Bereich Soziale Dienste dem Kontraktmanagement in Münster ein wesentlich höherer Stellenwert zukommt. Leistungsverträge werden sowohl im Bereich Kindertagesstätten[46] als auch in der Erziehungshilfe ausgeschrieben. Bei den Beratungsstellen bestehen derzeit längerfristige Vertragsbeziehungen.[47] Insgesamt ist das Kontraktmanagement in Münster im Bereich der Jugendarbeit vergleichsweise weit fortgeschritten.

Diese Form der Mittelvergabe entspricht zum einen den Intentionen des Neuen Steuerungsmodells, zum anderen versucht die Verwaltung, hiermit ihr Steuerungspotenzial gegenüber den in Münster überaus machtvollen und

---

45 Interview mit: Leiterin des Jugendamtes, 24.04.1997.
46 Interview mit: Stadt Münster – Amt für Kinder, Jugendliche und Familien, Amtsleiter, 13.05.1997.
47 Stadt Münster: Beschlussvorlage an den Rat, 07.11.1997. Kommunale Förderung der Erziehungsberatungsstellen auf der Grundlage von Leistungsverträgen.

durchsetzungsfähigen Nonprofit-Organisationen zu erhöhen. Treffend wurde hierzu in den Interviews bemerkt:

"Unser Bereich ist durch das Dreiecksverhältnis öffentliche Träger, freie Träger, Politik bestimmt. Nach der Lehre der Vernunft würden wir eine Bestands- und Bedarfsanalyse erstellen ... In Münster läuft das ganz anders. Bislang denkt man sich ein schickes Problem aus, redet mit der Politik, und wenn alles in trockenen Tüchern ist, fragt man noch kurz die Verwaltung zum politischen Beschluss."[48]

"Aus der Sicht der Verbände läuft das so: Die definieren den Bedarf, diesem Bedarf hat die Stadt Rechnung zu tragen ... Momentan können wir uns oft nur noch über den Preis auseinandersetzen. Die Träger scheinen auch deshalb mit Angeboten für selbstdefinierte Bedarfe an die Stadt heranzutreten, um sich kostensichernd am Markt zu platzieren."[49]

Gleichzeitig versucht die Verwaltung, über das Instrument der Ausschreibung die Chancenstruktur für die nicht-konfessionell orientierten Anbieter zu verbessern. Allerdings ist die Verwaltung hier analog zum Bereich der Sozialen Dienste nicht sehr erfolgreich, da mittels Lobbying bereits im Anfangsstadium auf das Ausschreibungsverfahren Einfluss genommen wird.

Demgegenüber spielen Ausschreibungen in Jena kaum eine Rolle. Hier ist man eher um den Aufbau einer vertrauensvollen Zusammenarbeit zwischen Jugendamt und freien Trägern bemüht.[50] Dies ist nicht zuletzt transformationsbedingt. Gemäß dem KJHG hat die Verwaltung in Jena den Auftrag, die Trägerpluralität zu fördern und den Nonprofit-Organisationen auch organisatorisch Hilfestellung zu leisten. Wie im Interview mit der Leitung des Jugendamtes deutlich wurde, handelt es sich bei einer ganzen Reihe von Organisationen um Einrichtungen, die aus der Verwaltung heraus entstanden sind:

"Ich denke schon, dass das Jugendamt Jena schon ein Stück weit eine Keimzelle war beim Entstehen von freien Trägern in der Stadt. Es gibt die großen freien Träger, die mit unseren Leuten aus den neuen Bundesländern sich etabliert haben. Es gibt auch freie Träger hier, die ein Stückchen aus dem Jugendamt entstanden sind: Ich denke nur an die Thüringer Sozialakademie, die in den ersten Strukturen als dem Thüringer Jugendamt entstanden ist und heute freier Träger ist – aus ABM-Sektor entstanden."[51]

---

48 Interview mit: Stadt Münster – Amt für Kinder, Jugendliche und Familien, Amtsleiter, 13.05.1997.
49 Interview mit: Stadt Münster – Amt für soziale Dienste, Amtsleiter, 14.05.1997.
50 Interview mit: Frau Brunner, Leiterin des Jugendamtes, 24.04.1997, und Interview mit: Herrn Dr. Mieth, Dezernent Dezernat 4, Soziales und Kultur, 14.05.1997.
51 Interview mit: Frau Brunner, Leiterin des Jugendamtes, 24.04.1997.

Neben diesem Unterschied lassen sich jedoch auch Gemeinsamkeiten feststellen. So finden sich in beiden Städten in der offenen Jugendarbeit Beispiele für eine Übertragung von Entscheidungskompetenz und Verantwortung auf den Nonprofit-Bereich. Bemerkenswert ist in diesem Zusammenhang die zentrale Stellung der Dachorganisation „Demokratischer Jugendring" in Jena. Seine Mitgliedsorganisationen stellen keine Förderanträge an die Stadt, sondern reichen diese beim Jugendring ein. Dieser beschließt darüber nach eigenen, allerdings mit der Stadt abgestimmten Förderrichtlinien innerhalb seiner demokratisch gewählten Gremien und stellt bei der Stadt einen Antrag auf Gesamtförderung. Auch die Verwaltung der Mittel und die Kontrolle der Mittelverwendung obliegt dem Jugendring, der der Stadt lediglich eine Liste der bezuschussten Träger mit den entsprechenden Förderhöhen vorzulegen hat. Ein beachtlicher Anteil der kommunalen Projektfördermittel wurde so im Jahr 1997 (234.500 DM) vom Jugendring direkt vergeben und verwaltet.

Im Unterschied zu Jena wird in Münster das Konzept der dezentralen Ressourcenverwaltung eher sozialräumlich und an die Stadtteilebene gebunden eingesetzt. So wurde in einem Stadtteil (Hiltrup) ein Arbeitskreis „AK 75", bestehend aus Vertretern der Stadt, den im Stadtteil ansässigen freien Trägern und Schulen eingerichtet. Der AK verwaltet ein Projektbudget von 75.000 DM selbstständig. Die Zielsetzung besteht hier zum einen darin, die Jugendarbeit im Stadtteil möglichst bedarfsgerecht und unter Einbeziehung auch der kleineren bzw. der nicht-konfessionellen Anbieter zu gestalten sowie zum anderen Verwaltungskosten zu sparen. Damit ist auch eine sozialräumlich angelegte Budgetierung der freien Jugendarbeit intendiert.

6.5.3 Perspektiven und Trends

Der Vergleich der beiden Städte macht deutlich, dass in Jena die Kommune als öffentlicher Träger in diesem Bereich weitaus stärker präsent ist als in Münster. Dies gilt insbesondere für den Bereich der Kindertagesstätten, der in Münster hauptsächlich durch die katholischen Kirchengemeinden geprägt ist.

Weiterhin lässt sich festhalten, dass die offene Jugendarbeit ein Feld von Nonprofit-Organisationen darstellt, das sich in Münster durch vergleichsweise viele Neugründungen auszeichnet und das in Jena durch eine beachtliche Präsenz von „Nachwendeorganisationen" geprägt ist. Als Beispiel kann hier das soziokulturelle Zentrum „Kassablanca" genannt werden, das über alternative Musik Jugendliche in Randgruppen anspricht. Hervorgegangen ist das Zentrum aus einer Initiative von Mitgliedern des „Neuen Forums" in Jena. Insofern ist die These, dass es sich beim Nonprofit-Sektor in den neuen Ländern vorrangig um ein geschütztes Terrain für „Rote Socken" handle, zumindest für den Jugendbereich nicht zu verifizieren.

Schließlich lässt sich ein deutlicher Unterschied hinsichtlich der Macht- und Einflussverteilung zwischen Nonprofit-Sektor und Verwaltung in diesem Bereich in Münster und Jena feststellen. Sehr pointiert ausgedrückt, steht in Münster eine verhältnismäßig schwache Verwaltung einem vergleichsweise starken Nonprofit-Sektor gegenüber, während sich das Verhältnis in Jena genau umgekehrt gestaltet. Interessanterweise sieht sich die Verwaltung auch in rein administrativer Hinsicht im Vergleich zu den großen freien Trägern, insbesondere der Caritas, in einer schwachen Position. So wurde von der Leitung des Jugendamtes im Interview angemerkt:

> *„Ich könnte mir vorstellen, eine Jugendhilfe-Holding zu werden, in Verbund mit den freien Trägern. ... Das Problem ist: Wenn wir uns heute mit der Caritas vergleichen, die seit Jahren Kosten- und Leistungsrechnung hat, sehen wir im Vergleich und auch in den Verhandlungen immer schlecht aus, weil wir gar nicht den Durchblick haben."*[52]

Insofern findet in Münster zumindest bezüglich der Caritas die These von den administrativen Schwächen der Nonprofit-Organisationen eher keine Bestätigung. Nicht abzuschätzen ist in Jena, inwiefern die Zurückhaltung der Verwaltung gegenüber einer weitergehenden Entstaatlichung darauf zurückzuführen ist, dass man in gewisser Weise Münsteraner Verhältnisse vermeiden und eher nicht auf Steuerungskompetenz verzichten will, oder ob auch hier die Sorge um den Verlust von Arbeitsplätzen eine Rolle spielt und eine Beschäftigung bei der Stadtverwaltung als sicherer als bei einem freien Träger eingeschätzt wird.

6.6 Der Bereich Kultur

6.6.1 Kontextbedingungen und historisches Erbe

Eine aktive kommunale Kulturpolitik kommt keinem expliziten Gesetzesauftrag nach, sondern sie entspricht der sozialstaatlichen Verpflichtung, Bürgern ein Höchstmaß an Förderung zur Persönlichkeitsentfaltung zukommen zu lassen. Die Unterstützung künstlerischen und kulturellen Schaffens ist zwar in den Landesverfassungen (Artikel 30 der Landesverfassung Thüringens und Artikel 18 der Landesverfassung Nordrhein-Westfalens) verbrieft, und auch die Gemeindeordnungen fordern die Bereitstellung kultureller öffentlicher Einrichtungen, jedoch mit dem wichtigen Zusatz „in den Grenzen der Leistungsfähigkeit". Die Kulturförderung zählt daher zu den freiwilligen Aufga-

---

52 Interview mit: Stadt Münster – Amt für Kinder, Jugendliche und Familien, Amtsleiter, 15.05.1997.

ben der Kommunen. Aufgrund der wenigen in diesem Bereich vorhandenen bundes- und landespolitischen Vorgaben verfügen die Kommunen hier über weitgehende Gestaltungsmöglichkeiten. Seit den 1980er Jahren hat sich daher der Kulturbereich in der Konkurrenz der Städte untereinander zu einem wichtigen Standortfaktor entwickelt.

Aufgrund historischen Erbes dominieren im Kulturbereich in Deutschland Einrichtungen in staatlicher bzw. kommunaler Trägerschaft. Nach den Zerstörungen des Zweiten Weltkrieges sind die Kommunen hier mäzenatisch tätig geworden und haben in großem Umfang Wiederaufbauarbeit geleistet. Dies gilt für West- wie auch für Ostdeutschland. Daher findet man unter den der Hochkultur zuzurechnenden Einrichtungen in Deutschland kaum Nonprofit-Organisationen. Ebenfalls historisch tradiert ist die relativ trennscharfe Unterscheidung zwischen dem Hobby- und Freizeitbereich der Kulturvereine, die sich überwiegend durch Ehrenamtlichkeit auszeichnen, und dem sich mehrheitlich in staatlicher Trägerschaft befindenden und durch „Verberuflichung" geprägten Segment der Kulturlandschaft. Durchbrochen wird diese relativ strikte Zweiteilung durch die ab etwa Mitte der 1970er Jahre infolge der „Neuen Kulturpolitik" entstandenen Kulturzentren sowie die damals als alternativ charakterisierten Theater-, Musik- und Tanzensembles. Insgesamt ist der Kulturbetrieb durch einen hohen Anteil staatlicher bzw. kommunaler Finanzierung geprägt.

6.6.2 Trägerstrukturen in Münster und Jena

Die Kulturlandschaft beider Städte wird von der Dreiteilung – Hochkultur, Vereinswesen, freie Szene – geprägt; allerdings ist das kommunale/staatliche Moment in Münster etwas stärker ausgeprägt als in Jena. So sind in Münster alle der Hochkultur zuzurechnenden Einrichtungen entweder in kommunaler Trägerschaft (Stadttheater, -museum, -bibliothek) oder in Trägerschaft des Landes (Landes- und Universitätsmuseen). Ferner betreibt die Stadt auf Stadtteilebene zwei Bürgerhäuser, deren Schwerpunkt maßgeblich im Kulturbereich liegt. Münster verfügt über eine vergleichsweise große Volkshochschule, die aufgrund der landesgesetzlichen Regelung ebenfalls kommunal getragen wird. Gleichzeitig gibt es ein breites Spektrum kultureller Vereine, wobei vom Lokalkolorit her insbesondere die Karnevalsvereine zu nennen sind. Bemerkenswert ist ferner die große Zahl auch über die Grenzen Münster hinaus bekannter Kirchenchöre. Hier zeigt sich wieder die Tradition der Bischofsstadt. Schließlich wird das kulturelle Leben in Münster von einer sehr aktiven und facettenreichen „freien Szene" geprägt; zwei soziokulturelle Zentren sind hier ebenso zu nennen wie eine Reihe freier Theatergruppen.

Abgesehen von den Kirchenchören entspricht die Strukturierung der Jenaer Kulturlandschaft in der Grundtendenz dem Münsteraner Muster. Auch hier werden die zentralen Einrichtungen (Philharmonie, Volkshochschule, Stadtmuseum, Bibliothek) kommunal getragen, doch zeigen sich im Vergleich zu Münster markante Abweichungen. So ist das Theater in Jena als gGmbH organisiert. Hierbei handelt es sich nicht um eine traditionelle Einrichtung, vielmehr ist das Theater erst nach der Wende aus einer Initiative junger Schauspieler, Regisseure und Absolventen der „Schauspielschule Ernst Busch" heraus entstanden. 1993 entschied der Stadtrat, die Verpachtung des Bühnenhauses an die gGmbH der Ensemblemitglieder zu vergeben (Walla 1995). Zwischen Ensemble und Stadt wurde ein Leistungsvertrag mit einer Laufzeit bis zum Jahr 2000 geschlossen, in dem die Fördersumme und die Anzahl der Inszenierungen festgelegt ist. Ferner wird die Jenaer Kulturlandschaft nachhaltig von der Ernst-Abbe-Stiftung geprägt, die nach der Vereinigung im Zuge eines Kompromisses zwischen der Carl-Zeiss-Stiftung in Oberkochen und der Carl-Zeiss-Stiftung Jena entstanden und nach dem Mitarbeiter und Nachfolger des Firmengründers Carl Zeiss benannt ist. In die Stiftung wurde das nichtindustrielle Vermögen der Carl-Zeiss-Stiftung Jena eingebracht, das im Wesentlichen aus Immobilien besteht.[53] Die Stiftung stellt der Stadt einige ihrer Immobilien für soziale und kulturelle Zwecke zur Verfügung. Für den Kulturbetrieb handelt es sich dabei insbesondere um das „Volkshaus", Jenas größter Veranstaltungsort, in dem sowohl die Bibliothek untergebracht ist als auch die Philharmonie ihren Sitz hat. Als eigene Einrichtungen betreibt die Stiftung ein Planetarium und ein Optisches Museum. Gemessen an der Zahl der Besucher und der Anzahl der Veranstaltungen zählen Planetarium und Optisches Museum[54] zu den herausragenden kulturellen Einrichtungen Jenas.[55] Ferner verfügt die Stadt über eine im Umfeld der Universität entstandene aktive „freie Szene".[56] Im Kulturbereich ist eine gewisse Traditionslinie zur DDR aufzuzeigen. Aus der Situation des „Runden Tisches" heraus ist in Jena nach Auflösung des Kulturbundes unter dem Motto „Lasst uns einen neuen Kulturverbund, aber ohne die SED gründen"[57], der „Stadtverband Jenaer Kulturvereine" entstanden, dem 42 Kulturvereine als korporative Mitglieder angeschlossen sind und der ein soziokulturelles Zentrum betreibt. Der Verband bündelt die Interessen der Mitglieder und betreibt dank seines einflussreichen Vorsitzenden erfolgreiche Lobbyarbeit.

---

53 Ernst-Abbe-Stiftung, Jahresbericht 1992-1995.
54 Interview mit: Mitarbeiter/-innen der Ernst-Abbe-Stiftung, 06.05.1997.
55 Ernst-Abbe-Stiftung, Jahresbericht 1992-1995.
56 Interview mit: Leiter des Kulturamts, 12.05.1997.
57 Interview mit: Vorsitzender des Stadtverbandes, 09.05.1997.

6.6.3 Kommunale Förderung und Vergabepraxis

In Münster betrug der Kulturetat im Jahr der Untersuchung rund 66,84 Millionen DM, das Zuschussbudget belief sich auf 51,61 Millionen DM (vgl. Tabelle 6.6.3.1). Damit hatte der Kulturetat einen Anteil am Verwaltungshaushalt von etwa sieben Prozent. Betrachtet man die Verteilung der Fördermittel, so zeigt sich ganz deutlich die Dominanz der kommunalen Einrichtungen, wobei den zentralen Kostenfaktor das Stadttheater darstellt, an das im Untersuchungsjahr mehr als 53 Prozent des Zuschussbudgets vergeben wurden. In Jena veranschlagte die Stadt im Untersuchungsjahr 24,16 Millionen DM im Verwaltungshaushalt für Kultur (vgl. Tabelle 6.6.3.2). Das sind etwa neun Prozent des Verwaltungshaushaltes. Bereinigt um Einnahmen, die die Kommune etwa durch Eintrittsgelder oder Zuschüsse durch das Land erhält, verbleibt ein Zuschussbudget von rund 14 Millionen DM. Kultur hat in Jena insofern einen hohen Stellenwert, als das Zuschussbudget in den vergangenen Jahren jeweils um etwa sieben Prozent gestiegen ist. Entsprechendes lässt sich auch für Münster feststellen. Hier waren die Ausgaben für Kultur in den vergangenen Jahren beachtlich (von 1994 bis 1997 sogar um 40%) erhöht worden.

Tabelle 6.6.3.1: Kulturetat Münster

Geförderte Institution	Verwaltungshaushalt in Mio. DM	Zuschuss-Budget in Mio. DM	Vermögenshaushalt in Mio. DM
Stadtbücherei	7,21	6,37	0,77
VHS	6,26	2,29	2,37
Stadtmuseum	3,29	2,96	0,17
Städtische Bühnen	34,32	26,45	6,43
Stadtarchiv	1,17	1,16	0,01
Bürgerhäuser	2,37	1,84	-
Westfälische Schule für Musik	5,27	3,20	-
Westfäl. Friede (Projekt Dez. IV)	1,02	0,97	-
Musikschulen in freier Trägerschaft	1,35	1,35	-
Westf. Zoologischer Garten	-	-	2,70
Sonstige Kunst- und Kulturpflege	-	-	0,42
Förderung öffentl. Büchereien	-	-	0,11
Kulturamt	4,58	4,43	0,14
Insgesamt	66,84	51,61	12,84

Datenbasis: Stadt Münster 1997a; eigene Darstellung

Tabelle 6.6.3.2: Kulturetat Jena

Geförderte Institution	Verwaltungs-haushalt in Mio. DM	Zuschuss-Budget in Mio. DM	Vermögens-haushalt in Mio. DM
Kulturamt (einschließlich Förderung der freien Kultur)	4,32	2,32	-
Stadtmuseum	1,41	1,27	0,19
Gedenkstätte Cospeda	0,13	0,10	0,05
Romantikerhaus	0,12	0,07	-
Stadtarchiv	0,31	0,31	-
Rasemühleninsel	0,21	0,17	-
Philharmonie	8,37	4,48	0,04
Volkshaus	1,42	0,69	0,56
Haus auf der Mauer	0,07	0,06	0,1
Clubgebäude Lobeda	0,06	0,01	0,05
Ernst-Abbe-Bücherei	2,20	2,02	0,01
Volkshochschule	1,28	0,29	0,03
Musik- und Kunstschule	3,07	1,16	0,01
Theater	-	-	0,2
Heimatpflege/Naturschutz	1,17	1,03	-
Insgesamt	24,16	13,97	1,24

Datenbasis: Stadt Jena Haushaltsplan 1997; eigene Darstellung

Betrachtet man die Verteilung der Mittel auf die geförderten Institutionen, so zeigt sich, dass in Jena die Philharmonie die meisten Zuschüsse im Untersuchungsjahr erhielt. Im Vergleich zum Münsteraner Stadttheater, dem mehr als die Hälfte des Zuschussbudgets zukam, entfielen auf die Philharmonie in Jena etwa 32 Prozent. Für die Förderung der freien Kulturlandschaft waren in Jena 1,43 Millionen DM eingeplant, in Münster waren es im Untersuchungsjahr rund 2,6 Millionen DM.

Im Vergleich der beiden Kommunen wird deutlich, dass unter Einbezug der Einwohnerzahl der Kulturetat in Münster und Jena etwa gleich ist. Hatte Jena im Untersuchungsjahr rund 242 DM pro Einwohner für Kultur im Verwaltungshaushalt eingeplant, so belief sich die entsprechende Summe in Münster auf 252 DM. Das Zuschussbudget fiel demgegenüber in Münster mit 195 DM vergleichsweise höher aus als in Jena, es belief sich dort auf 140 DM. Ein klarer Unterschied zeigt sich zwischen Münster und Jena hinsichtlich des freien Budgets. Für die Förderung der freien Träger veranschlagte die Stadt Jena im Untersuchungsjahr 14 DM und die Stadt Münster zehn DM pro Einwohner.

Analog zum Sozialbereich dominiert auch in der Kultur in Münster die institutionelle Förderung. Etwa 80 Prozent der freien Trägern zur Verfügung gestellten Mittel wurden in Münster institutionell vergeben, entweder als Betriebskostenzuschüsse, Programmmittel oder als an Aufgabenfelder oder Einrichtungen gebundene Pauschalzuschüsse. Wiederum 75 Prozent der institutionellen Förderung gingen an zwei freie Theater sowie an die beiden soziokulturellen Zentren.

Die häufigste Form der Förderung freier Kulturträger ist in Jena dagegen die Projektförderung. So waren im Haushaltsplan 1997 110.000 DM als Zuschüsse an Kulturvereine ausgewiesen, davon 80.000 DM als Projektförderungen und 30.000 DM als institutionelle Förderungen. Ferner wurden 55.000 DM zur Finanzierung der Eigenmittel für nach § 249h eingestelltes Personal ausgewiesen, womit etwa zehn Vereine[58] gefördert wurden. Insgesamt wurden 40 freie Träger bezuschusst, wobei die Projektförderung (38 Bewilligungen) überwog. Dem Jenaer Theater kommt im Hinblick auf den kommunalen Haushalt eine Sonderrolle zu, da die vertraglich vereinbarte Zuschusssumme von 1,26 Millionen DM zu 50 Prozent vom Land getragen wird und die vertraglich vereinbarte kommunale Fördersumme des Theaters nicht im Zuschussbudget des Kuretats, sondern anderweitig ausgewiesen ist. Gleichwohl ist festzuhalten, dass das Jenaer Theater aufgrund des besonderen Finanzierungsmix nicht als gravierender Kostenfaktor zu Buche schlägt. Rein rechnerisch sind die Mittel jedoch noch der Unterstützung der freien Träger hinzuzubuchen. Der Förderschwerpunkt in Jena verlagert sich daher im Vergleich zu Münster noch deutlicher zugunsten der „freien Szene".

In Münster orientiert sich die Mittelvergabe an gewissen Fördergewohnheiten.[59] Analog zum Sozialbereich kann man mit einer weiteren Förderung rechnen, sobald man als förderungswürdig akzeptiert ist. Hierbei wird kein Vertrag geschlossen, jedoch legt die Verwaltung fest, wie der Verwendungsnachweis gestaltet werden muss. Auch in Jena ist die Förderpolitik vorrangig auf Kontinuität ausgerichtet. Aus Sicht des Kulturamts hat dies vor allem pragmatische Gründe, da weder genügend Anbieter noch genügend Fördermittel vorhanden sind, um eine strategische Förderung zu ermöglichen. Auch möchte man in Jena wie in Münster das gesamte Spektrum der Kulturvereine und -initiativen bedienen.[60]

Zwischen Jena und Münster lassen sich aber durchaus Unterschiede hinsichtlich der Förderintention feststellen. Münster verfolgt auch in der Kulturpolitik einen eher sozialräumlich, stadtteilbezogenen Ansatz, der vorrangig auf das klassische Vereinswesen ausgerichtet ist und vor allem die Stärkung des ehrenamtlichen Engagements zum Ziel hat. Besonders herauszustellen sind in diesem Zusammenhang die beiden Bürgerhäuser der Stadt sowie die Arbeit des Stadtteilbeauftragten. Der städtische Beauftragte versucht im Rahmen des Modells „Zukunftswerkstatt", in 24 Sozialräumen in Kooperation mit den Vereinen Bürger zu kultureller Aktivität und aktiver Gestaltung des Stadtteils anzuregen.[61]

Die Stadt Münster unterstützt dabei die Errichtung von Bürgerzentren, die zwar institutionell von Seiten der Stadt gefördert, aber nicht in kommu-

---

58 Interview mit: Leiter des Kulturamts, 12.05.1997.
59 Interview mit: Vorsitzender des Kulturausschusses, 10.06.1997.
60 Interview mit: Vorsitzender des Kulturausschusses, 21.04.1997.
61 Telefonat mit dem städtischen Beauftragten für Stadtteilkulturarbeit, 25.08.1998.

naler Trägerschaft geführt werden sollen[62]. Die Stadt will damit den hohen Anteil kommunal getragener Einrichtungen nicht noch weiter erhöhen. Eines der beiden Bürgerhäuser ist nämlich ein selbstständiges Amt im Kulturdezernat (vgl. Musholt 1997). Leitung und Mitarbeiter des Hauses sind kommunale Angestellte. Benutzt wird das Haus von Vereinen und anderen Institutionen des Stadtteils wie etwa Schulen. Durch Veranstaltungen und sonstige eigenwirtschaftliche Aktivitäten sowie durch private Zuwendungen wurden in diesem Bürgerzentrum im Untersuchungsjahr rund zwei Millionen DM erwirtschaftet, so dass das Bürgerhaus inzwischen über zwölf festangestellte und 71 nebenamtliche sowie 62 Honorarkräfte verfügt. Demgegenüber ist das zweite Bürgerhaus weniger ein Veranstaltungsort, es stellt eher im klassischen Sinn einen Treffpunkt im Stadtteil dar. Auch dieses Bürgerhaus verfügt über festangestellte Mitarbeiter und zählt zu den kommunal getragenen Einrichtungen.

Während die Kooperation auf der Stadtteilebene sich in Münster insgesamt harmonisch und sehr erfolgreich gestaltet (vgl. Kohl 1998), gilt dies nicht in entsprechender Weise für die „freie Szene". Im Vergleich zum Sozialbereich sind die Nonprofit-Organisationen hier in einer verhältnismäßig schwachen Position. Die Konfliktlinie verläuft dabei vor allem zwischen „freier Szene" und öffentlichen Trägern, wobei der Theaterbereich aufgrund der Dominanz des Stadttheaters besonders konfliktträchtig ist. Aber auch die Anbieter im Bereich Kulturelle Bildung und Weiterbildung kritisieren hinsichtlich der Chancenstruktur und Ressourcenausstattung die Asymmetrie zwischen freien Trägern und in diesem Fall der Volkshochschule. So sind die freien Träger aufgrund ihrer Ressourcenausstattung nicht in der Lage, ihren Kräften die Honorare zu zahlen, die diese etwa bei der VHS oder anderen öffentlichen Einrichtungen erhalten. Analog zum Sozialbereich wird auch hier von Seiten der Nonprofit-Organisationen eine Umstellung der Förderstrukturen auf Kontraktmanagement befürwortet. So bemerkte der Geschäftsführer eines der Münsteraner soziokulturellen Zentren im Interview:

„Gegen eine grundsätzliche Diskussion über Förderstrukturen von Kultureinrichtungen hätte ich nichts, auf der anderen Seite bin ich der Überzeugung, wer öffentliche Förderung erhält, muss auch die effektive Verwendung nachweisen. In Munster ist eine Umstellung auf leistungsbezogene Kontrakte noch nicht angedacht. In anderen Städten gibt es schon Leistungskontrakte. Ich persönlich hätte nichts dagegen, wenn sie einfach eine mittelfristige Planung erlauben."[63]

Zum Untersuchungszeitpunkt war die Kommune in Münster gerade dabei, neue spartenbezogene Förderkonzepte zu entwickeln. Die damaligen Richtli-

---
62 Westfälische Nachrichten vom 29.04.1998: Ganz konkrete Vorstellungen entwickelt. Zukunftswerkstatt im Baugebiet Meerwiese/Trägerverein gründet sich am 26. Juni.
63 Interview mit: Kreativ-Haus, Teamleiter, 23.10.1997.

nien berücksichtigen den Innovationsgrad, die künstlerische und kulturelle Qualität sowie die Bedeutung für die Stadtkultur (Stadt Münster 1997: 1). Insofern waren die freien Träger starkem Innovationsdruck ausgesetzt. Grundsätzlich werden Projekte in Münster nicht zu 100 Prozent gefördert, vielmehr wird vom Träger ein Eigenanteil von etwa 50 Prozent erwartet, in seltenen Fällen gewährt das Kulturamt eine Zwei-Drittel-Förderung[64]. Die Aufbringung dieses Eigenanteils stellt für die freien Träger das zentrale Problem dar. Eine grundlegende Verbesserung der Situation der freien Träger wäre in Münster nur durch Einführung eines spartenbezogenen Kontraktmanagements zu erreichen, wobei die Leistungsverträge in der Höhe und Ausstattung die Organisationsform – kommunal getragen oder gemeinnützig – unberücksichtigt lassen müssten.

Im Unterschied zu Münster sind in Jena zumindest in einem Fall die Beziehungen zwischen freien Trägern und Kommune bereits vertraglich gestaltet. Ansonsten arbeitet das Kulturamt mit den freien Trägern und den Kulturvereinen intensiv im Rahmen der jährlich veranstalteten Länderreihen, wie etwa „Begegnung mit den Niederlanden", zusammen. Für diese Veranstaltungen werden größtenteils die Projektmittel verausgabt. Im Vergleich zu der stadtteilbezogenen Münsteraner Förderpolitik ist diese Praxis insofern zu kritisieren, als Vereine und freie Träger ihr Programm nicht frei gestalten können, sondern sich in ihrer Programmgestaltung den thematischen Vorgaben des Kulturamtes anpassen müssen, um gefördert zu werden. Im Vergleich zu Münster ist die Verwaltung in Jena im Bereich der Projektförderung in hohem Maße steuernd tätig.

6.6.4 Perspektiven und Trends

Münsters Kulturlandschaft ist stark von der Konkurrenz zwischen Einrichtungen in kommunaler Trägerschaft und „freier Szene" geprägt, wobei nicht davon auszugehen ist, dass die „freie Szene" in Zukunft über größere Gestaltungsmöglichkeiten verfügen wird, da hier perspektivisch eher mit Kürzungen zu rechnen ist. Ferner bringt die Stadtteilorientierung der Kommune eine weitere Schwächung der „freien Szene" mit sich, weil die Angebote der Veranstaltungsbetriebe in freier Trägerschaft sich eher an die gesamte Stadtbevölkerung richten und sich auch nicht auf einen Stadtteil konzentrieren lassen. In Münster sieht sich die „freie Szene" daher unter den gegebenen Rahmenbedingungen auch nicht auf Wachstumskurs,[65] sondern es wird eher eine Verschlechterung der gegenwärtigen Situation antizipiert. Vor allem jene

---

64 Interview mit: Stadt Münster – Kulturamt, Amtsleiterin, 26.05.1997.
65 Interview mit: Vorsitzender des Kulturausschusses, 10.06.1997.

Anbieter, die vorrangig mit hauptamtlichen Beschäftigten arbeiten, geraten durch die restriktive ABM-Praxis zunehmend in Schwierigkeiten.[66]

Demgegenüber ist die Kulturszene in Jena weniger durch eine Konkurrenzsituation zwischen freien und öffentlichen Trägern gekennzeichnet. Hier wird eher differenziert zwischen den „Vorwendevereinen", die die Tradition der früheren Betriebskultur fortsetzen, sowie den im Zuge der Wende neu entstandenen Vereinen.[67] Auch in Jena denkt man über dezentrale Ansätze der Kulturförderung nach. Hierbei kommt der Verbreiterung des Angebots an Räumlichkeiten eine wichtige Bedeutung zu, da hier Engpässe sowohl für die freien Träger als auch für die städtischen Anbieter bestehen.[68] Als Lösung sind multifunktional nutzbare Veranstaltungsorte geplant, die allen Anbietern und Kulturinitiativen offen stehen.[69]

Auch in Jena ist wie in Münster perspektivisch nicht von einer weiteren Erhöhung des KuIturetats auszugehen. Angestrebt wird jedoch, die Förderung der freien Träger zumindest auf dem bisherigen Niveau zu halten.[70] Da in Jena den AB-Maßnahmen in der Kulturszene eine ganz beachtliche Bedeutung zukommt, werden von Seiten der Verwaltung hier für die Zukunft auch die größten Probleme gesehen. So bemerkte der Kulturamtsleiter im Interview, dass man

„nicht unterschlagen darf, dass viele ... Vereine mit Mitteln des zweiten und dritten Arbeitsmarktes, über ABM und AFG, finanziert worden sind, ... und da sehe ich zukünftig Bedrohungspotenziale bei dem, was arbeitsmarktpolitisch angesagt ist."[71]

Die Finanzierung hauptamtlichen Personals stellt sich für die freien Träger in Jena wie auch in Münster als das zentrale Problem dar. Während in diesem Zusammenhang von den freien Trägern in Münster auf das bisher noch nicht genutzte Instrument des Kontraktmanagements verwiesen wird, ist in Jena vor allem das Problem der Eigenanteilsfinanzierung bei ABM in der Diskussion. Da man in Jena von einer Erhöhung der aufzubringenden Anteile und damit von stärkeren Anforderungen an die Finanzkraft der Vereine ausgeht, befürchtet man, dass die erforderliche Eigenfinanzierung der Vereine demnächst nicht mehr durch die Kommune in Form von Personalkostenzuschüssen garantiert werden kann und es insofern zu einer Gefährdung des Bestands kommen wird.[72] Hinsichtlich der beschäftigungspolitischen Perspektiven sieht man die Potenziale der „freien Träger" daher sowohl in Jena als auch in

---

66 Interview mit: Kreativ-Haus – Soziokulturelles Zentrum, Teamleiter, 23.10.1997.
67 Interview mit: Leiter des Kulturamts, 12.05.1997.
68 Interview mit: Leiter des Kulturamts, 12.05.1997.
69 „Kulturbetrieb soll im Frühjahr 1998 starten" Ostthüringer Zeitung vom 23.04.97.
70 Interview mit: Leiter des Kulturamts, 12.05.1997.
71 Interview mit: Leiter des Kulturamts, 12.05.1997.
72 Interview mit: Vorsitzendem des Kulturausschusses, 21.04.1997.

Münster nicht schwerpunktmäßig in der Ausweitung der Hauptamtlichkeit, sondern unter den gegebenen Rahmenbedingungen eher im Bereich Ehrenamt und freiwillige Mitarbeit.

6.7 Kooperationen zwischen Nonprofit-Organisationen und der Kommune in Münster und Jena

Sowohl in Münster als auch in Jena haben Nonprofit-Organisationen in den untersuchten Tätigkeitsfeldern eine beachtliche Bedeutung. Zugleich lässt sich rückblickend in beiden Städten eine hohe Gründungsdynamik vor allem im Bereich der Sozialen Dienste sowie bei den Kulturorganisationen feststellen. So ergänzen in Münster im Bereich Soziale Dienste viele neue, unter dem Dach des DPWV organisierte und häufig aus Selbsthilfegruppen entstandene Organisationen und Initiativen die traditionellen Mitgliederorganisationen der Wohlfahrtsverbände. Demgegenüber zeichnet sich der Kulturbereich in Münster aufgrund einer Reihe von neuen gemeinnützigen Veranstaltungsbetrieben inzwischen durch eine starke Konkurrenz zwischen dieser „freien Szene" und den Einrichtungen in kommunaler Trägerschaft aus. Auch in Jena sind der Kulturbereich wie auch das Tätigkeitsfeld Kinder- und Jugendarbeit von hoher Dynamik gekennzeichnet. Neben vielen „Nachwendeorganisationen", darunter auch das Jenaer Theater, haben einige Vereine und Initiativen nach 1990 die Chance genutzt, sich zwar zeitgemäß und situationsadäquat neu zu organisieren, dabei aber gleichzeitig an bestehende Arbeitszusammenhänge und Traditionslinien anzuknüpfen. Wie die lokalen Dachorganisationen „Demokratischer Jugendring" und „Stadtverband Jenaer Kulturvereine" zeigen, ist in Jena die Zusammenarbeit zwischen lokalen Dach- und Mittlerorganisationen von Vereinen und Initiativen vergleichsweise stärker ausgeprägt als in Münster.

Trotz des insgesamt hohen Stellenwerts von Nonprofit-Organisationen als Element lokaler Infrastruktur und Daseinsvorsorge lassen sich hinsichtlich der Bedeutung des Sektors klare bereichsspezifische Unterschiede erkennen. Darüber hinaus ist die Entwicklung in den verschiedenen Bereichen nicht gleichförmig, sondern es werden sehr unterschiedliche Trends erkennbar. So sind im Gesundheitswesen, insbesondere bei den Krankenhäusern, Nonprofit-Organisationen in beiden Städten kaum präsent. Die Krankenhäuser sind in Jena und Münster entweder staatliche Einrichtungen, oder, wie im Fall von Münster, als GmbH geführt. Damit bestätigt das Fallbeispiel Münster die Ergebnisse der Organisationsbefragung, wobei insbesondere von den im Gesundheitswesen tätigen Organisationen vergleichsweise häufig über eine Veränderung ihrer Rechtsform und hierbei mehrheitlich über die Überführung in eine GmbH nachgedacht wird. In diesem vorrangig über Leistungsentgelte finanzierten Tätigkeitsfeld ist daher ein klarer Trend in Richtung einer „GmbH-isierung" der bisher als Nonprofit-Organisationen geführten Einrichtungen festzustellen. Als Grund hierfür lassen sich in erster Linie die im Vergleich zum Verein stringenteren Management- und Führungsstrukturen von GmbHs anführen; vor allem kann die Geschäftsführungsebene eher für Managementfehler direkt zur Verantwortung gezogen werden.

Doch die „GmbH-isierung" wie auch eine Zunahme von privat-kommerziellen Anbietern ist nicht auf den Bereich des Gesundheitswesens begrenzt. Entsprechendes gilt auch für solche Tätigkeitsfelder im Bereich Soziale Dienste, die entweder über Leistungsentgelte finanziert werden und/oder zu den kommunalen Pflichtaufgaben zählen. Die Ergebnisse der Fallstudien weisen darauf hin, dass hier der Verein nicht mehr die Organisationsform erster Wahl darstellt. Entweder begünstigen die Kontextbedingungen eher unternehmensförmige Organisationsformen, oder aber aufgrund der in diesen Feldern inzwischen dominierenden betriebswirtschaftlichen Orientierung passen sich die Nonprofit-Organisationen dieser bereichsspezifischen „Kultur" an. Deutlich wird dies insbesondere im Bereich Pflege. Hier hat sich in beiden Städten der Nonprofit-Sektor nicht in gleicher Weise etablieren können, wie dies in anderen Feldern der sozialen Arbeit der Fall ist. Gerade in diesem durch die Einführung der Pflegeversicherung erst entstandenen neuen Markt finden sich sowohl in Münster als auch in Jena vergleichsweise viele privat-kommerzielle Anbieter. Es sind in Münster wie in Jena im Pflegebereich zwar auch die Wohlfahrtsverbände aktiv, doch auch die den Wohlfahrtsverbänden angeschlossenen Anbieter sind im Pflegebereich keineswegs immer gemeinnützig organisiert.

Perspektivisch ist im Sozialbereich von einer Zweiteilung der Trägerlandschaft bzw. von einem Auszug einer ganzen Reihe von Einrichtungen aus dem Nonprofit-Sektor auszugehen. Während diejenigen Organisationen, die als „kommunale Subunternehmer" tätig sind und als hoch professionalisierte soziale Dienstleister kommunale Pflichtaufgaben übernehmen, eher nichtgemeinnützige Organisationsformen vorziehen, verbleiben die weniger professionalisierten Einrichtungen, die die kommunalen Pflichtaufgaben eher ergänzen und hierbei auf ehrenamtliches Engagement und freiwillige Mitarbeit rekurrieren, voraussichtlich auch weiterhin als e.V. organisiert. Dieser Trend wird besonders deutlich in den Tätigkeitsfeldern, in denen sich privatkommerzielle Anbieter etablieren konnten, wie etwa im Pflegebereich oder im Gesundheitswesen. Konfrontiert mit einer zunehmenden Konkurrenz nichtgemeinnütziger Anbieter verschlanken gerade die traditionellen Wohlfahrtsverbände die Organisationsstrukturen ihrer Mitgliedereinrichtungen und organisieren diese zunehmend als mbH oder GmbH.

Vergleicht man die Strukturen der Bereiche Soziale Dienste und Gesundheitswesen mit dem Kulturbereich, so zeigt sich deutlich, dass es hier aufgrund der Dominanz der kommunal getragenen Einrichtungen zu Wettbewerbsverzerrungen kommt. Gegenüber der staatlich getragenen Konkurrenz sind die frei-gemeinnützig organisierten Veranstaltungsbetriebe deutlich schlechter gestellt. Da aufgrund der begrenzten Ressourcen eine Inkorporierung der „freien Szene" in den öffentlichen Kulturbetrieb eher unwahrscheinlich ist, sollte in diesem Bereich in Zukunft verstärkt über Entstaatlichung nachgedacht werden. Das Beispiel Jena zeigt, dass auch ein Theater nicht unbedingt als kommunale Einrichtung organisiert sein muss.

Im Vergleich der beiden Städte zeigt sich ferner, dass vor allem im Pflegebereich privat-kommerzielle Anbieter in Jena stärker präsent sind als in Münster. Dies kann auf die in Münster für neue Anbieter bestehenden, relativ hohen Markteintrittskosten zurückgeführt werden; im Laufe der Zeit haben hier die konfessionell orientierten Wohlfahrtsverbände eine dominierende Stellung eingenommen, die aufgrund der Förderpolitik der Kommune auch prinzipiell nicht in Frage gestellt wird. Im Unterschied zu Jena werden die Wohlfahrtsverbände in Münster pauschal gefördert, wobei sie die kommunalen Mittel in etwa gemäß ihrer jeweiligen Größe nach Einrichtungen und Mitarbeitern untereinander aufteilen.

Aus organisationssoziologischer Sicht sehr interessant ist hierbei die Caritas in Münster, die sich aufgrund der spezifischen soziokulturellen Tradition der Stadt als Bischofssitz und Zentrum eines vor allem sozial engagierten Katholizismus zum größten sozialen Dienstleister vor Ort entwickelt hat. Rechnet man die von Ordensgemeinschaften getragenen, aber inzwischen als GmbH organisierten Krankenhäuser sowie die von den Kirchengemeinden im Bereich der Kinder- und Jugendarbeit getragenen Einrichtungen zu diesem „katholischen" sozialen Dienstleistungssegment hinzu, so wird die Bedeutung des katholischen Milieus für die soziale Infrastruktur Münsters noch deutlicher. Die umfangreiche und sehr ausdifferenzierte Angebotspalette sozialer Dienstleistungen ist in Münster in hohem Maße vom „Sozialunternehmen Kirche/Caritas" geprägt, das unter diesem Dach aber ganz unterschiedliche Organisationsformen vereint.

Insofern ist es nicht verwunderlich, dass die Sozialverwaltung diesem „sozial-konfessionellen Komplex" in Münster nicht als gleichberechtigter Partner gegenübersteht, sondern sich vielmehr in einer nachgeordneten bzw. sogar in einer Position der Schwäche sieht. Zur Stärkung ihrer Verhandlungsmacht versucht die Verwaltung, Kontraktmanagement auch als steuerungsstrategisches Instrument einzusetzen. Doch wie beschrieben, sind in rein administrativer, verwaltungstechnischer Hinsicht die Wohlfahrtsverbände in Münster, insbesondere die Caritas, der Verwaltung bei weitem überlegen.

Demgegenüber stellt sich das Verhältnis zwischen Nonprofit-Sektor und Verwaltung in Jena im Bereich Soziale Dienste ganz anders dar. Die Verwaltung ist in Jena im Vergleich zu Münster im Sozialbereich ungleich stärker, während sich der Nonprofit-Sektor in einer Position der Schwäche befindet. Für dieses im Vergleich zu Münster genau gegengleiche Verhältnis von Nonprofit-Sektor und Verwaltung im Sozialbereich lassen sich mehrere Gründe anführen. An erster Stelle ist hier sicherlich zu nennen, dass Nonprofit-Organisationen vielfach aus der Verwaltung heraus entstanden sind bzw. in einem Fall sogar direkt von Verwaltungsmitgliedern gegründet wurden. In enger Verbindung hierzu ist die mangelnde Einbettung der Nonprofit-Organisationen in entsprechende soziokulturelle Milieus zu sehen. Pointiert ausgedrückt, sind einige der sozialen Dienstleister in Jena in klassischer Weise als „kommunale Subunternehmer von Verwaltungs Gnaden" zu betrachten, während in Münster der Verwaltung sozial und politisch gut eingebundene und im Fall der Caritas straff geführte Unternehmungen gegenüberstehen. Als letzter Faktor ist hier schließlich die Rolle der Politik bzw. der Parteien anzuführen. Während sich auch hier die Machtverhältnisse zugunsten der konfessionell orientierten Anbieter in Münster auswirken, ist die Machtverteilung in Jena zu desperat, um klare Schwerpunkte zu setzen. Zwar lässt die relativ starke Stellung der AWO darauf schließen, dass hier die Mehrheitsfraktion nachgeholfen hat. Da jedoch in Jena, wie im übrigen auch in Münster, kein stark ausgeprägtes sozialdemokratisches Milieu vorhanden ist, ist die AWO in Jena ebenso wenig soziokulturell verankert wie in Münster.

Dennoch wäre es falsch, den Nonprofit-Sektor im Sozialbereich auf die konfessionell orientierten Leistungsersteller zu reduzieren. Aufgrund ihrer nur rudimentär vorhandenen sozialen Einbettung haben die konfessionell orientierten Anbieter in Jena in deutlichem Unterschied zu Münster nur eine marginale Position auf dem Anbietermarkt der sozialen Dienstleister inne. Hier konnte sich vor allem das DRK als „Vorwende-" und gleichzeitig säkular ausgerichtete Mitgliederorganisation etablieren. Mitgliederstark ist in Jena ferner die Volkssolidarität, die im Anfang jedoch in den neuen Ländern erhebliche Startprobleme hatte, da sie an der im Rahmen des Institutionentransfers gewährten Aufbauhilfe für den Nonprofit-Sektor im Sozialbereich nicht partizipierte. Abgesehen von der Volkssolidarität als „Vorwendeorganisation" ist in Jena und Münster eine ganze Reihe von Einrichtungen praktisch neben den Wohlfahrtsverbänden entstanden. In Jena sind dies einige „Nachwendeorganisationen", die in der Kinder- und Jugendarbeit tätig sind, sowie ein breites Spektrum von Selbsthilfegruppen.

Auch in Münster kommt den Selbsthilfegruppen ein beachtlicher Stellenwert auf der Landkarte der sozialen Infrastruktur der Stadt zu. Ferner gibt es in Münster noch eine breite Palette von Einrichtungen und Organisationen, die im Grenzbereich zwischen Selbsthilfe und Sozialengagement anzusiedeln sind und die in ihrer Entstehungszeit sicherlich dem Umfeld der Neuen sozialen Bewegungen zuzurechnen waren. Aus Elterninitiativen hervorgegangene Kindertagesstätten sind hier ebenso zu nennen wie zahlreiche in der Gesundheitsfürsorge tätige Vereine, in denen im Anfang nur Betroffene oder deren

Angehörige organisiert waren. Die Ausbildung dieser „Szene" ist im Übrigen typisch für Groß- bzw. für Universitätsstädte, deren Bewohner schwerpunktmäßig im Dienstleistungsbereich tätig sind. Auch dieses Spektrum von Nonprofit-Organisationen ist daher in Münster in ein spezifisches soziales Milieu eingebettet.

Aufgrund der Größe der Universität und der zahlreichen in der Stadt ansässigen Behörden ist in Münster auch diese „Szene" vergleichsweise stärker ausgebildet als in Jena und kann vor allem mit größerer finanzieller Unterstützung von Seiten der Kommune rechnen. Neben den pro Kopf der Bevölkerung höheren Ausgaben der Stadt Münster für Soziales sind hier insbesondere die monetären Ressourcen der von der Stadt treuhänderisch verwalteten Sozialstiftungen anzuführen, deren Mittel vorrangig der Unterstützung des Selbsthilfebereichs zu Gute kommen, worunter in Münster auch die inzwischen relativ etablierten, aus Selbsthilfeinitiativen hervorgegangenen Organisationen gerechnet werden. Die Ressourcenausstattung der Stadt Jena ist nicht nur deutlich schlechter als die Münsters, die Sozialverwaltung verfügt auch nicht über zusätzliche freie Mittel.

Diese im Vergleich zu den traditionsreichen Wohlfahrtsverbänden relativ jungen sozialen Dienstleister sind in Münster mehrheitlich unter dem Dach des DPWV organisiert, der sich ebenfalls durch eine beachtliche Größe auszeichnet. Aufgrund der Heterogenität des Anbieterspektrums ist die Verwaltung in Münster gegenüber diesen Nonprofit-Organisationen im Vergleich zu den Wohlfahrtsverbänden in einer stärkeren Position. Die Förderung dieses Bereichs durch die in treuhänderischer Verwaltung der Stadt stehenden Stiftungsgelder ist sicherlich zu begrüßen, gleichzeitig schmückt sich die Stadt hier aber auch in gewisser Weise „mit falschen Federn". In der lokalen Öffentlichkeit wird kaum wahrgenommen, dass es sich bei diesen Mitteln nicht um kommunale Fördergelder, sondern vielmehr um rein private Mittel handelt. Dank der Sozialstiftungen steht der Kommune in Münster ein ihr in dieser Form eigentlich nicht zustehendes Steuerungsinstrument zur Verfügung.

Im Vergleich der beiden Städte zeigt sich schließlich, dass dem Neuen Steuerungsmodell in Münster bereits ein maßgeblicher Stellenwert in der Kooperation zwischen Nonprofit-Organisationen und Kommune zukommt. Dagegen wurde in Jena die Besonderheit dieses Ansatzes als einer eher betriebswirtschaftlichen Steuerung von Verwaltungshandeln zum Untersuchungszeitpunkt so nicht wahrgenommen. Stattdessen wurden lediglich einzelne Instrumente des Neuen Steuerungsmodells im Zuge der Maßnahmen hin zu einer Verwaltungsmodernisierung, die die Kommune seit der Wende schrittweise vornimmt, übernommen. Wie dargelegt, haben Vertragsbeziehungen zwischen Kommune und Nonprofit-Organisationen in Jena einen anderen Stellenwert und werden aufgrund anderer Intentionen abgeschlossen als in Münster. Sie werden in Jena vorrangig eingesetzt, um die Kontinuität der Versorgung sicherzustellen und die Arbeitsplätze der Mitarbeiter der Nonprofit-Organisationen zu garantieren. Anders ausgedrückt: Leistungsverträge werden in Jena vorrangig eingesetzt, um die Organisationen von dem Druck der Erwirtschaftung des bei „normaler" Förderung für sie anfallenden Eigenanteils zu entlasten. Aus der Sicht der Organisationen garantieren Leistungsverträge mit längerfristiger Laufzeit Planungssicherheit.

Aus diesem Grund werden Vertragsbeziehungen auch in Münster von einer ganzen Reihe von Nonprofit-Organisationen befürwortet. Dies ist insbesondere im Bereich Kultur der Fall, wo in Münster im Gegensatz zum Sozialbereich der Nonprofit-Sektor vergleichsweise schwach ausgeprägt ist. Neben der Planungssicherheit kommt hier als weiterer Grund noch die Verbesserung der Konkurrenzsituation zum Tragen. Dies gilt in Münster wiederum in besonderem Maße für den Kulturbereich, der durch eine Schlechterstellung der Organisationen und professionellen Gruppen in freier Trägerschaft im Vergleich zu den kommunalen Einrichtungen und Ensembles charakterisiert ist. Doch auch im Sozialbereich gehen die vergleichsweise jungen Nonprofit-Organisationen davon aus, ihre Chancen gegenüber den traditionellen Anbietern in ausgewählten Segmenten verbessern zu können, wenn die Beziehungen zwischen Kommune und Nonprofit-Organisationen generell vertraglich gestaltet und die Verträge unter Wettbewerbsbedingungen vergeben würden. Unter den gegebenen Bedingungen der überaus starken Position der Wohlfahrtsverbände trifft dieses Argument sicherlich nur für ganz bestimmte Bereiche und sehr spezielle Angebote in Münster zu. Im Kulturbereich könnte eine generelle Umstellung auf Leistungsverträge durchaus zu Strukturveränderungen führen. Im Prinzip gibt es keinen Grund, warum ein soziokulturelles Zentrum als e.V. organisiert und ein Stadtmuseum als eigenständiges Amt in der Kulturverwaltung geführt wird. Dass es auch anders geht, zeigt gerade das Beispiel Jena, wo das Theater als gGmbH organisiert ist.

Im Sozialbereich gibt es jedoch keine Indizien dafür, dass Kontraktmanagement zu grundlegenden Veränderungen auf dem Anbietermarkt führt. Wo Leistungsverträge abgeschlossen wurden, arbeitet man sowohl in Jena als auch in Münster im Prinzip weiterhin mit den bekannten Dienstleistern zusammen. Allerdings lassen sich durchaus Hinweise für eine Art „Doppelstrategie" der Kommune gegenüber dem Nonprofit-Sektor gerade im Bereich Soziale Dienste finden. In Münster wie in Jena differenziert die Verwaltung zwischen Organisationen, die als „Subunternehmer" tätig sind und kommunale Pflichtaufgaben übernehmen, und solchen Initiativen und Vereinen, die eher freiwillige Aufgaben übernehmen und die lokale Infrastruktur erweitern. In beiden Städten wird die Zusammenarbeit mit den „Subunternehmern" zunehmend vertragsförmig durch Kontraktmanagement oder längerfristig abgeschlossene Leistungsverträge gestaltet. Im Gegenzug lässt sich festhalten, dass die „kommunalen Subunternehmer" zunehmend ihre Organisationsform verändern und die GmbH dem Verein vorziehen. Bei den nicht über Leistungsentgelte finanzierten Diensten oder solchen, die über die Pflichtaufgaben hinausgehen, verfolgt Münster bei der Kooperation mit Nonprofit-Organisationen einen eher sozialräumlich und auf die Stadtteilebene orientierten Ansatz, während in Jena hier unter anderem eine Kooperation nach dem „Arm's-Length-Prinzip" unter Einschaltung von lokalen Dachorganisationen als Mittlerinstanzen, wie etwa dem „Demokratischen Jugendring", festzustellen ist.

Dieser Trend scheint perspektivisch auch zu einer „Zweiteilung" des Arbeitsmarktes im Sozialbereich zu führen. Während die „Subunternehmer" vergleichsweise sichere Arbeitsplätze bieten, scheinen bei Vereinen und Initiativen die Arbeitsplätze unsicherer und mit größeren Risiken verbunden zu sein. Gleichzeitig scheinen hier aber auch die Chancen durch eine Diversifikation der Ressourcen und des Finanzierungsmix der Organisationen größer zu sein, neue und zusätzliche Arbeitsplätze und Beschäftigungsmöglichkeiten zu erschließen. Interessant ist dieser Bereich ferner aufgrund seiner integrativen Funktion. Im Vergleich zu den als GmbH organisierten „Subunternehmern" bieten diese Einrichtungen und Initiativen aufgrund ihrer sozialräumlichen Orientierung sowie ihrer Organisation als Verein Interessierten vergleichsweise bessere Chancen der Beteiligung und damit des ehrenamtlichen Engagements und der freiwilligen Mitarbeit.

Schließlich lässt sich in beiden Städten feststellen, dass die Kommune in den Bereichen, in denen sie über größere Gestaltungsmöglichkeiten und Freiheitsgrade verfügt, diese auch in stärkerem Maße nutzt, um unter Einbeziehung von Nonprofit-Organisationen gleichzeitig steuernd wie aktivierend tätig zu werden. Als eher negatives Beispiel ist in diesem Zusammenhang die Praxis in Jena anzuführen. Förderung von Kulturvereinen wird hier unter anderem an die Mitwirkung bei dem vom Kulturamt unter einem bestimmten Jahresmotto aufgelegten Veranstaltungsprogramm gekoppelt. In weniger dirigistischer Weise wird in Münster im Sozial- wie auch im Kulturbereich vorgegangen. Eines der beiden Münsteraner Bürgerhäuser bietet ein gutes Beispiel dafür, wie über die Bereitstellung von Infrastruktur nicht nur das kulturelle Leben vor Ort aktiviert, sondern dank zusätzlich erwirtschafteter Mittel auch in erheblichem Umfang Arbeitsplätze geschaffen werden. Stärker planend angelegt ist dagegen die Zusammenarbeit zwischen Vereinen und Verwaltung im Sozialbereich in Münster. Unter Einbeziehung der sozialen Dienstleister im Stadtteil wird hier durch Runde Tische zunächst der lokale Bedarf ermittelt, um daran anschließend auf dieser Informationsbasis ein Sozialraumbudget festzulegen. An diesem Budget können alle im Stadtteil arbeitenden Sozialvereine partizipieren, wobei davon ausgegangen wird, dass diese auch zusätzliche Ressourcen in Form ehrenamtlichen Engagements und freiwilliger Mitarbeit aktivieren. Zweifellos zielt diese Strategie auch darauf ab, die Dynamisierung der Mittelzuweisung an freiwillige Träger zumindest langfristig zu begrenzen.

Abschließend ist festzuhalten, dass die Kooperation zwischen Kommune und Nonprofit-Organisationen in hohem Maße von den jeweils bereichsspezifisch gestalteten rechtlichen Rahmenbedingungen geprägt wird, die ganz maßgeblich das Verhalten von Verwaltung wie Nonprofit-Organisationen präjudizieren. So scheinen die Novellierungen von BSHG und KJHG sowie die Einführung der Pflegeversicherung unter anderem zu einer „Zweiteilung" des Anbietermarktes wie auch zu einer „Doppelstrategie" der Kommunen gegenüber dem Nonprofit-Sektor und im Prinzip zu einer Ausdifferenzierung des Bereichs in „kommunale Subunternehmer" und freiwillige Dienstleister zu führen. Bei den „kommunalen Subunternehmern", die sich vorrangig über Leistungsentgelte finanzieren und/oder hauptsächlich Pflichtaufgaben übernehmen, ist der Verein eher nicht mehr die Organisationsform der ersten Wahl. Hier könnte es in Zukunft zu deutlichen Veränderungen der Trägerstrukturen kommen.

Zum anderen kommt dem Moment der Tradition bzw. den verschiedenen soziokulturellen Milieus in den Städten für die Ausgestaltung sowohl des Nonprofit-Sektors als auch der Kooperationsbeziehungen zwischen Sektor und Verwaltung eine beachtliche Bedeutung zu. Letzteres zeigt sich ganz deutlich im Vergleich zwischen Jena und Münster: Es gibt in Jena kein funktionales Äquivalent des Münsteraner „sozial-konfessionellen Komplexes" der Einrichtungen der Kirchengemeinden und konfessionellen Wohlfahrtsverbände. Dagegen fehlt in Münster die mäzenatische Tradition eines bedeutenden Industriestandortes. Eine Kulturstiftung mit einem vergleichbar prägenden Einfluss wie die Ernst-Abbe-Stiftung sucht man hier vergebens. Wie wichtig gewachsene Strukturen für die Einbindung der Nonprofit-Organisationen sind, wird unter anderem auch am Beispiel des DRK in Jena deutlich, das sich als „Vorwendeorganisation" als größter Anbieter sozialer Dienste in der Stadt etablieren konnte. Neben der Tradition kommt aber auch der Innovationsbereitschaft eine besondere Bedeutung für die Etablierung und Weiterentwicklung von Nonprofit-Organisationen zu. Als Beispiel ist hier das Theater in Jena anzuführen, das nicht als kommunale Einrichtung, sondern als gGmbH errichtet wurde.

Im Vergleich zwischen Münster und Jena lässt sich ferner festhalten, dass die Nonprofit-Organisationen in Jena transformationsbedingt deutlich schlechter gestellt sind. Eine Sozialstiftung mit dem Fördervolumen der in Münster treuhänderisch von der Stadt verwalteten Stiftungen würde wesentlich zur Stabilisierung der Nonprofit-Organisationen in den nicht über Leistungsentgelte finanzierten Bereichen der sozialen Arbeit in Jena beitragen. Gleichzeitig lässt sich in Jena aber auch eine leicht zögerliche Haltung der Verwaltung gegenüber einer weiteren Entstaatlichung und Privatisierung von Einrichtungen insbesondere im Bereich der Kindertagesstätten erkennen. Als Grund der zögerlichen Haltung wurde von der Verwaltung vor allem das Arbeitsplatzargument angeführt, dass man als Arbeitnehmer beim Staat sicherer aufgehoben sei als bei einer Nonprofit-Organisation. Möglicherweise spielt hier aber auch die Furcht vor „Münsteraner Verhältnissen" im Sozialbereich eine Rolle, so dass man in Jena von Seiten der Verwaltung ein eher patriarchalisch fürsorgliches Verhältnis gegenüber dem Nonprofit-Sektor einer gleichberechtigten Partnerschaft vorzieht.

7. Perspektiven

Im Zentrum der vorliegenden Studie standen zwei Themenkomplexe: Zum einen ging es um die arbeitsmarktpolitische Relevanz des Sektors sowie um die Beschäftigungsverhältnisse und -entwicklung seiner Organisationen. Zum anderen wurden die Rolle und die Bedeutung des Sektors im Kontext der aktuellen gesellschaftspolitischen Veränderungen behandelt.

Welchen Stellenwert haben Nonprofit-Organisationen heute im Hinblick auf die Reform von Sozialstaat und Wohlfahrtsgesellschaft? Inwiefern sind sie von den fiskalischen Problemen des Staates betroffen? Sind sie Leidtragende der derzeitigen Veränderungen von Staat und Gesellschaft oder aber sind sie als Teil der Zivilgesellschaft Motor, vielleicht sogar Katalysator und Ideengeber von Modernisierung und gesellschaftspolitischem Wandel? Im Folgenden werden die Ergebnisse der vorliegenden Studie im Hinblick auf diese beiden zentralen Themenkomplexe im Überblick zusammengefasst, um Schlussfolgerungen für die künftigen Entwicklungen abzuleiten.

7.1 Der Dritte Sektor als Arbeitsmarkt und Wirtschaftskraft

Zur arbeitsmarktpolitischen Relevanz

International wie auch für Deutschland weisen die Ergebnisse des Johns Hopkins Comparative Nonprofit Sector Project einen Dritten Sektor von beachtlicher Größe und arbeitsmarktpolitischer Relevanz aus. Für die 1990er Jahre zeigt der internationale Vergleich einen prosperierenden Sektor, dessen ökonomische und insbesondere arbeitsmarktpolitische Bedeutung im Beobachtungszeitraum kontinuierlich gewachsen ist. In den Ländern des Johns Hopkins-Projektes waren Mitte der 1990er Jahre im Durchschnitt der 22 beteiligten Länder knapp fünf Prozent der Beschäftigten im Dritten Sektor tätig. Anders ausgedrückt: In den einzelnen Projektländern waren jeweils mehr Personen in Organisationen des Dritten Sektors beschäftigt als in dem jeweiligen größten nationalen Wirtschaftsunternehmen.

Auch in Deutschland stellt der Sektor einen beachtlichen wirtschaftspolitischen Faktor dar. Im Jahr 1995 waren im deutschen Nonprofit-Sektor rund 2,1 Millionen Personen beschäftigt und 17 Millionen Bürger regelmäßig mit einem messbaren zeitlichen Aufwand ehrenamtlich engagiert. Insofern entspricht der Sektor in Deutschland seiner arbeitsmarktpolitischen Relevanz nach in etwa der Versicherungswirtschaft oder dem Transportwesen. Ein

Ergebnis, das man so sicherlich nicht erwartet hatte. In der zweiten Hälfte der 1990er Jahre hat das Wachstum des Sektors in Deutschland unvermindert angehalten, so dass bei einer Hochrechnung auf der Grundlage der für 1995 zur Verfügung stehenden Daten bis zum Jahr 2000 von über 600.000 gemeinnützigen Organisationen auszugehen ist, in denen fast drei Millionen Personen eine Beschäftigung fanden.

Entgegen dem Negativtrend und der pessimistischen Stimmung von Marktunternehmen weisen die Ergebnisse der Organisationsbefragung eine pragmatische bis leicht optimistische Stimmung der deutschen Dritte-Sektor-Organisationen hinsichtlich der weiteren Entwicklung und Perspektiven der Beschäftigung aus. Insbesondere die Ergebnisse der Organisationsbefragung unterstreichen eindrucksvoll den unverzichtbaren Stellenwert gemeinnütziger Organisationen in unserer Gesellschaft. Sowohl in ihrer organisationsspezifischen Ausprägung als auch in ihrer Gesamtheit als Dritter Sektor erfüllen sie wichtige Alltagsbedürfnisse. Sie leisten signifikante Beiträge zum sozialen, politischen und kulturellen Leben und sind in ihrer Funktionalität für unsere Gesellschaft unverzichtbar.

Klassische Wachstumsbranchen mit gedämpften Erwartungen

Hingegen darf man vom Bereich zwischen Markt und Staat gerade im Hinblick auf die Schaffung und Verstetigung von Arbeitsplätzen auch nicht zu viel erwarten. Ein „Jobmotor", von dem in nächster Zeit ein „Beschäftigungswunder" in unserem Land ausgehen wird, ist der Dritte Sektor nicht. Besonders beschäftigungsintensiv sind nämlich in Deutschland gerade jene Bereiche des Dritten Sektors, die im Rahmen des Gesundheitswesens und der Sozialen Dienste aktiv sind. Gerade diese gemeinnützigen Organisationen sind aber eng in die sozialstaatliche Daseinsvorsorge eingebunden und insofern von den derzeitigen finanziellen Problemen der Sozialversicherungssysteme sowie der öffentlichen Hand stark betroffen. Es waren daher auch nicht diese Bereiche des Dritten Sektors, die prozentual betrachtet die größten Zuwachsraten in puncto Beschäftigung aufwiesen. Dies traf vielmehr für jene vergleichsweise jungen und sich derzeit sehr dynamisch entwickelnden Arbeitsbereiche des Sektors, wie etwa die Bereiche Umwelt- und Naturschutz, Internationale Aktivitäten oder das Stiftungswesen zu. Im Unterschied zu den Bereichen Gesundheitswesen und Soziale Dienste, die lange Zeit im Zuge des Ausbaus der Wohlfahrtsstaatlichkeit zu den zentralen Wachstumsbranchen des Dritten Sektors in Deutschland zählten, zeichnen sich jene Tätigkeitsfelder dadurch aus, dass ihre Organisationen eher auf einen Finanzierungsmix aus Einnahmen am Markt, Mitgliedsbeiträgen, zum Teil beachtlichen Spendenleistungen sowie öffentlicher Förderung rekurrieren. Demgegenüber stellen überwiegend staatliche Transferleistungen, nämlich Leistungsentgelte der

Sozialversicherungen sowie öffentliche Zuwendungen für die „klassischen Wachstumsbranchen" des Sektors die primären Finanzquellen dar. Angesichts leerer öffentlicher Kassen ist diese enge finanzielle Bindung an den Staat insofern als problematisch anzusehen, als die aktuelle Reform- und Kürzungspolitik vor den gemeinnützigen Organisationen nicht Halt machen wird. Im Gegenteil, der besondere Charakter von Dritte-Sektor-Organisationen, ihre Fähigkeit, bürgerschaftliches Engagement, d.h. Geld- und Zeitspenden zu aktivieren, macht sie zu einem Einsparungs- und Kürzungsbereich erster Wahl. Mit Blick auf die anstehenden Sparpakete der öffentlichen Hand ist die zukünftige Beschäftigungsentwicklung des Sektors in den Bereichen des Gesundheitswesens und der Sozialen Dienste daher eher zurückhaltend einzuschätzen. Eine entsprechende Entwicklung muss für die relativ neuen und sich in stärkerem Maße zivilgesellschaftlich orientierenden Bereiche des Sektors nicht eintreten.

Heterogenität der Beschäftigungsverhältnisse

Gerade jene Bereiche des Sektors, wie etwa Sport, Freizeit, Kultur, Umwelt und Internationales, die im Gegensatz zum Gesundheitswesen und zu den Sozialen Diensten weniger staatsnah agieren und auch nicht in gleichem Umfang „korporatistisch" in die öffentlich-sozialstaatliche Dienstleistungserstellung eingebunden sind, sehen hinsichtlich der Beschäftigungsentwicklung vergleichsweise optimistisch in die Zukunft. Aber dies sind auch jene Bereiche des Sektors, die sich durch ein bemerkenswertes freiwilliges Engagement auszeichnen und ihre Aktivitäten und Angebote in einem beachtlichen Umfang durch Mitgliedsbeiträge und freiwillige Leistungen finanzieren. Im Vergleich zum Gesundheitswesen und zu den Sozialen Diensten sind die hier tätigen Dritte-Sektor-Organisationen gleichzeitig in geringerem Umfang professionalisiert. Flexible Beschäftigungsformen, Teilzeitarbeit sowie in einem beachtlichen Umfang Honorartätigkeit, sind hier die Regel, während vor allem im Gesundheitswesen das Vollzeitarbeitsverhältnis dominiert.

Auf keinen Fall bestätigen die Ergebnisse der vorliegenden Untersuchung jedoch das in der Literatur viel zitierte und insbesondere von gewerkschaftlicher Seite häufig angeführte Argument, dass es sich beim Dritten Sektor um ein Terrain so genannter Billigarbeitsplätze handle. Überraschend und in diesem Umfang nicht erwartet war, über den gesamten Sektor betrachtet, die große Bedeutung von Vollzeitarbeitsverhältnissen. Insgesamt lässt sich ein enger Bezug zwischen der Größe der Organisation, gemessen an ihren Mitgliedern und ihrem Leistungsangebot, und dem Grad der Professionalisierung feststellen.

Des Weiteren lassen sich zwischen den verschiedenen Tätigkeitsbereichen von Dritte-Sektor-Organisationen deutliche Unterschiede hinsichtlich der Verdrängung bzw. Beibehaltung und weiteren Attraktivität des bürgerschaftlichen Engagements feststellen. Während Größenwachstum, Professionalisierung und Verberuflichung im Bereich Gesundheitswesen mit einer nahezu vollständigen Verdrängung des ehrenamtlichen Engagements einhergehen, trifft dies für die Bereiche Umwelt- und Naturschutz sowie Internationales nicht zu. Neben der verberuflichten „Belegschaft" besteht in den in diesen Bereichen tätigen Organisationen nach wie vor Raum für bürgerschaftliches Engagement und ehrenamtliche Tätigkeit. Anders als in den staatsnah agierenden Bereichen des Sektors wird hier die zunehmende Professionalisierung und Verberuflichung der Beschäftigung nicht als Nullsummenspiel zu Lasten des bürgerschaftlichen Engagements gemanagt.

Trotz ausgeprägter Heterogenität der Beschäftigung, die haupt- und nebenamtliche Tätigkeiten ebenso einschließt wie Voll- und Teilzeitarbeit, Honorartätigkeit, stundenweise Beschäftigung und schließlich auch besondere Beschäftigungsformen, wie etwa Zivildienst oder ABM, sind bei der Entwicklung der Beschäftigungsverhältnisse im Dritten Sektor analoge Trends zu den Konkurrenzsektoren Markt und Staat festzustellen. Hier wie dort ist der Trend zur zunehmenden Flexibilisierung der Beschäftigungsformen unverkennbar, wobei die Teilzeitbeschäftigung nachhaltig an Bedeutung gewinnt. Leider zeichnet sich der Sektor nicht durch Progressivität im Hinblick auf die Beschäftigung von Frauen aus. Zwar ist die Belegschaft im Dritten Sektor überwiegend weiblich. Doch analog zur Beschäftigungssituation in Marktunternehmen und staatlichen Einrichtungen findet man auch in Dritte-Sektor-Organisationen kaum Frauen in Leitungs- und Führungspositionen.

Organisation – Umweltbeziehungen

Die Beschäftigungsverhältnisse und die Finanzierungsstrukturen der Organisationen in den verschiedenen Bereichen des Dritten Sektors spiegeln zu einem nicht unerheblichen Teil die besondere Einbettung des betreffenden Tätigkeitsbereichs und seiner Organisationen in den politisch-administrativen Kontext wider. Ein Teil des Sektors besteht aus Nonprofit-Organisationen in Bereichen wie Kultur, Freizeit, Sport und Umwelt, die maßgeblich durch bürgerschaftliches Engagement sowie durch Mitgliedsbeiträge und freiwillige Leistungen getragen werden. Ein anderer Teil besteht aus Nonprofit-Organisationen, die primär in den Bereichen Gesundheitswesen und Soziale Dienste tätig sind und einen integralen Bestandteil des deutschen Wohlfahrtsstaates sowie der Sozialpolitik darstellen. Hier ist das Subsidiaritätsprinzip am stärksten verankert. Die Organisationen sind stark professionalisiert, beziehen ihre Einnahmen hauptsächlich aus Leistungen der Sozialversicherungen sowie aus direkten staatlichen Zuwendungen. In ihrer Außenwirkung erscheinen sie weniger als Initiativen von Bürgern und Bürgerinnen, sondern eher als quasistaatliche Einrichtungen bzw. kommunale Subunternehmer, die sich in ihrem Tätigkeitsprofil und insbesondere in ihrem gesellschaftlichen Image kaum von der allumfassenden deutschen Bürokratie unterscheiden.

Umfang und Art der Einbindung in den wohlfahrtsstaatlichen Kontext der Bundesrepublik, d.h. die direkte sowie implizite Einbettung in den bundesdeutschen Verwaltungsvollzug, hat direkte Auswirkungen nicht nur auf das Selbst- und Fremdbild der Organisationen, sondern auch auf ihre Handlungsspielräume im Hinblick auf die Gestaltung der Beschäftigungsverhältnisse, der Besoldungsstrukturen und der Ausgestaltung der Tätigkeitsprofile. Auch die vorliegenden Ergebnisse bestätigen die „Zweiteilung" des Dritten Sektors in Deutschland in einen staatsnah organisierten Teil einerseits und in einen eher zivilgesellschaftlich eingebetteten und primär auf bürgerschaftliches Engagement und freiwillige Leistungen der Mitglieder rekurrierenden Bereich andererseits. Gleichzeitig zeigen die Ergebnisse der vorliegenden Untersuchungen, dass diese traditionell gewachsene Strukturierung des deutschen Dritten Sektors derzeit in hohem Maße von Veränderungen betroffen ist.

Dritte-Sektor-Organisationen sehen sich aktuell mit turbulenten Umweltbedingungen konfrontiert. Dies gilt sowohl für die Veränderung der gesellschaftlichen Kontextbedingungen, die mit den *buzz-words* der Individualisierung, der Pluralisierung der Lebensformen und der Auflösung der klassischen gesellschaftlichen Milieus auf den Punkt gebracht werden, als auch für den nachhaltigen Wandel des staatlich-administrativen Kontextes. Der Staat in seiner klassischen Ausprägung als hierarchische Steuerungsinstanz gehört der Vergangenheit an und wurde längst schon ersetzt durch den „kooperativen", verhandelnden Staat, der seine Aufgabenwahrnehmung in zentralen Bereichen der Daseinsvorsorge und der sozialstaatlichen Dienstleistungserstellung in hohem Maße vergesellschaftet hat. Doch auch der „vergesellschaftete Staat", der Vereine und Verbände als Nonprofit-Organisationen in seinen Verwaltungsvollzug inkorporiert und zunehmend staatsnah organisiert hat, ist inzwischen ein Auslaufmodell.

Nicht Hierarchie und nicht Verhandlung, sondern Wettbewerb dominiert aktuell den gesellschaftspolitischen Diskurs, wonach auch im klassisch etatistisch geprägten Deutschland Daseinsvorsorge und Sozialstaatlichkeit auf eine Leistungserstellung unter Wettbewerbsbedingungen umgestellt werden sollen. Konfrontiert mit dem aktuellen Trend der Wettbewerbs- und Marktorientierung, sind vor allem die traditionell sehr staatsnah agierenden Organisationen des Sektors in besonderer Weise herausgefordert, ihr Profil zu schärfen und ihre spezifische Funktion und gesellschaftliche Bedeutung unter diesen veränderten Umweltbedingungen neu unter Beweis zu stellen. Welche Strategien sie hierbei wählen, wie sie sich im Vergleich zu den weniger staatsnah organisierten Bereichen des Sektors verhalten, ob und inwiefern durch die aktuellen Veränderungen die Entwicklung einer gemeinsamen „Sektoridentität" gefördert wird oder aber das klassische „Kirchturmdenken" der Dritte-Sektor-Organisationen entlang vertikal strukturierten Bereichsgrenzen und Politikfeldern in Deutschland auch weiterhin dominiert, auch zur Beantwortung dieser Fragen bieten die vorliegenden Ergebnisse wichtige Anhaltspunkte.

7.2 Strategiefähigkeit des Dritten Sektors

Multifunktionalität gleichzeitig als Chance und Gefahr

Die vorliegenden Ergebnisse zeichnen das Bild eines Sektors, der sich in hohem Maße durch Multifunktionalität auszeichnet. Der Dritte Sektor lässt sich in Deutschland wie auch weltweit nicht auf eine soziale, politische oder ökonomische Funktionszuweisung festlegen oder beschränken. Vielmehr sind Dritte-Sektor-Organisationen jeweils gleichzeitig in mehreren Umwelten zu Hause. Als Dienstleister sind sie am Markt tätig, als lebensweltlich eingebettete Organisationen tragen sie zur Sozialintegration bei und bilden den „Kitt", der moderne Gesellschaften zusammenhält. Als zum Teil unbequeme Zeitgenossen, Lobby-Organisationen und *pressure groups* machen sie auf staatliche und gesellschaftliche Missstände aufmerksam, eröffnen Foren der gesellschaftlichen und politischen Partizipation und arbeiten insofern im Dienst des gesellschaftlichen Wandels.

Aufgrund ihrer Multifunktionalität sind Dritte-Sektor-Organisationen in hohem Maße adaptionsfähig an gesellschaftliche Veränderungen. Aus dem gleichen Grund sind sie aber auch in beachtlichem Umfang manipulierbar und anfällig für Kooptation. Aus organisationssoziologischer Sicht laufen die Organisationen stets Gefahr, ihren Kurs, der sich als Balance oder Ausgleich zwischen ökonomischer, zivilgesellschaftlicher und gemeinschaftlicher Logik charakterisieren lässt, zu verlieren und sich zu sehr in die eine oder andere Richtung zu bewegen. Was in der Literatur als Transformationstendenz von Dritte-Sektor-Organisationen beschrieben wird, wobei in der Regel auf die zunehmende Staatsnähe und die Angleichung an bürokratische Organisationsstrukturen der großen Dienstleister des deutschen Dritten Sektors in den Bereichen Gesundheitswesen und Soziale Dienste Bezug genommen wird, läuft im Kern auf ein Aufgeben des multifunktionalen Organisationscharakters zu Gunsten einer einseitigen oder zumindest pointierten Orientierung an nur einer Umwelt mit einer spezifischen Handlungslogik hinaus.

Staatsnähe als historisches Erbe

Nicht zuletzt aufgrund der historischen Entwicklung, der bereits sehr frühzeitig einsetzenden direkten Inkorporierung von Dritte-Sektor-Organisationen wie auch des bürgerschaftlichen Engagements und der ehrenamtlichen Tätigkeit in den Verwaltungsvollzug insbesondere auf der lokalen Ebene wurden Staat und Kommunen zur zentralen und Leitbild prägenden Umwelt des deutschen Dritten Sektors. Diese Orientierung, die durch die spezifische Interpretation der gemeindlichen Selbstverwaltung sowie des Subsidiaritätsprinzips, und zwar als eine Variante des obrigkeitsstaatlichen Paternalismus weiter gestärkt wurde, hat nachhaltig zur Schwächung der zivilgesellschaftlichen Einbettung des Sektors geführt. Ein Selbstverständnis dergestalt, dass der Sektor als wichtiges Element der Zivilgesellschaft dem Staat als Korrektiv und praktisch-kritisches Potenzial gegenübersteht, ist in Deutschland infolge der jeweils Politikfeld spezifischen, engen Verflechtungsstrukturen zwischen staatlicher Bürokratie und Organisationen des Sektors nur rudimentär ausgebildet.

Für die Organisationen des Sektors war bisher die enge Kooperation mit dem Staat eher von Vorteil. Angefangen bei der in den Sozialgesetzen festgelegten Förderungsverpflichtung der in den Bereichen Gesundheitswesen und Soziale Dienste tätigen Organisationen über den „Goldenen Plan" im Sportbereich, der umfangreiche Infrastrukturmaßnahmen im Bereich der Sportstätten festlegte, bis hin zu den über ABM finanzierten Arbeitsplätzen, von denen Dritte-Sektor-Organisationen über Jahre maßgeblich profitierten, war der Staat für die Dritte-Sektor-Organisationen in der Bundesrepublik lange Zeit ein solider, kalkulierbarer und vor allem verlässlicher Partner. Wie die Ergebnisse der Organisationsbefragung deutlich zeigen, trifft dies allerdings heute nicht mehr zu.

Gerade jene Organisationen, die primär auf staatliche Zuwendungen angewiesen sind und die eng mit dem Staat zusammenarbeiten, sehen eher pessimistisch in die Zukunft, rechnen eher mit Rückgängen als mit Zuwächsen bei der Beschäftigung und vermitteln insgesamt eine Position der Schwäche und unsicheren Abhängigkeit. Pointiert ausgedrückt, hat sich der Staat in jüngster Zeit vom verlässlichen Partner des Dritten Sektors zum „unsicheren Kandidaten", aus der Sicht der Organisationen sogar zum primären Problemerzeuger gewandelt. Gefragt, mit welchen Problemen sie sich derzeit maßgeblich konfrontiert sehen, verwiesen die Organisationen übereinstimmend auf den Staat, der sich aktuell vor allem dadurch auszeichnet, dass er nicht in der Lage ist, in adäquater Form mit dem Dritten Sektor umzugehen, sprich moderne, situationsadäquate Rahmenbedingungen anstelle der überbordenden Verrechtlichung zu schaffen. Doch wie verhalten sich die Organisationen angesichts einer Situation, die durch leere öffentliche Kassen, extensive Probleme der Sozialversicherungssysteme und eine ausufernde

Reformdiskussion gekennzeichnet ist, wobei aber der Dritte Sektor völlig ausgeklammert wird, und der Mangel an politischen Konzepten für gemeinnützige Organisationen auch bei wohlwollender Betrachtung nicht mehr zu übersehen ist?

Strategiewahl

Auf der Basis der vorliegenden Ergebnisse lassen sich drei sehr unterschiedliche Strategieentscheidungen feststellen. So wählen insbesondere die im Bereich Gesundheitswesen und zum Teil auch im Bereich Soziale Dienste tätigen großen und personalintensiven Dritte-Sektor-Organisationen die „Exit-Option" und entscheiden sich für einen Weg der „GmbH-isierung". Damit verbunden ist ein konsequenter Schritt in den Markt, der mit einem deutlichen Wandel der Organisationskultur einhergeht. Das den Dritte-Sektor-Organisationen allgemein innewohnende Moment der Spannung zwischen „Mission und Markt", der Orientierung sowohl an den Erfordernissen effizienter Dienstleistungserstellung als auch an normativ-ideellen Werten und Zielsetzungen, wird hier eindeutig in Richtung einer klaren Positionierung und Profilierung als Wirtschaftsunternehmung gelöst. Man setzt auf professionelles Management durch Betriebswirte, schlanke Strukturen und Ausbau der Marktposition vor Ort. Diese Organisationen unterscheiden sich nicht mehr von kommerziell arbeitenden Dienstleistungsunternehmen. Image- und marketingmäßig bisher noch vorhandene komparative Vorteile gegenüber der Konkurrenz aus dem Sektor Markt gehen hierbei selbstverständlich verloren.

Einen anderen Weg wählen die großen und ebenfalls hoch professionalisierten Dritte-Sektor-Organisationen in den Bereichen Umwelt- und Naturschutz sowie insbesondere im Bereich Internationales. Sie stärken ihr Profil als „Alternativkonzerne" und „Moralunternehmen". Die Spannung zwischen „Markt und Mission" wird hier durch ein intensives Marketing bzw. durch eine bewusste Akzentuierung und Herausstellung der normativen Orientierung gelöst. „Moralunternehmen" sind äußerst effizient geführte Organisationen, die Betriebsabläufe und -strukturen gemäß dem aktuellen Stand der Managementlehre gestalten. Gleichzeitig kultivieren sie jedoch ihr Image als Organisationen, die ausschließlich im Dienst normativ ideeller Anliegen tätig sind. Hoch professionalisiertes Fundraising, Mitgliederbindung à la ADAC über bestimmte Inzentive sowie eine langfristig geplante, strategisch angelegte Kommunikationspolitik mittels Kampagnen gehören hierbei ebenso zum Geschäft wie Personalentwicklung, Teamarbeit und kontinuierliche Evaluation. Dass diese NGOs derzeit im Zentrum der öffentlichen Aufmerksamkeit stehen, ist insofern nicht verwunderlich, als sie einen neuen und in seinem dauerhaften Erfolg noch nicht absehbaren Weg aus dem aktuellen Dilemma der nicht kalkulierbaren Umweltveränderungen bieten.

Schließlich lässt sich auch noch eine weitere Strategiewahl identifizieren. Hierbei akzentuieren die Organisationen die traditionelle Binnenperspektive. Mit sich selbst und dem eher kleinen Kreis der Mitglieder gänzlich zufrieden, erproben sie den Rückzug in die Privatsphäre einer kleinräumigen Vereinsseligkeit. Diese Biedermeier-Variante der Strategiewahl findet man besonders bei kleinen Dritte-Sektor-Organisationen in den Bereichen Freizeit und Hobbyaktivitäten. Wie eh und je zeichnen sich diese Organisationen in hohem Maße durch soziale Schließung aus. Es sind kleine, sozial vergleichsweise homogene Gruppen, die möglichst unter sich bleiben wollen, und die, da sie ein unpolitisches Image pflegen, in ihrer Wirkung insofern in hohem Maße politisch sind, als sie maßgeblich dazu beitragen, durch ihre Passivität die geringe zivilgesellschaftliche Ausprägung des Dritten Sektors in Deutschland weiter zu verstärken.

Berücksichtigt man, dass die „Biedermeier-Variante" der Strategiewahl rein quantitativ betrachtet eher die Regel als die Ausnahme darstellt, während sowohl die „Exit-Option" als auch die der Entwicklung zum „Moralunternehmen" nur vergleichsweise großen und bereits hoch professionalisierten Organisationen offen steht, sind die künftigen Chancen einer stärkeren zivilgesellschaftlichen Orientierung des Dritten Sektors bzw. einer Entwicklung hin zu einer echten gesellschaftlichen dritten Kraft als eher ungünstig einzuschätzen. Dabei machen die vorliegenden Ergebnisse auch deutlich, dass einer zivilgesellschaftlich orientierten, dynamischen Entwicklung der Dritte-Sektor-Organisationen in Deutschland ganz erhebliche Probleme im Wege stehen. Allerdings wäre es auch falsch, angesichts des derzeitigen Problemhorizontes nur den Dritten Sektor und seine Organisationen an den Pranger zu stellen und ihnen Unfähigkeit, mangelnde Innovationsbereitschaft sowie eben „Kirchturmdenken" und den Rückzug ins Private vorzuwerfen. Die „Biedermeier-Variante" der Strategiewahl wird durch die aktuelle Politik, vielleicht nicht bewusst, aber doch vom Ergebnis her in beachtlichem Umfang unterstützt und gefördert.

7.3 Reformunfähigkeit des Staates – Beibehaltung überholter Rahmenbedingungen

Schwierige Rahmenbedingungen

Bei der berechtigten Kritik an der „Biedermeier-Orientierung" eines Großteils des deutschen Dritten Sektors wird leicht übersehen, dass die Organisationen auch in der Lage sein müssen, adäquat auf die veränderten Anforderungen zu reagieren. Es wird kaum thematisiert, dass die den Organisationen zur Verfügung stehenden Handlungsmöglichkeiten mit sehr unterschiedlicher und sich zum Teil ausschließender Bewegungsfreiheit verbunden sind. So wird im Zuge der zunehmenden Wettbewerbsorientierung von Seiten des Staates der Anforderungskatalog besonders an die Dritte-Sektor-Organisationen in den sozialpolitischen Kernbereichen Gesundheitswesen und Soziale Dienste kontinuierlich erweitert, ohne dass jedoch gleichzeitig eine Erweiterung ihres Handlungsspielraums vorgenommen und den Organisationen die Möglichkeit eingeräumt wird, ihre Ressourcenausstattung jenseits der Unterstützung durch die öffentliche Hand zu verbessern. Begrenzungen liegen hier besonders durch das öffentliche Dienstrecht und die Einbindung in die Kameralistik vor. Meist sind die Organisationen als eingetragener Verein organisiert, obgleich dies keine geeignete Organisationsform für unternehmerisches Handeln darstellt. Eine Organisationsform, die speziell auf die am Markt der Sozialen Dienste und Leistungen tätigen Einrichtungen zugeschnitten ist, die aber dem öffentlichen Interesse und dem Allgemeinwohl dient, wie beispielsweise die *Public Benefit Company* in einigen osteuropäischen Ländern, ist in Deutschland unbekannt. Die steuerrechtlichen Regelungen der Gemeinnützigkeit ziehen für Dritte-Sektor-Organisationen in Deutschland enge Grenzen im Hinblick auf die Einwerbung steuerlich nicht zu veranlagender Spendengelder. Entsprechendes gilt auch für die Einnahmen aus wirtschaftlicher Tätigkeit. Eine Querfinanzierung zivilgesellschaftlicher Aktivität durch am Markt erzielte Einnahmen ist so gut wie unmöglich. Der Weg, der zur Gründung von GmbHs führt, ist insofern auch staatlich vorgezeichnet.

Nicht vergessen sollte man ferner, dass ebenfalls infolge der deutschen Tradition der subsidiären Einbindung der Dritte-Sektor-Organisationen in den lokal-kommunalen Kontext des Gemeinwesens abgesehen von „Staatsknete" kaum alternative Finanzressourcen zur Verfügung stehen. Was bleibt den Organisationen vor Ort angesichts der Finanzknappheit der Kommunen und der kontinuierlich zurückgehenden Zuschüsse der öffentlichen Hand anderes übrig, als sich auf die Privatheit ihrer Vereinsseligkeit zurückzuziehen? Innovative Lösungen, wie sie z.B. in einigen osteuropäischen Ländern inzwischen eingeführt wurden, wo Bürger und Bürgerinnen die Möglichkeit haben, die Summe, die einem Prozent der jeweils zu zahlenden Steuer entspricht, direkt und ohne Einflussnahme des Staates als finanzielle Förderung an individuell ausgewählte Dritte-Sektor-Organisationen zu transferieren, werden hier zu Lande vor dem Hintergrund der Finanzierungslöcher des öffentlichen Haushalts nicht einmal angedacht.

Nicht vergessen darf man außerdem, dass der Spendenmarkt in Deutschland relativ stabil ist und sich hinsichtlich des jährlichen Gesamtvolumens kaum verändert. Übertragen auf die Situation von kleinen Dritte-Sektor-Organisationen bedeutet dies, dass sie weitgehend leer ausgehen, da die individuelle Spendenleistung eben nicht mehr an den lokalen Sportverein oder an den Kulturverein um die Ecke gegeben wird, sondern der groß angelegten und hoch professionell durchgeführten Fundraising-Kampagne des international tätigen „Moralunternehmens" zu Gute kommt.

Minimale Verbesserungen

Allerdings wurden von Seiten der Politik Ende der 1990er Jahre zumindest erste Schritte in Richtung einer Stärkung der zivilgesellschaftlichen Einbindung des Dritten Sektors und seiner Organisationen in Deutschland unternommen. Herauszustellen ist in diesem Kontext die Reform des Stiftungsrechts, die insbesondere darauf abzielte, das Stiften vor Ort, und zwar in Form der Bürger-Stiftungen bzw. *Community Foundations*, die auch für Zustiftungen offen sind, attraktiv zu machen und dadurch à la longue für alternative Finanzierungsressourcen zu sorgen. Leider ist der Reformelan inzwischen verpufft. Die Reform des Gemeinnützigkeitsrechts verläuft mehr als stockend und kommt kaum voran.

Insgesamt kann man sich des Eindrucks nicht erwehren, dass momentan der politische Wille zur Stärkung des Bereichs jenseits von Markt und Staat nicht vorhanden ist. Auf die Infrastruktur von Zivilgesellschaft, also auf ihren organisatorischen Kern der Vereine und Initiativen des Dritten Sektors wird weder in der politischen Programmatik noch in Sonntagsreden Bezug genommen. Stattdessen ist die Diskussion um die Stärkung, Vertiefung und Weiterentwicklung des bürgerschaftlichen Engagements als moderne Bezeichnung für Ehrenamtlichkeit äußerst prominent platziert. Kritisch betrachtet handelt es sich hierbei um eine im Wesentlichen vormoderne Debatte. Gesellschaft wird in diesem Kontext nicht als organisationsstrukturiert, sondern als Gemeinschaft von Individuen betrachtet.

Zudem ist die Analogie zur deutschen Bürgergesellschaftsdebatte zu Beginn des 19. Jahrhunderts frappierend. Auch damals war der Staat – damals noch der preußische – äußerst knapp bei Kasse. Auch damals stand die Modernisierung der Verwaltungsstrukturen und des staatlichen Gemeinwesens ganz oben auf der politischen Agenda. Die Antwort auf die Nöte der Zeit im Vorfeld der Industrialisierung war das Ehrenamt als Bürgerpflicht. Heute bemühen sich Freiwilligenzentren, Aktionstage und Netzwerke darum, den wiederentdeckten Bürger bzw. die Bürgerin zum Spenden von Zeit und Geld zu animieren. Bürgerschaftliches Engagement stärken, lautet das Leitmotiv der Stunde. Hierbei sollen Bürger und Bürgerinnen, genau wie damals, nicht in selbstbestimmten Organisationen und Strukturen, sondern in erprobter Manier unter öffentlicher Obhut in Schulen, Museen, Krankenhäusern etc. Allgemeinwohl stärkend tätig werden.

Zwar hat die Enquete-Kommission „Zukunft des Bürgerschaftlichen Engagements" des Deutschen Bundestages die Debatte befruchtet, den eher verstaubten Begriff des ehrenamtlichen Engagements nachhaltig modernisiert und insgesamt in zahlreichen Bänden Umfang, Rahmenbedingungen, Probleme und Perspektiven des bürgerschaftlichen Engagements, das mehrheitlich in Dritte-Sektor-Organisationen stattfindet, gut nachlesbar dokumentiert. Doch die politische Wirkung dieser Enquete-Kommission ist ähnlich der ihrer Vorgängerinnen sowie vermutlich auch ihrer Nachfolgeeinrichtungen als eher bescheiden zu bezeichnen. So wurde in der Folge der Enquete-Kommission die Arbeitsgruppe der Mehrheitsbundestagsfraktion, die sich mit Engagementpolitik beschäftigt, von „Ehrenamt" in „Bürgerschaftliches Engagement" umbenannt. Die Übungsleiterpauschale wurde erhöht, ein eindeutiger Erfolg des Lobbying der Sportvereine, und diese Erhöhung wird als Siegeszug des bürgerschaftlichen Engagements gefeiert. Schließlich wurde das Job-AQTIV-Gesetz verabschiedet, das Arbeitslosen endlich ermöglicht, sich jenseits bisher vorhandener Beschränkungen zu engagieren und ehrenamtlich zu arbeiten. Sicherlich ist dies aus traditionell gewerkschaftlicher Sicht Fortschritt pur, wenn Arbeitslose jetzt einer ehrenamtlichen Tätigkeit im Umfang von mehr als 15 Wochenstunden nachgehen können, ohne dass der Leistungsanspruch – sprich das Arbeitslosengeld – entfällt. Ohne diese Veränderungen klein reden zu wollen, bleibt dennoch festzuhalten: Es handelt sich hierbei um „Minireformen" ohne größere gesellschaftspolitische Relevanz.

Die notwendige und längst überfällige Debatte über die Rolle der Zivilgesellschaft und die Bedeutung der Dritten Sektors im Rahmen der aktuellen gesellschaftspolitischen Reformen, sei es im Gesundheitswesen, bei der Altersversorgung, auf dem Arbeitsmarkt oder im Bildungs- und Ausbildungssystem, wird nicht geführt. Die Zivilgesellschaft bleibt eine Leerstelle in der aktuellen bundesdeutschen Reformdiskussion. Offensichtlich fällt es Politik und Verwaltung äußerst schwer, sich von etatistischen Traditionen zu verabschieden und der Gesellschaft in Form der organisierten Zivilgesellschaft des Dritten Sektors einen aktiven und politik-kritischen Part in der Reformdebatte einzuräumen. Ob sich dies in Zukunft ändern und der Dritte Sektor als staatsunabhängige gesellschaftspolitische Kraft an Profil gewinnen wird, lässt sich derzeit noch nicht abschätzen. Den großen Organisationen des Sektors, seinen Flaggschiffen und traditionell staatsnah organisierten Einrichtungen in den beschäftigungsintensiven Bereichen Gesundheitswesen und Soziale Dienste, d.h. den Wohlfahrtsverbänden, kommt diesbezüglich eine große Bedeutung zu. Viel wird davon abhangen, ob die Wohlfahrtsverbände ihren bisherigen, explizit kooperativen Kurs gegenüber Staat und Politik beibehalten oder aber sich stärker auf ihre Ursprünge beziehen und sich wieder mehr als zivilgesellschaftliche Organisationen denn als Partner sozialstaatlicher Dienstleistungserstellung verstehen.

Mehr Zivilgesellschaft wagen

Mehr Zivilgesellschaft wagen, könnte daher die zukunftsweisende Perspektive lauten, sowohl für die Reformvorhaben der Politik als auch für die weitere Orientierung des Dritten Sektors in Deutschland. Zwar ist dieser Sektor nicht in der Lage, als „Allzweckwaffe" zu wirken und die massiven Beschäftigungsprobleme und Defizite der sozialen Dienstleistungserstellung zu beseitigen. Dennoch können der Sektor und seine Organisationen als innovative Kraft, als bürgernaher Bereich sowie als Motor von Veränderung und gesellschaftlicher Mobilisierung einen wesentlichen Beitrag zur Behebung und Linderung der aktuellen gesellschaftspolitischen Problemlagen leisten. Doch dieses Potenzial kann nur reformpolitisch nutzbar gemacht werden, wenn die Politik zu einer entsprechenden Veränderung der derzeitigen Rahmenbedingungen bereit ist. Hiermit sind ganz konkret die Berücksichtigung des Dritten Sektors in politischen Konzepten und die Gestaltung zeitgemäßer rechtlicher Regelungen für die Tätigkeit seiner Organisationen angesprochen. Im weiteren Sinne bezieht sich die Forderung auf die Schaffung von Rahmenbedingungen für eine gesellschaftliche Atmosphäre, in der die Leistungen der Organisationen anerkannt und das freiwillige, unbezahlte Engagement der Bürger und Bürgerinnen in Dritte-Sektor-Organisationen ebenso zur Normalität gehören wie die finanzielle Unterstützung dieser Organisationen durch Staat, Unternehmen und Einzelpersonen.

Doch nicht nur diese Umwelt des Dritten Sektors ist aufgefordert, mehr Zivilgesellschaft zu wagen. Entsprechendes gilt auch für die Dritte-Sektor-Organisationen. Diese müssen sich bewusst werden, dass ihnen als infrastruktureller Basis der Zivilgesellschaft ein besonderer Stellenwert zukommt, der weit über kurzfristige Effizienz- und Effektivitätskriterien hinausreicht und der ihnen gerade im Kontext der aktuellen Reformdiskussion ein entscheidendes gesellschaftspolitisches Gewicht verleiht. Damit dieser Stellenwert aber deutlich wird, müssen die Organisationen über ihren Schatten springen und aus der ihnen staatlicherseits traditionell zugewiesenen subsidiären Position heraustreten und vor allem als politische Akteure wieder an Profil gewinnen. Dies erfordert die Ausbildung eines entsprechenden Sektorbewusstseins, einer organisationsspezifischen Dritte-Sektor-Identität, die das dem Sektor innewohnende Potenzial zur Selbstorganisation, Interessenartikulation, Partizipation und Integration neu aktiviert.

Dritte-Sektor-Organisationen müssen sich ihrer Verantwortung als lokal organisierte Solidargemeinschaften, die in der Lage sind, zwischen der Lebenswelt und den individuellen Bedürfnissen des Einzelnen und den sozialpolitischen Zielen des Staates zu vermitteln, stärker bewusst werden. Bei der Erhöhung ihres Stellenwerts in der Gesellschaft sind das Setzen auf die Ressource Solidarität, ein geringeres Maß an Amtlichkeit, weniger Bürokratie und mehr Flexibilität als bei staatlichen Verwaltungen und Behörden als

Vorzüge ebenso zu betonen wie die Gemeinwohlorientierung und die Ausrichtung des Organisationszwecks an ideellen Zielen. Insofern ist auch innerhalb des Dritten Sektors eine Aktivierung seiner zivilgesellschaftlichen Potenziale angesagt. Die Organisationen sind gefordert, auf den veränderten gesellschaftlichen und politischen Kontext adäquat zu reagieren und für ihre Tätigkeit entsprechende Schlussfolgerungen zu ziehen. Zu nennen sind hier beispielsweise Überlegungen hinsichtlich eines spezifischen Managements zur Anpassung der Organisationen an Bedingungen und Möglichkeiten des heutigen bürgerschaftlichen Engagements. Berücksichtigung müssen dabei jene Bedingungen finden, die sich aus dem modernen Alltagsleben mit seinen zeitlichen Strukturen, aus den besonderen Werte- und Motivlagen sowie aus den Erfordernissen einer Passfähigkeit mit den stark individualisierten Biographien der Bürger ergeben. Reserven liegen auch in der Entwicklung von Kooperationen, Netzwerken und Allianzen zwischen den Organisationen und den übrigen Akteuren der Zivilgesellschaft, um ein abgestimmtes und koordiniertes Vorgehen zu ermöglichen.

Wie die Ergebnisse der Organisationsbefragung sowie der Untersuchungen der *Public-Private Partnerships* auf lokaler Ebene zeigen, verfügen Dritte-Sektor-Organisationen durchaus über Selbstbewusstsein. Übereinstimmend waren sie der Meinung, dass der Dritte Sektor traditionell die Avantgarde der gesellschaftlichen Entwicklung darstellt und dass es ohne Dritte-Sektor-Organisationen viele gesellschaftliche und politische Errungenschaften heute nicht geben würde. Allerdings ist dieses Selbstbewusstsein eher retrospektiv angelegt und bezieht sich auf die bisherigen Leistungen des Sektors und seiner Organisationen. Um in stärkerem Maße wieder gesellschaftspolitische Relevanz zu gewinnen, ist es notwendig, dass der Sektor und seine Organisationen in Deutschland ihren Stellenwert als Avantgarde gesellschaftlicher Innovation und Veränderung akzentuieren und unter den veränderten Kontextbedingungen neu definieren.

Vor diesem Hintergrund kommt neben einer verstärkten Ausdehnung und Entwicklung von wissenschaftlichen Untersuchungen auf nationaler Basis dem Ausbau der internationalen Dritte-Sektor-Forschung besondere Bedeutung zu. Mit ihren Ergebnissen, die auf einem über den engen nationalstaatlichen Kontext hinausgehenden Blickwinkel basieren, sind den Organisationen des Sektors in spezieller Weise alternative Handlungspfade und Perspektiven aufzuzeigen.

8. Literatur, Materialien und Quellen

8.1 Literatur

Ackermann, Manfred: Der kulturelle Einigungsprozess. Schwerpunkt: Substanzerhaltung. Reihe: Forum Deutsche Einheit: Perspektiven und Argumente, Nr. 7. Bonn: Friedrich-Ebert-Stiftung, 1991
Alemann, Ulrich von: Was sind Verbände? In: Informationen zur politischen Bildung: Interessenverbände. Bonn: Franzis Verlag, 1996, S. 3-9
Angerhausen, Susanne/Backhaus-Maul, Holger/Offe, Claus/Olk, Thomas/Schiebel, Martina: Überholen ohne einzuholen. Freie Wohlfahrtspflege in Ostdeutschland. Opladen: Westdeutscher Verlag, 1998
Anheier, Helmut K.: An Elaborate Network: Profiling the Third Sector in Germany. In: Gidron, Benjamin/Kramer, Ralph M./Salamon, Lester M. (Hrsg.): Government and Third Sector. San Francisco: Jossey-Bass, 1992, S. 31-56
Anheier, Helmut K.: Der Dritte Sektor in Zahlen: ein sozial-ökonomisches Porträt. In: Anheier, Helmut K./Priller, Eckhard/Seibel, Wolfgang/Zimmer, Annette (Hrsg.): Der Dritte Sektor in Deutschland. Organisationen im gesellschaftlichen Wandel zwischen Markt und Staat. Berlin: edition sigma, 1997, S. 29-74
Anheier, Helmut K./Priller, Eckhard: The Non-Profit Sector in East Germany: before and after Unification. In: Voluntas 2(1991)1, S. 78-94
Anheier, Helmut K./Salamon, Lester M.: Die Internationale Systematik der Nonprofit-Organisationen: Zur Definition und Klassifikation des „Dritten Sektors" intermediärer Organisationen. In: Bauer, Rudolph (Hrsg.): Intermediäre Nonprofit-Organisationen in einem Neuen Europa. Rheinfelden und Berlin: Schäuble Verlag, 1993, S. 1-16
Anheier, Helmut K./Seibel, Wolfgang: The Nonprofit Sector in Germany. Between State, Economy and Society. Manchester und New York: Manchester University Press, 2001
Anheier, Helmut K./Priller, Eckhard/Seibel, Wolfgang/Zimmer, Annette: Einführung. In: Anheier, Helmut K./Priller, Eckhard/Seibel, Wolfgang/Zimmer, Annette (Hrsg.): Der Dritte Sektor in Deutschland. Organisationen im gesellschaftlichen Wandel zwischen Markt und Staat. Berlin: edition sigma, 1997a, S. 15f.
Anheier, Helmut K./Priller, Eckhard/Seibel, Wolfgang/Zimmer, Annette (Hrsg.): Der Dritte Sektor in Deutschland. Organisationen im gesellschaftlichen Wandel zwischen Markt und Staat. Berlin: edition sigma, 1997b
Anheier, Helmut K./Priller, Eckhard/Zimmer, Annette: Zur zivilgesellschaftlichen Dimension des Dritten Sektors. In: Klingemann, Hans-Dieter/Neidhardt, Friedhelm (Hrsg.): Die Zukunft der Demokratie. Herausforderungen im Zeitalter der Globalisierung. WZB-Jahrbuch. Wissenschaftszentrum Berlin für Sozialforschung. Berlin: edition sigma, 2000, S. 71-98
Backhaus-Maul, Holger: Kommunale Sozialpolitik. In: Roth, Roland/Wollmann, Hellmut (Hrsg.): Kommunalpolitik. Politisches Handeln in den Gemeinden. Bonn: Bundeszentrale für politische Bildung, 1993, S. 527-537

Backhaus-Maul, Holger: Wohlfahrtsverbände als korporative Akteure. Über eine traditionsreiche sozialpolitische Institution und ihre Zukunftschancen. In: Aus Politik und Zeitgeschichte. Beilage zur Wochenzeitung Das Parlament B 26-27, 23./30. Juni, 2000, S. 22-30

Backhaus-Maul, Holger/Olk, Thomas: Von Subsidiarität zu „outcontracting": Zum Wandel der Beziehungen zwischen Staat und Wohlfahrtsverbänden in der Sozialpolitik. In: Streeck, Wolfgang (Hrsg.): Staat und Verbände (PVS Sonderheft 25): Opladen: Westdeutscher Verlag, 1994, S. 100-135

Backhaus-Maul, Holger/Olk, Thomas: Institutionentransfer im föderalen Bundesstaat. Kooperation zwischen öffentlicher und freier Wohlfahrtspflege in den neuen Bundesländern. In: Staatswissenschaften und Staatspraxis. Rechts-, wirtschafts- und sozialwissenschaftliche Beiträge zum staatlichen Handeln 6(1995)2 S. 261-269

Backhaus-Maul: Etablierte und Außenseiter: freie Wohlfahrtspflege im deutschen Sozialversicherungsstaat. In: Forschungsjournal Neue Soziale Bewegungen 11(1998)2, S. 38-50

Badelt, Christoph: Institutional Choice and the Nonprofit Sector. In: Anheier, Helmut K./Seibel, Wolfgang (Hrsg.): The Third Sector: Comparative Studies of Nonprofit Organizations. Berlin und New York: Walter de Gruyter, 1990, S. 53-63

Badelt, Christoph: Die Rolle von NPOs im Rahmen der sozialen Sicherung. In: Simsa, Ruth (Hrsg.): Management der Nonprofit-Organisation. Gesellschaftliche Herausforderungen und organisationale Antworten. Stuttgart: Schäffer-Poeschel Verlag, 2001, S. 23-40

Badelt, Christoph: Der Nonprofit-Sektor in Österreich. In: Badelt, Christoph (Hrsg.): Handbuch der Nonprofit-Organisation. Strukturen und Management. 3. Auflage. Stuttgart: Schäffer-Poeschel Verlag 2002, S. 63-86

Baer, Susanne: Der Handlungsbedarf für eine bürgerschaftliches Engagement fördernde Verwaltungsreform. In: Enquete-Kommission „Zukunft des Bürgerschaftlichen Engagements" des Deutschen Bundestages (Hrsg.): Bürgerschaftliches Engagement und Zivilgesellschaft. Opladen: Leske + Budrich, 2002, S. 167-183

Banner, Gerhard: Das Demokratie- und Effizienzpotenzial des Neuen Steuerungsmodells ausschöpfen! In: Bogumil, Jörg/Kißler, Leo (Hrsg.): Verwaltungsmodernisierung und lokale Demokratie. Baden-Baden: Nomos, 1997, S. 125-137

Bauer, Rudolph: Vereine und das intermediäre Hilfe- und Dienstleistungssystem. In: Zimmer, Annette (Hrsg.): Vereine heute – zwischen Tradition und Innovation. Basel: Birkhäuser, 1992, S. 151-167

Bauer, Rudolph (Hrsg.): Intermediäre Nonprofit-Organisationen in einem neuen Europa. Rheinfelden: Schäuble, 1993

Bauer, Rudolph: Le mort saisit le vif! Universelle Staatszuständigkeit oder Vereinigungsfreiheit. In: Strachwitz, Rupert Graf (Hrsg.): Dritter Sektor Dritte Kraft. Stuttgart: Raabe Verlag, 1998, S. 39-56

Bauer, Rudolph: Personenbezogene soziale Dienstleistungen. Wiesbaden: Westdeutscher Verlag, 2001

Bauer, Rudolph/Betzelt, Sigrid: Erwerbsarbeit im „Dritten Sektor": Wachstum oder Stagnation? In: Zeitschrift für Sozialreform 45(1999)4, S. 303-319

Bauer, Rudolph/Betzelt, Sigrid/Bonetti, Antonio/Iannizzotto, Martina/Martin, Gemma/Nascia, Leo/Naticchioni, Paolo/Pont i Clemente, Joan-Francesc/Ruffo,

Giulio: The Third Sector in Europe: Overview and Analysis. Working Paper, University of Rome La Sapienza, 1998
Baur, Jürgen/Braun, Sebastian: Zweiter Arbeitsmarkt im Sport. Aachen: Meyer & Meyer Verlag, 1999
Baur, Jürgen/Koch, Uwe/Telschow, Stephan: Sportvereine im Übergang: die Vereinslandschaft in Ostdeutschland. Aachen: Meyer & Meyer Verlag, 1995
Beck, Ulrich: Risikogesellschaft: Auf dem Weg in eine andere Moderne. Frankfurt/Main: Suhrkamp Verlag, 1986
Beck, Ulrich: Das Zeitalter der Nebenfolgen und die Politisierung der Moderne. In: Beck, Ulrich/Giddens, Anthony/Lash, Scott (Hrsg.): Reflexive Modernisierung. Eine Kontroverse. Frankfurt/Main: Suhrkamp Verlag, 1996, S. 19-112
Beck, Ulrich (Hrsg.): Kinder der Freiheit. Frankfurt/Main: Suhrkamp Verlag, 1997
Beck, Ulrich: Kinder der Freiheit: Wider das Lamento über den Werteverfall. In: Beck, Ulrich (Hrsg.): Kinder der Freiheit. Frankfurt/Main: Suhrkamp Verlag, 1997a, S. 9-33
Beck, Ulrich: Schöne neue Arbeitswelt. Vision: Weltbürgerschaft. Frankfurt/Main: Campus Verlag, 1999
Beck, Ulrich (Hrsg.): Die Zukunft von Arbeit und Demokratie. Frankfurt/Main: Suhrkamp Verlag, 2000
Beck, Ulrich: Wohin führt der Weg, der mit dem Ende der Vollbeschäftigungsgesellschaft beginnt? In: Beck, Ulrich (Hrsg.): Die Zukunft von Arbeit und Demokratie. Frankfurt/Main: Suhrkamp Verlag, 2000a, S. 7-66
Ben-Ner, Avner: Nonprofit Organizations: Why Do They Exist in Market Economies? In: Rose-Ackerman, Susan (Hrsg.): The Economics of Nonprofit Institutions. New York: Oxford University Press, 1986, S. 94-113
Bertelsmann Stiftung (Hrsg.): Handbuch Stiftungen. Ziele – Projekte – Management – Rechtliche Gestaltung. Gabler: Stuttgart, 1999
Bertelsmann Stiftung (Hrsg.): Handbuch Bürgerstiftungen. Ziele, Gründung, Aufbau, Projekte. Gütersloh: Verlag Bertelsmann Stiftung, 2000
Best, Heinrich (Hrsg.): Vereine in Deutschland, Bonn: InformationsZentrum Sozialwissenschaften, 1993
Betzelt, Sigrid: Der Dritte Sektor in „Fesseln": Rechtliche und ökonomische Rahmenbedingungen. In: Nährlich, Stefan/Zimmer Annette (Hg.): Management in Nonprofit-Organisationen. Opladen: Leske + Budrich, 2000, S. 37-61
Betzelt, Sigrid: Reformbedarf der rechtlichen und ökonomischen Rahmenbedingungen des Dritten Sektors. In: Priller, Eckhard/Zimmer, Annette (Hrsg.): Der Dritte Sektor international. Mehr Markt – weniger Staat? Berlin: edition sigma, 2001, S. 293-317
Betzelt, Sigrid/Bauer, Rudolph: Nonprofit-Organisationen als Arbeitgeber. Opladen: Leske + Budrich, 2000
Beywl, Wolfgang: Alternative Ökonomie. In: Roth, Roland/Rucht, Dieter (Hrsg.): Neue soziale Bewegungen in der Bundesrepublik. Bonn: Bundeszentrale für politische Bildung, 1987, S. 187-203
Bickeböller, Helga/Moschner, Martin/Termath, Roul: Case-Management am Pflegemarkt. Eine Kommune übernimmt die Regie. In: der städtetag (1995)9, S. 345-347

Blanke, Bernhard/Schridde, Henning: Bürgerengagement und aktivierender Staat. In: Aus Politik und Zeitgeschichte, Beilage zur Wochenzeitung Das Parlament, B 24-25/99, S. 3-12

Blazejczak, Jürgen/Edler, Dietmar: Tendenzen der umweltschutzinduzierten Beschäftigung in Deutschland. In: DIW-Wochenberichte 64(1997)9, S. 157-162

Bode, Ingo: Solidarität im Vorsorgestaat. Frankfurt/Main: Campus Verlag, 1999

Bode, Ingo: Die Bewegung des Dritten Sektors und ihre Grenzen. In: Forschungsjournal Neue Soziale Bewegungen 13(2000)1, S. 48-52

Bode, Ingo/Graf, Achim: Arbeiten für gute Zwecke. Organisation und Beschäftigung im Dritten Sektor. Duisburger Beiträge zur Soziologischen Forschung (1999)4

Boeßenecker, Karl-Heinz: Spitzenverbände der Freien Wohlfahrtspflege in der BRD. Münster: Votum Verlag, 1997

Bogumil, Jörg: Modernisierung des Staates durch Public Management, Stand der aktuellen Diskussion. In: Grande, Edgar/Prätorius, Rainer (Hrsg.): Modernisierung des Staates? Baden-Baden: Nomos, 1997, S. 21-44

Bogumil, Jörg: Modernisierung lokaler Politik: kommunale Entscheidungsprozesse im Spannungsfeld zwischen Parteienwettbewerb, Verhandlungszwängen und Ökonomisierung. Baden-Baden: Nomos, 2001

Borzaga, Carlo/Defourney, Jacques (Hrsg.): The Emergence of Social Enterprise. London: Routledge, 2001

Bösch, Frank: Das konservative Milieu. Vereinskultur und lokale Sammlungspolitik. Göttingen: Wallenstein Verlag, 2002

Brand, Karl-Werner: Probleme und Potenziale einer Neubestimmung des Projekts der Moderne unter dem Leitbild „Nachhaltige Entwicklung". In: Brand, Karl-Werner (Hrsg.): Nachhaltige Entwicklung. Eine Herausforderung an die Soziologie. Opladen: Leske + Budrich, 1997, S. 30-47

Braun, Sebastian: Bürgerschaftliches Engagement – Konjunktur und Ambivalenz einer gesellschaftspolitischen Debatte. In: Leviathan 29(2001)1, S. 83-109

Bruhn, Manfred: Sponsoring. Unternehmen als Mäzene und Sponsoren. Wiesbaden: Gabler, 1991

Budäus, Dietrich/Finger, Stefanie: Stand und Perspektiven der Verwaltungsreform in Deutschland. In: Die Verwaltung 32(1999)3, S. 313-343

Deutscher Bundestag: Bundestags-Drucksache 13/5674 vom 01.10.1996. Bedeutung ehrenamtlicher Tätigkeit für unsere Gesellschaft, Antwort der Bundesregierung auf die Große Anfrage der Abgeordneten Klaus Riegert, Wolfgang Börnsen (Bönstrup), Heinz Dieter Eßmann, weiterer Abgeordneter und der Fraktion der CDU/CSU sowie der Abgeordneten Dr. Gisela Babel, Dr. Olaf Feldmann, Heinz Lanfermann, weiterer Abgeordneter und der Fraktion der F.D.P., 1996

Czada, Roland/Lehmbruch, Gerhard (Hrsg.): Transformationspfade in Ostdeutschland. Frankfurt/Main: Campus Verlag, 1998

Dahrendorf, Ralf: Gesellschaft und Demokratie in Deutschland. München: Pieper, 1965

Damkowski, Wulf/Rösener, Anke: Auf dem Weg zum aktivierenden Staat. Berlin: edition sigma, 2003

Dekker, Paul: Nonprofit-Organisationen in den Niederlanden: Entsäult, verpoldert und was nun? In: Priller, Eckhard/Zimmer, Annette (Hrsg.): Der Dritte Sektor international. Mehr Markt – weniger Staat? Berlin: edition sigma, 2001, S. 157-197

Dettling, Warnfried: Politik und Lebenswelt. Vom Wohlfahrtsstaat zur Wohlfahrtsgesellschaft. Gütersloh: Bertelsmann Stiftung, 1995
Dettling, Warnfried: Wirtschaftskummerland? Wege aus der Globalisierungsfalle. München: Kindler, 1998
Diakonie Korrespondenz: Ehrenamt in Einrichtungen von Caritas und Diakonie in den neuen Bundesländern. Reutlingen: Diakonisches Werk, 1999, Heft 4
Eisen, Andreas: Das Prinzip Kooperation: Genossenschaften als Teil des Dritten Sektors? In: Priller, Eckhard/Zimmer, Annette (Hrsg.): Der Dritte Sektor international. Mehr Markt – weniger Staat? Berlin: edition sigma, 2001, S. 277-291
Eisenberg, Christiane, 1993: Massensport in der Weimarer Republik. Ein statistischer Überblick. In: Archiv für Sozialgeschichte 33(1993), S. 137-177
Eisenberg, Christiane: Fußball in Deutschland. Ein Gesellschaftsspiel für bürgerliche Mittelschichten. In: Geschichte und Gesellschaft 20(1994), S. 181-210
Emrich, Eike/Pitsch, Werner/Papathanassiou, Vassilios: Die Sportvereine, Schorndorf: Karl Hofmann Verlag, 2001
Enquete-Kommission „Zur Zukunft des Bürgerschaftlichen Engagements" Deutscher Bundestag (Hrsg.): Bürgerschaftliches Engagement: auf dem Weg in eine zukunftsfähige Bürgergesellschaft. Bericht. Opladen: Leske + Budrich, 2002
Ettel, Mathias/Nowotny, Christian: Rechtliche Gestaltungsformen für NPOs. In: Badelt, Christoph (Hrsg.): Handbuch der Nonprofit Organisation, 3. Auflage. Stuttgart: Schäffer-Poeschel Verlag, 2002, S. 225-258
Etzioni, Amitai: The Third Sector and Domestic Mission. In: Public Administration Review 33(1973), S. 314-323
Europäische Kommission: Europäisches Regieren (Weißbuch). Brüssel, 2001
Evers, Adalbert: Part of the Welfare Mix: the Third Sector as an Intermediate Area. In: Voluntas (1995)2, S. 159-182
Evers, Adalbert: Zivilgesellschaft und Sozialstaat. Chancen für einen Wohlfahrtspluralismus? In: Gießener Diskurse, Bd. 16 Sozialstaat. Gießen: Verlag der Ferber'schen Universitätsbuchhandlung, 1998, S. 1-24
Evers, Adalbert: Verschiedene Konzeptionalisierung von Engagement. Ihre Bedeutung für Analyse und Politik. In: Kistler, Ernst/Noll, Heinz-Herbert/Priller, Eckhard (Hrsg.): Perspektiven gesellschaftlichen Zusammenhalts. Berlin: edition sigma, 1999, S. 53-65
Evers, Adalbert/Olk, Thomas: Wohlfahrtspluralismus – analytische und normativ-politische Dimensionen eines Leitbegriffs. In: Evers, Adalbert/Olk, Thomas (Hrsg.): Wohlfahrtspluralismus: vom Wohlfahrtsstaat zur Wohlfahrtsgesellschaft.Opladen: Westdeutscher Verlag, 1996, S. 9-60
Evers, Adalbert/Olk, Thomas: Wohlfahrtspluralismus: vom Wohlfahrtsstaat zur Wohlfahrtsgesellschaft. Opladen: Westdeutscher Verlag, 1996
Evers, Adalbert/Leggewie, Claus: Der ermunternde Staat. In: Gewerkschaftliche Monatshefte (1999)6, S. 331-340
Evers, Adalbert/Rauch, Ulrich/Stitz, Uta: Von öffentlichen Einrichtungen zu sozialen Unternehmen. Hybride Organisationsformen im Bereich sozialer Dienstleistungen. Berlin: edition sigma, 2002
Frantz, Christiane/Zimmer, Annette (Hrsg.): Zivilgesellschaft international: Alte und neue NGOs. Opladen: Leske + Budrich, 2002

Gabriel, Oskar W./Niedermayer, Oscar: Entwicklung und Sozialstruktur der Parteimitgliedschaften. In: Gabriel, Oskar W./Niedermayer, Oscar/Stöss, Richard (Hrsg.): Parteiendemokratie in Deutschland. Bonn: Bundeszentrale für politische Bildung, 1997, S. 274-297
Gehrmann, Gisela: Ehrenamtliche Arbeit in der Volkssolidarität. In: Kistler, Ernst/Noll, Heinz-Herbert/Priller, Eckhard (Hrsg.): Perspektiven gesellschaftlichen Zusammenhalts. Berlin: edition sigma, 1999, S. 245-250
Giarini, Orio/Liedtke, Patrick M.: Wie wir arbeiten werden. Hamburg: Hoffmann und Campe, 1998
Giddens, Anthony: Jenseits von Links und Rechts. Frankfurt/Main: Suhrkamp Verlag, 1997
Giddens, Anthony: Der dritte Weg. Frankfurt/Main: Suhrkamp Verlag, 1999
Gidron, Benjamin/Kramer, Ralph/Salamon, Lester M. (Hrsg.): Government and the Third Sector. Emerging Relationship in Welfare States. San Francisco: Jossey-Bass Nonprofit Sector Series, 1992
Glagow, Manfred: Deutsche Entwicklungspolitik: Aspekte und Probleme ihrer Entscheidungsstruktur. Bielefelder Studien zur Entwicklungssoziologie. Saarbrücken: Breitenbach, 1983
Glaser, Hermann: Kulturgeschichte der Bundesrepublik – zwischen Protest und Anpassung. Bonn: Bundeszentrale für politische Bildung, 1989
Glaser, Hermann: Kommunale Kulturpolitik. In: Roth, Roland/Wollmann, Hellmut (Hrsg.): Kommunalpolitik. Politisches Handeln in den Gemeinden. Bonn: Bundeszentrale für politische Bildung, 1993, S. 606-616
Glaser, Hermann: Kommunale Kulturpolitik. Bonn: Bundeszentrale für politische Bildung, 1998, S. 676-687
Göschel, Albrecht: Kulturpolitik im konservativ-liberalen Staat: Das Modell Deutschland. In: Wagner, Bernd/Zimmer, Annette (Hrsg.): Krise des Wohlfahrtsstaates – Zukunft der Kulturpolitik. Essen: Klartext, 1997, S. 241-264
Hall, Peter Dobkin: A Historical Overview of the Private Nonprofit Sector. In: Powell, Walter W. (Hrsg.): The Nonprofit Sector. A Research Handbook. New Haven: Yale University Press, 1987, S. 3-26
Handbook on Nonprofit Institutions in the System of National Accounts. New York: United Nations Statistics Division, 2002 (siehe auch: http://www.jhu.edu/~gnisp)
Hansmann, Henry B.: Economic Theories of Nonprofit Organizations. In: Powell, Walter W. (Hrsg.): The Nonprofit Sector. A Research Handbook. New Haven und London: Yale University Press, 1987, S. 27-42
Heinemann, Klaus/Schubert, Manfred: Der Sportverein. Ergebnisse einer repräsentativen Umfrage. Schorndorf: Karl Hofmann Verlag, 1994
Heinze, Rolf G.: Die blockierte Gesellschaft. Opladen: Westdeutscher Verlag, 1998
Heinze, Rolf G. /Olk, Thomas: Die Wohlfahrtsverbände im System sozialer Dienstleitungsproduktion. Zur Entstehung und Struktur der bundesrepublikanischen Verbändewohlfahrt. In: Kölner Zeitschrift für Soziologie und Sozialpsychologie 33(1981)1, S. 94-114
Hettlage,Robert: Die Genossenschaften. Unternehmen oder Organisationen des Dritten Sektors? In: Strachwitz, Rupert Graf (Hrsg.): Dritter Sektor – Dritte Kraft. Versuch einer Standortbestimmung. Düsseldorf: Raabe Verlag, 1998, S. 141-161
Hitters, Erik: Weniger Staat, mehr Markt? Holländische Kulturpolitik und die Bedeutung des Wohlfahrtsstaates. In: Wagner, Bernd/Zimmer, Annette (Hrsg.):

Krise des Wohlfahrtsstaates – Zukunft der Kulturpolitik. Essen: Klartext, 1997, S. 25-49

Hottelet, Harald: Das System öffentlicher und freier Träger sowie gewerblicher Anbieter sozialer (Dienst)Leistungen. In: Arnold, Ulli/Maelicke, Bernd (Hrsg.): Lehrbuch der Sozialwirtschaft. Baden-Baden: Nomos, 1998, S. 138-199

Jacobi, Franz-Josef (Hrsg.): Geschichte der Stadt Münster. Münster: Aschendorff, 1993

Jacobi, Franz-Josef: Ein verpflichtendes Erbe – Stiftungen, Armenfürsorge und Sozialpolitik in Münster im Wandel der Jahrhunderte. In: Zimmer, Annette/Nährlich, Stefan (Hrsg.): Engagierte Bürgerschaft. Traditionen und Perspektiven. Opladen: Leske + Budrich, 2000, S. 247-261

James, Estelle/Rose-Ackerman, Susan: The Nonprofit Enterprise in Market Economies. London: Routledge, 1986

Karrenberg, Hanns/Münstermann, Engelbert: Kommunale Finanzen. In: Wollmann, Hellmut/Roth, Roland (Hrsg.): Kommunalpolitik – Politisches Handeln in den Gemeinden. Bonn, 1998, S. 437-460

Katzenstein, Peter J.: Policy and Politics in West Germany. The Growth of a Semisovereign State. Philadelphia: Temple University Press, 1987

Keane, John: Civil Society. Old Images, New Visions. Cambridge: Polity Press, 1998

Kendall, Jeremy/Knapp, Martin: The Voluntary Sector in the UK. Manchester: Manchester University Press, 1996

Kirsch, Johannes/Klein, Martina/Voss-Dahm, Dorothea: Der Lebensmitteleinzelhandel – eine vergessene Branche? Beschäftigung und Arbeitszeiten im Lebensmitteleinzelhandel. In: Institut für Arbeit und Technik: Jahrbuch 1997/98. Gelsenkirchen, 1998, S. 58-69

Kistler, Ernst/Noll, Heinz-Herbert/Priller, Eckhard (Hrsg.): Perspektiven gesellschaftlichen Zusammenhalts. Empirische Befunde, Praxiserfahrungen, Messkonzepte. Berlin: edition sigma, 1999

Klages, Helmut: Die Deutschen – ein Volk von Ehrenmännern? In: Forschungsjournal Neue Soziale Bewegungen 13(2000)2, S. 33-47

Klein, Ansgar: Diskurse der Zivilgesellschaft. Opladen: Westdeutscher Verlag, 2000

Kleinfeld, Ralf/Schmid, Josef/Zimmer, Annette: Verbändeforschung in Deutschland: Bestandsaufnahme, Kritik und Ausblick. In: polis (1996)34, S. 1-34

Klös, Hans-Peter: Bedeutung und Struktur der Beschäftigung im Non-Profit-Sektor. In: iw-trends 25(1998)2, S. 32

Kocka, Jürgen/Offe Claus (Hg.): Geschichte und Zukunft der Arbeit. Frankfurt/Main und New York: Campus Verlag, 2000

Kocka, Jürgen: Zivilgesellschaft in historischer Perspektive. In: Forschungsjournal Neue Soziale Bewegungen 2 (2003), S. 29-37

Kohl, Anke: Durch Verwaltungsreform zur integrativen Stadtgesellschaft. Münster: Waxmann-Verlag, 1998

Kommission für Zukunftsfragen der Freistaaten Bayern und Sachsen: Erwerbstätigkeit und Arbeitslosigkeit in Deutschland. Entwicklungen, Ursachen und Maßnahmen. Bonn, 1997

Kreikenbom, Henry/Haarbeck, Siegfried: Arbeitsplatzressourcen im Nonprofit-Sektor – Fallstudie Jena. Projektbericht zur Feldarbeit. Nr. 52. Ms. 1997

Krüger, Thomas: Was heißt öffentliche Kulturpolitik morgen? In: Kulturpolitische Mitteilungen (2000)90 III, S. 20-24

Kulturstrecke, Informationsdienst für Soziokultur und Kommunale Kulturarbeit, hrsg. von der Kulturpolitischen Gesellschaft. Bonn, 1998

Kurz-Scherf, Ingrid/Priller, Eckhard/Scheele, Alexandra/Schmidtke, Heidrun: Berlinspezifische Bestandsaufnahme zur Zukunft der Arbeit. Studie des Sozialwissenschaftlichen Forschungszentrums Berlin-Brandenburg e.V. (SFZ) im Auftrag der Enquetekommission „Zukunftsfähiges Berlin", Abschlussbericht, Ms. 1999

Lahusen, Christian: Der Dritte Sektor als Lobby. Umweltverbände im Räderwerk der nationalen Politik. In: Rupert Graf Strachwitz (Hrsg.): Dritter Sektor – Dritte Kraft. Düsseldorf und Stuttgart: Raabe Verlag, 1997, S. 411-438

Lehmbruch, Gerhard: Institutionentransfer: Zur politischen Logik der Verwaltungsintegration in Deutschland. In: Seibel, Wolfgang/Benz, Arthur/Mädling, Heinrich (Hrsg.): Verwaltungsreform und Verwaltungspolitik im Prozess der deutschen Einigung. Baden-Baden: Nomos, 1993, S. 41-66

Lehndorff, Steffen: Arbeitszeitverkürzung in der Krise. In: Bosch, Gerhard (Hrsg.): Zukunft der Erwerbsarbeit. Strategien für Arbeit und Umwelt. Frankfurt/Main: Campus Verlag, 1998, S. 246-270

Manderscheid, Hejo: Neuorientierung freier Wohlfahrtspflege als Träger sozialer Dienste. In: Hanesch, Walter (Hrsg.): Überlebt die soziale Stadt? Konzeption, Krise und Perspektive kommunaler Sozialstaatlichkeit. Opladen: Leske + Budrich, 1997, S. 137-152

Mückenberger, Ulrich: Der Wandel des Normalarbeitsverhältnisses unter Bedingungen einer „Krise der Normalität". Gewerkschaftliche Monatshefte (1989)4, S. 211-223

Musholt, Joachim: Selbstorganisation braucht Infrastruktur. Das Beispiel „Bennohaus". In: Wagner, Bernd/Zimmer, Annette (Hrsg.): Krise des Wohlfahrtsstaats – Zukunft der Kulturpolitik. Bonn: Klartext-Verlag, 1997, S. 203-213

Mutz, Gerd: Strukturen einer neuen Arbeitswelt. In: Aus Politik und Zeitgeschichte, Beilage zur Wochenzeitung Das Parlament, B 9/99, S. 3-11

Mutz, Gerd: Bürgerschaftliches Engagement in der Tätigkeitsgesellschaft: Das Münchner Modell. In: Zimmer, Annette/Nährlich, Stefan (Hrsg.): Engagierte Bürgerschaft. Traditionen und Perspektiven. Opladen: Leske + Budrich, 2000, S. 149-168

Nährlich, Stefan: Innerbetriebliche Reformen in Nonprofit-Organisationen. Das Deutsche Rote Kreuz im Modernisierungsprozess. Wiesbaden: Gabler, 1998

Nährlich, Stefan/Zimmer, Annette: Cross-Border Philanthropic Flows – the Case of Germany. Münster: Münsteraner Diskussionspapier zum Nonprofit-Sektor, Nr. 2, Arbeitsstelle Aktive Bürgerschaft, 1998

Nährlich, Stefan/Zimmer, Annette (Hrsg.): Management in Nonprofit-Organisationen. Eine praxisorientierte Einführung. Opladen: Leske + Budrich, 2000

Nell-Breuning, Oswald von, 1957, zitiert nach: Boettcher, Erich (Hrsg.): Sozialpolitik und Sozialreform. Tübingen: Mohr, 1957

Neuhoff, Klaus: Germany. In: Salamon, Lester M. (Hrsg.): The International Guide to Nonprofit Law. New York: John Wiley, 1997, S. 118-129

Pankoke, Eckart: Subsidiäre Solidarität und freies Engagement: Zur anderen Modernität der Wohlfahrtsverbände. In: Rauschenbach, Thomas/Sachße, Christoph/Olk, Thomas (Hrsg.): Von der Wertgemeinschaft zum Dienstleistungsunternehmen. Frankfurt/Main: Suhrkamp Verlag, 1995, S. 54-83

Pankoke, Eckart: Freies Engagement – Steuerung und Selbststeuerung selbstaktiver Felder. In Strachwitz, Rupert Graf (Hrsg.): Dritter Sektor – Dritte Kraft. Versuch einer Standortbestimmung. Stuttgart: Raabe Verlag, 1998, S. 251-270

Pankoke, Eckart: Freie Assoziationen – Geschichtliche Prämissen und gesellschaftliche Perspektiven moderner Genossenschaften. In: Zimmer, Annette/Nährlich, Stefan (Hrsg.): Engagierte Bürgerschaft. Traditionen und Perspektiven. Opladen: Leske + Budrich, 2000, S. 189-211

Pleister, Christopher (Hrsg.): Genossenschaften zwischen Idee und Markt. Frankfurt/Main: Campus Verlag, 2001

Priller, Eckhard: Der Dritte Sektor in den neuen Bundesländern. In: Anheier, Helmut K./Priller, Eckhard/Seibel, Wolfgang/Zimmer, Annette (Hrsg.): Der Dritte Sektor in Deutschland. Organisationen im gesellschaftlichen Wandel zwischen Markt und Staat. Berlin: edition sigma, 1997, S. 99-125

Priller, Eckhard: Der Dritte Sektor in einem etatistischen System. In: Strachwitz, Rupert Graf (Hrsg.): Dritter Sektor – Dritte Kraft. Düsseldorf: Raabe Verlag, 1998, S. 535-554

Priller, Eckhard/Zimmer, Annette: Arbeitsmarkt und Dritter Sektor in Deutschland – Zu den Ergebnissen des internationalen Vergleichs und einer bundesweiten Organisationsbefragung. In: Zeitschrift für öffentliche und gemeinwirtschaftliche Unternehmen 23(2000)3, S. 304-320

Priller, Eckhard/Zimmer, Annette: Ende der Mitgliederorganisationen? In: Witt, Dieter/Blümle, Ernst-Bernd/Schauer, Reinbert/Anheier, Helmut K. (Hrsg.): Ehrenamt und Modernisierungsdruck in Nonprofit-Organisationen. Wiesbaden: Gabler, 1999, S. 127-147

Priller, Eckhard/Rückert-John, Jana: Nonprofit-Organisationen im Umweltbereich. Strukturen, Tätigkeitsfelder und Beschäftigungspotenziale. Wissenschaftszentrum Berlin für Sozialforschung, Discussion Paper P 00-515, 2000

Priller, Eckhard/Zimmer, Annette (Hrsg.): Der Dritte Sektor international. Mehr Markt – weniger Staat? Berlin: edition sigma, 2001

Priller, Eckhard/Zimmer, Annette/Anheier, Helmut K.: Der Dritte Sektor in Deutschland. In: Aus Politik und Zeitgeschichte, Beilage zur Wochenzeitung Das Parlament, B 9/99, S. 12-21

Priller, Eckhard/Zimmer, Annette/Anheier, Helmut K./Toepler, Stefan/Salamon, Lester M.: The German Nonprofit Sector: An Overview. Baltimore: Johns Hopkins University, 1999

Putnam, Robert: Making Democracy Work. Civic Traditions in Modern Italy. Princeton: Princeton University Press, 1993

Putnam, Robert: Symptome der Krise. Die USA, Europa und Japan im Vergleich. In: Weidenfeld, Werner (Hrsg.): Demokratie am Wendepunkt. Die demokratische Frage als Projekt des 21. Jahrhunderts. Berlin: Siedler-Verlag, 1996, S. 52-80

Rapp, Christian: Höhenrausch. Der deutsche Bergfilm. Wien: Sonderzahl-Verlagsgesellschaft, 1997

Reichard, Christoph: Der Dritte Sektor – Entstehung, Funktion und Problematik von „Nonprofit"-Organisationen aus verwaltungswissenschaftlicher Sicht. In: Die öffentliche Verwaltung (1988)9, S. 363-369

Reese, Jürgen: Die gesellschaftliche Bedeutung des Dritten Sektors. In: Reese, Jürgen (Hrsg.): Der Dritte Sektor – Zwischen Markt und Staat. Tagungsband zum Kongress vom 30.9. bis 2.10.1987 in Kassel, 1987

Rifkin, Jeremy: Das Ende der Arbeit und ihre Zukunft. Frankfurt/Main: Campus Verlag, 1995
Rifkin, Jeremy: Der Dritte Sektor braucht eine Identität. In: Strachwitz, Rupert Graf (Hrsg.): Dritter Sektor – Dritte Kraft. Versuch einer Standortbestimmung. Düsseldorf: Raabe Verlag, 1998, S. 519-534
Ronge, Volker: Zur Transformation der „DDR" – aus der Perspektive des Dritten Sektors. In: Eichener, Volker/Kleinfeld, Ralf/Pollack, Josef/Schubert, Klaus/Voelzkow, Helmut (Hrsg.): Organisierte Interessen in Ostdeutschland. Probleme der Einheit. Marburg: Metropolis-Verlag, 1992, S. 53-72
Rosenbladt, Bernhard von: Große Vielfalt bei ehrenamtlicher Tätigkeit und bürgerschaftlichem Engagement. In: ISI 24(2000), Juli, S. 6-10
Roth, Roland: Bürgerschaftliches Engagement heute: Formen, Bedingungen, Perspektiven. In: Zimmer, Annette/Nährlich, Stefan (Hrsg.): Engagierte Bürgerschaft. Traditionen und Perspektiven. Opladen: Leske + Budrich, 2000, S. 25-48
Roth, Roland/Rucht, Dieter (Hrsg.): Neue soziale Bewegungen in der Bundesrepublik. Bonn: Bundeszentrale für politische Bildung, 1991
Rucht, Dieter/Roose, Jochen: Zur Institutionalisierung von Bewegungen: Umweltverbände und Umweltprotest in der Bundesrepublik. In: Zimmer, Annette/Weßels, Bernhard (Hrsg.): Verbände und Demokratie in Deutschland. Opladen: Leske + Budrich, 2001, S. 261-290
Rucht, Dieter/Blattert, Barbara/Rink, Dieter: Soziale Bewegungen auf dem Weg zur Institutionalisierung. Frankfurt/Main: Campus Verlag, 1997
Rudzio, Wolfgang: Das politische System der Bundesrepublik Deutschland. Opladen: Leske + Budrich, 1991
Sachße, Christoph: Subsidiarität: Zur Karriere eines sozialpolitischen Ordnungsbegriffs. In: Zeitschrift für Sozialreform 40(1994)11, S. 717-738
Sachße, Christoph: Verein, Verband und Wohlfahrtsstaat: Entstehung und Entwicklung der dualen Wohlfahrtspflege. In: Rauschenbach, Thomas/Sachße, Christoph/Olk, Thomas (Hrsg.): Von der Wertgemeinschaft zum Dienstleistungsunternehmen. Frankfurt/Main: Suhrkamp Verlag, 1995, S. 123-149
Sachße, Christoph: Freiwilligenarbeit und private Wohlfahrtskultur in historischer Perspektive. In: Zimmer, Annette/Nährlich, Stefan (Hrsg.): Engagierte Bürgerschaft. Traditionen und Perspektiven. Opladen: Leske + Budrich, 2000, S. 75-88
Sachße, Christoph: Stufen der Gemeinwohlförderlichkeit: Bürgerschaftliche Organisationen und Steuerprivileg. Gütersloh: Verlag Bertelsmann Stiftung, 2001
Salamon, Lester M.: The Nonprofit Sector at a Crossroads: The Case of America. In: Voluntas 10(1999)1, S. 5-23
Salamon, Lester M./Anheier, Helmut K.: In Search of the Nonprofit Sector. I: The Question of Definitions. In: Voluntas 3(1992a)2, S. 125-51
Salamon, Lester M./Anheier, Helmut K.: In Search of the Nonprofit Sector. II: The Question of Definitions. In: Voluntas 3(1992b)3, S. 267-309
Salamon, Lester M./Anheier, Helmut K. (Hrsg.): The Emerging Sector. Baltimore: The Johns Hopkins University, Institute for Policy Studies, 1994
Salamon, Lester M./Anheier, Helmut K.: The Emerging Sector Revisited. A Summary. Baltimore: The Johns Hopkins University, Institute for Policy Studies, 1998
Salamon, Lester M./Anheier, Helmut K.: Der Dritte Sektor. Aktuelle internationale Trends. Gütersloh: Verlag Bertelsmann-Stiftung, 1999

Salamon, Lester M./Anheier, Helmut K./List, Regina/Toepler, Stefan/Sokolowski, Wojciech S. and Associates: Global Civil Society. Dimensions of the Nonprofit Sector. Baltimore: Center for Civil Society Studies, Institute for Policy Studies, The Johns Hopkins University, 1999

Salamon, Lester M./Sokolowski, Wojciech S./List, Regina: Global Civil Society. An Overview. Baltimore: Center for Civil Society Studies, Institute for Policy Studies, The Johns Hopkins University, 2003

Schäuble, Wolfgang: Der Vertrag. Wie ich über die deutsche Einheit verhandelte. Stuttgart: Deutsche Verlagsanstalt, 1991

Schauer, Reinbert/Purtschert, Robert/Witt, Dieter (Hrsg.): Nonprofit-Organisationen und gesellschaftliche Entwicklung: Spannungsfeld zwischen Mission und Ökonomie. Linz: Universitätsverlag Rudolf Trauner, 2002

Schmid, Günther: Übergangsarbeitsmärkte im kooperativen Sozialstaat: Entwicklungstendenzen der Arbeitsmarktpolitik in Europa. In: Schmähl, Winfried/Richse, Herbert (Hrsg.): Wandel der Arbeitswelt – Folgerungen für die Sozialpolitik. Baden-Baden: Nomos, 1994, S. 123-150

Schmid, Günther: Transitional Labour Markets: A New European Employment Strategy. Wissenschaftszentrum Berlin für Sozialforschung, Discussion Paper FS I 98-206, 1998

Schmid, Josef/Löbler, Frank/Tiemann, Heinrich (Hrsg.): Organisationsstrukturen und Probleme von Parteien und Verbänden: Berichte aus den neuen Ländern. Probleme der Einheit. Marburg: Metropolis-Verlag, Band 14, 1994

Schulze Buschoff, Karin/Rückert, Jana: Teilzeitbeschäftigung in Europa. Wissenschaftszentrum Berlin für Sozialforschung, Discussion Paper FS III 98-404, 1998

Schuppert, Gunnar Folke: Zur Anatomie und Analyse des Dritten Sektors. In: Die Verwaltung (1995)2, S. 137-200

Schwendter, Rolf: Alternative Ökonomie. Geschichte, Struktur, Probleme. In: Aus Politik und Zeitgeschichte, Beilage der Wochenzeitung Das Parlament, B 26, 1989, S. 277-282

Seibel, Wolfgang: Funktionaler Dilettantismus. Zur politischen Soziologie von Steuerungs- und Kontrollversagen im Dritten Sektor. Baden-Baden: Nomos, 1991

Seibel, Wolfgang: Dritter Sektor. In: Bauer, Rudolph (Hrsg.): Lexikon des Sozial- und Gesundheitswesens. München: Oldenbourg Verlag, 1992, S.455-40

Seibel, Wolfgang: Erfolgreich gescheiterter Institutionentransfer: Eine politische Analyse des Dritten Sektors in den neuen Bundesländern. In: Anheier, Helmut K./Priller, Eckhard/Seibel, Wolfgang/Zimmer, Annette (Hrsg.): Der Dritte Sektor in Deutschland. Berlin: edition sigma, 1997, S. 127-149

Senatsverwaltung für Arbeit, berufliche Bildung und Frauen, Berlin: Die Sackgassen der Zukunftskommission. Streitschrift wider die Kommission für Zukunftsfragen der Freistaaten Bayern und Sachsen, Schriftenreihe der Senatsverwaltung für Arbeit, Berufliche Bildung und Frauen. Berlin, 1998

Sievers, Norbert: Neue Kulturpolitik. Dokumentation 32. Hagen: Kulturpolitische Gesellschaft, 1988

Sievers, Norbert/Wagner, Bernd (Hrsg.): Bestandsaufnahme Soziokultur. Stuttgart: Kohlhammer, 1992

Simsa, Ruth: Hoffnungen auf Zivilgesellschaft und die gesellschaftliche Funktion von NPOs im Spannungsfeld von Schadensbegrenzung und aktiver Mitgestaltung. In: Simsa, Ruth (Hrsg.): Management der Nonprofit-Organisation. Gesellschaftliche

Herausforderungen und organisatorische Antworten. Stuttgart: Schäffer-Poeschel Verlag, 2001, S. 3-19

Simsa, Ruth: NPOs und die Gesellschaft: Eine vielschichtige und komplexe Beziehung – Soziologische Perspektiven. In: Badelt, Christoph (Hrsg.): Handbuch der Nonprofit-Organisation, Strukturen und Management. Stuttgart: Schäffer-Poeschel Verlag, 2002, S. 129-152

Strachwitz, Rupert Graf: Auf dem Weg in die Bürgergesellschaft. Anmerkungen zur Reform des Stiftungs- und Gemeinnützigkeitsrechts. In: Zimmer, Annette/Nährlich, Stefan (Hrsg.): Engagierte Bürgerschaft. Traditionen und Perspektiven. Opladen: Leske + Budrich, 2000, S. 325-337

Strasser, Johano: Wenn der Arbeitsgesellschaft die Arbeit ausgeht. Zürich: Pendo, 1995

Tangemann, Marion: Intermediäre Organisationen im deutsch-deutschen Einigungsprozess. Konstanz: Hartung-Gorre Verlag, 1995

Teppe, Karl: Politisches System, gesellschaftliche Struktur und kulturelles Leben seit dem Zweiten Weltkrieg. In: Jacobi, Franz-Josef (Hrsg.): Geschichte der Stadt Münster, Band 3. Münster: Aschendorff, 1993, S. 1-82

Toepler, Stefan: Organisations- und Finanzstruktur der Stiftungen in Deutschland. In: Zimmer, Annette/Nährlich, Stefan (Hrsg.): Engagierte Bürgerschaft. Traditionen und Perspektiven. Opladen: Leske + Budrich, 2000, S. 213-230

Thränhardt, Dietrich: Abenteuer im Heiligen Geist. In: Rauschenbach, Thomas/Sachße, Christoph/Olk, Thomas (Hrsg.): Von der Wertgemeinschaft zum Dienstleistungsunternehmen. Frankfurt/Main: Suhrkamp Verlag, 1995, S. 456-473

Ullmann, Hans-Peter: Interessenverbände in Deutschland. Frankfurt/Main: Suhrkamp Verlag, 1988

United Nations Statistics Division: Handbook on Nonprofit Institutions in the System of National Accounts. New York, 2002 (siehe auch: http://www.jhu/~gnisp)

Walla, Holger: Die Theaterhaus Jena GmbH. In: Kulturpolitische Mitteilungen (1996)1, S. 40-41

Walla, Holger: Die Theaterhaus Jena GmbH. In: Kulturpolitische Mitteilungen (1995)1, S. 40-41

Walz, Rainer W.: Stiftungsreform in Deutschland – Stiftungssteuerrecht. In: Hopt, Klaus J. (Hrsg.): Stiftungsrecht in Europa. Schriftenreihe des Instituts für Stiftungsrecht/Bucerius Law School. Köln: Heymann, 2001, S. 197-218

Weisbrod, Burton A.: The Nonprofit Economy. Cambridge, Massachusetts: Harvard University Press, 1988

Weisbrod, Burton A. (Hrsg.): To Profit or Not to Profit. The Commercial Transformation of the Nonprofit Sector. Cambridge: Cambridge University Press, 1998

Wirtschafts- und Sozialausschuss der Europäischen Gemeinschaften: Die Rolle und der Beitrag der organisierten Zivilgesellschaft zum europäischen Einigungswerk (Stellungnahme), ABl. C 329 vom 17.11.1999

Wollmann, Hellmut: Politik und Verwaltungsmodernisierung in den Kommunen. In: Die Verwaltung 32(1999)3, S. 345-375

Zimmer, Annette: Government Policy and Future Issues. Federal Republic of Germany. Kassel. Ms. 1994

Zimmer, Annette/Priller, Eckhard: Intermediäre Organisationen in den neuen Bundesländern – Der Nonprofit-Sektor in Ostdeutschland, Expertise für die „Kom-

mission für die Erforschung des sozialen und politischen Wandels in den neuen Bundesländern" (KSPW). Münster und Berlin, 1995
Zimmer, Annette: New Public Management und Nonprofit-Sektor in der Bundesrepublik. In: Zeitschrift für Sozialreform 42(1996)5, S. 285-305
Zimmer, Annette: Vereine – Basiselement der Demokratie. Opladen: Leske + Budrich, 1996b
Zimmer, Annette: Public-Private Partnerships: Staat und Dritter Sektor in Deutschland. In: Anheier, Helmut K./Priller, Eckhard/Seibel, Wolfgang/Zimmer, Annette (Hrsg.): Der Dritte Sektor in Deutschland. Berlin: edition sigma, 1997, S. 75-98
Zimmer, Annette: Stand und Perspektiven der Nonprofit-Forschung. In: Schauer, Reinbert/Anheier, Helmut K./Blümle, Ernst-Bernd (Hrsg.): Der Nonprofit-Sektor im Aufwind – zur wachsenden Bedeutung von Nonprofit-Organisationen auf nationaler und internationaler Ebene. Linz: Universitätsverlag Rudolf Trauner, 1997a, S. 63-88
Zimmer, Annette: Was bringt die Dritte Sektor Forschung den internationalen NGOs und Bewegungsnetzwerken? In: Forschungsjournal Neue Soziale Bewegungen (1997b)1, S. 52-60
Zimmer, Annette: Vereine und lokale Politik. In: Wollmann, Hellmut/Roth, Roland (Hrsg.): Kommunalpolitik. Politisches Handeln in den Gemeinden. Bonn: Bundeszentrale für politische Bildung, 1998a, S. 247-262
Zimmer, Annette: Der Verein in Gesellschaft und Politik. In: Strachwitz, Rupert Graf (Hrsg.): Dritte Sektor – Dritte Kraft. Stuttgart: Raabe Verlag, 1998b, S. 93-125
Zimmer, Annette: Bürgerschaftliches Engagement im Kulturbereich und im Dritten Sektor. In: Institut für Kulturpolitik (Hrsg.): Kulturpolitik in der Bürgergesellschaft, Jahrbuch für Kulturpolitik 1. Essen: Klartext-Verlag, 2001, S. 75-96
Zimmer, Annette/Scholz, Martina: Der Dritte Sektor zwischen Markt und Staat. Ökonomische und politologische Theorieansätze. In: Forschungsjournal Neue Soziale Bewegungen (1992)4, S. 21-39
Zimmer, Annette/Priller, Eckhard: Intermediäre Organisationen in den neuen Bundesländern – Der Nonprofit-Sektor in Ostdeutschland, Expertise für die „Kommission für die Erforschung des sozialen und politischen Wandels in den neuen Bundesländern" (KSPW). Münster und Berlin, 1996
Zimmer, Annette/Nährlich, Stefan: Zur volkswirtschaftlichen Bedeutung der Sozialwirtschaft. In: Arnold, Ulli/Maelicke, Bernd (Hrsg.): Lehrbuch der Sozialwirtschaft. Baden-Baden: Nomos, 1998, S. 64-79
Zimmer, Annette/Nährlich, Stefan: Bürgerschaftliches Engagement zwischen Demokratie und Effizienz. In: Zimmer, Annette/Nährlich, Stefan (Hrsg.): Engagierte Bürgerschaft. Traditionen und Perspektiven. Opladen: Leske + Budrich, 2000, S. 9-22
Zimmer, Annette/Priller, Eckhard/Anheier, Helmut K.: Der Nonprofit-Sektor in den neuen Bundesländern: Kontinuität, Neuanfang oder Kopie. In: Zeitschrift für öffentliche und gemeinwirtschaftliche Unternehmen 20(1997)1, S. 58-75
Zimmer, Annette/Priller, Eckhard/Sauer, Klaudia/Hallmann, Thorsten: Gemeinnützige Organisationen im gesellschaftlichen Wandel. Erste Projektergebnisse. Münster und Berlin. Ms. 1999

8.2 Weitere Materialien

Adressbuch der Stadt Münster, Münster: Aschendorff, 1998
Arbeiter-Samariter-Bund (ASB), Ortsverband Münster: Wir helfen zu Hause. Informationsbroschüre, 1998
Arbeiterwohlfahrt, Kreisverband Münster: Geschäftsbericht 1994-1997, 1997
Arbeitsamt Münster: Sozialversicherungspflichtig Beschäftigte im Arbeitsamtbezirk Münster am 30. Juni 1996. Statistisches Sonderheft (1997)3
Arbeitsgemeinschaft der Spitzenverbände der Freien Wohlfahrtspflege und kommunalen Spitzenverbände auf Landesebene: Entwurf. Freie Wohlfahrtspflege. Förderstrukturen und Erstattungsformen in der Sozial- und Jugendhilfe. Thesen. Münster, 1996
Arbeitsgemeinschaft der Verbände der freien Wohlfahrtspflege Münster: Ambulante Pflege. Informationsbroschüre. Münster, 1997
Bickeböller, Helga: Perspektiven der Sozialpolitik auf kommunaler Ebene. Statement anlässlich der Fachtagung „Zukunft des Sozialstaates", 19.05.1994, Rheinterrassen Düsseldorf. In: Ministerium für Arbeit, Gesundheit und Soziales des Landes Nordrhein-Westfalen: Zukunft des Sozialstaates. Leitideen und Perspektiven für eine Sozialpolitik der Zukunft. Duisburg: WAZ–Druck, 1994, S. 313-323
Bickeböller, Helga: Selbsthilfeförderung als Bestandteil kommunaler Sozialpolitik am Beispiel der Stadt Münster. Gekürzte Fassung eines Vortrages auf der Fachtagung „Selbsthilfe 2000" in Suhl. In: Münsteraner Informations- und Kontaktstelle für Selbsthilfe (MIKS): Kontakte. Münster, 1996, S. 22-23
Bickeböller, Helga: Bürgerorientierung im sozialen Bereich am Beispiel der Stadt Münster. Ms., 1997
Bündnis'90/Die Grünen/GAL: Nur mit uns. Für eine ökologische und soziale Stadt. Kommunalwahlprogramm. Jena, 1994
Bundesministerium für Familie, Senioren, Frauen und Jugend: Kinder- und Jugendhilfegesetz (Achtes Buch Sozialgesetzbuch). Bonn: Eigenverlag, 1995
Caritas Betriebsführungs- und Trägergesellschaft Münster mbH (CBM): Unternehmensverfassung der CBM, 1996
Caritasverband für die Stadt Münster e.V.: Wegweiser, 1996
Caritasverband für die Stadt Münster e.V.: Jahresbericht 1996, 1997
Caritasverband für die Stadt Münster e.V.: Übersicht der Aufgaben, Stand 8/97. Organigramm (unveröff.) 1997a
CDU: Wir handeln. Wahlprogramm der CDU Münster für die Kommunalwahl 1994, 1994
Corsten, Volker: „Die Szene rangelt am Fleischnapf. Freies Theater mit leeren Taschen?" In: Uni-GIG Münster, Ausgabe 13, Sommersemester '98, 1998
Der Paritätische Wohlfahrtsverband (DPWV) Kreisgruppe Münster: Gemeinsam handeln für eine soziale Gesellschaft. Jahresbericht 1996/97, 1997
Der Paritätische Wohlfahrtsverband (DPWV) Nordrhein-Westfalen: Zusammenhalt organisieren. Jahresbericht 1995-1997, 1997a
Deutsches Rotes Kreuz, Kreisverband Münster e.V.: Jahresbericht 1996, 1997
Deutsches Rotes Kreuz, Kreisverband Münster e.V.: Organigramm (unveröff.) 1998
Diakonisches Werk Münster e.V.: Kirche und Diakonie. Der Jahresbericht 1996 des Diakonischen Werkes Münster, 1997

Ernst-Abbe-Stiftung: Jahresbericht 1992-1995, 1996
Hiltruper Museum, Heimatverein Heimatfreunde Hiltrup: Vereine in Hiltrup. Münster: Landwirtschaftsverlag, 1993
KAI Kinderhauser Arbeitslosen Initiative: Selbstdarstellung. Faltblatt, 1997
Landesamt für Datenverarbeitung und Statistik Nordrhein-Westfalen: Statistische Berichte. Einrichtungen und tätige Personen in der Jugendhilfe in Nordrhein-Westfalen am 31. Dezember 1994, Teil 1 und 2. Düsseldorf, 1996
Landesamt für Datenverarbeitung und Statistik Nordrhein-Westfalen: Statistisches Jahrbuch Nordrhein-Westfalen. Düsseldorf, 1997
Landesamt für Datenverarbeitung und Statistik Nordrhein-Westfalen: Kreisstandardzahlen 1997. Düsseldorf, 1997a
Landschaftsverband Westfalen-Lippe, Landesjugendamt: Verzeichnis über Heime und sonstige Wohnformen der Jugendhilfe in Westfalen-Lippe, 2. Auflage, Stand Oktober 1997, Münster, 1997
Meinhardt, V./Schupp, Jürgen/Wagner, Günter: Über die Frauen, Studenten und Rentner, die für 610,- DM arbeiten. In: Frankfurter Rundschau vom 11.12.1997, S. 12, 1997
Münsteraner Informations- und Kontaktstelle für Selbsthilfe (MIKS): Kontakte. Die Selbsthilfezeitung der MIKS, Nr. 24, September 1996
Münsteraner Informations- und Kontaktstelle für Selbsthilfe (MIKS): Kontakte. Die Selbsthilfezeitung der MIKS, Nr. 25, Dezember 1996, 1996a
Münsteraner Informations- und Kontaktstelle für Selbsthilfe (MIKS): Kontakte. Die Selbsthilfezeitung der MIKS, Nr. 26, Juni 1997, 1997
Münstersche Zeitung: Modellprojekt der Hiltruper Gemeindediakonie: „Hilfegemeinschaft" für Pflegebedürftige, 27.1.1998
Ostthüringer Zeitung: Kulturbetrieb soll im Frühjahr 1998 starten, 23.4.1997
SPD: Mit uns für eine offene Stadt. Kommunalwahlprogramm '94, 1994
SPD-Ratsfraktion/Bündnis'90/Die Grünen/GAL: Mit uns für ein offenes, ökologisches und soziales Münster. Vereinbarung der neuen Mehrheit für die Ratsperiode 1994-99, 1994
Stadtkomitee Katholischer Verbände: Selbstdarstellung. Faltblatt, 1995
Stadt Jena: Richtlinien des Sozialamtes der Stadt Jena zur Förderung der Träger der freien Wohlfahrtspflege vom 1. Januar 1997
Stadt Jena: Haushaltsplan 1997
Stadt Münster: Sozialadressbuch, 1992
Stadt Münster: Statistischer Jahresbericht 1992, 1993
Stadt Münster: Richtlinien für die Vergabe von Zuschüssen zur Förderung von besonderen Aktivitäten, Projekten und Programmen im Bereich der örtlichen Jugendhilfe, 1993
Stadt Münster: focus. Bürgerorientierung und Bürgerkommunikation, Innovationen für Politik und Verwaltung: Reflexion des Stadtjubiläums Münster. Gespräche, Aufsätze, Vorträge, 1994
Stadt Münster: Richtlinien des Amtes für Kinder, Jugendliche und Familien der Stadt Münster zur Förderung der außerschulischen Jugendarbeit freier Träger, 2. Auflage, 1994
Stadt Münster: Ratsvorlage 1013/95 „Verwaltungsreform und Ressourcensteuerung in der Stadt Münster" plus Ergänzungsvorlage, 1995

Stadt Münster: Vergaberichtlinien für die Haushaltsstelle „Bürgerschaftliches Engagement und Information der Öffentlichkeit" (unveröff.) 1995
Stadt Münster: Wandel und Reform öffentlicher Dienstleistung. Beispiele aus dem Dezernat Schule, Kultur und Sport der Stadt Münster, 1996
Stadt Münster: Modellprojekt: Neue Verwaltungssteuerung im Dezernat V. Zwischenbericht Mai 1996
Stadt Münster: Ratsvorlage 449/97. Verwaltungsreform. Aktueller Sach- und Verfahrensstand zur Einführung des Neuen Steuerungsmodells sowie zu den weiteren Handlungsfeldern der Verwaltungsreform, 1997
Stadt Münster: Haushaltsplan 1997. Finanzplan und Investitionsprogramm 1996-2000, 1997
Stadt Münster: Unter uns führen viele Regie. Geschäftsbericht 1996 des Kulturamts der Stadt Münster, 1997
Stadt Münster: Die Selbstverwaltung der Stadt Münster. Rat – Bezirksvertretungen – Verwaltung, 1997
Stadt Münster: Statistischer Bericht 4/1996, 1997
Stadt Münster: Verzeichnis der Mitglieder der Ausschüsse des Rates und der sonstigen Gremien. Stand September 1997, 1997
Stadt Münster: Ratsvorlage 1216/97: Bericht zur Jugendförderung 1996. Öffentliche Berichtsvorlage an den Ausschuss für Kinder, Jugendliche und Familien, 1997
Stadt Münster: Beschlussvorlage an den Ausschuss für Kinder, Jugendliche und Familien 64/97, Gesamtkonzept zur Stärkung der Jugendarbeit im Stadtteil Hiltrup, 1997
Stadt Münster: Vortrag im Fachforum zum Themenkomplex Erziehungshilfen am 3.10.1997, KSD-Projektgruppe II. (unveröff.) 1997
Stadt Münster: Beschlussvorlage an den Rat 711/97. Kommunale Förderung der Erziehungsberatungsstellen auf der Grundlage von Leistungsverträgen, 1997
Stadt Münster: Verzeichnis der Stiftungen in Münster. Auflistung, 1998
Stadt Münster: Kommunale Soziale Dienste Münster. Dezernat für Soziales, Jugend, Gesundheit und Wohnen. Projektdokumentation, 1998a
Stadt Münster: Informationsbüro Pflege: Stationäre Einrichtungen für Senioren und Pflegebedürftige in Münster. Stand Januar 1998, 1998
Stadt Münster: Informationsbüro Pflege: Tagespflege. Verzeichnis der Träger. Stand April 1998, 1998
Stadt Münster: Begegnungsstätten für Senioren in Münster. Auflistung der Einrichtungen (unveröff.) 1998
Stadt Münster: Tagesbetreuung für Kinder. Broschüre, 1998
Stadt Münster: Vertrag (Muster) in Form einer Kostenübernahmevereinbarung gemäß § 93 BSHG zwischen der Stadt Münster, Sozialamt, und einem Verein (unveröff.) 1995
Stadt Münster: Vertrag (Muster) über die Erbringung von Leistungen freier Träger im Aufgabenbereich der sozialpädagogischen Familienhilfe (unveröff.) 1997
Stadt Münster: Vertrag (Muster) über die Inobhutnahme von Kindern im Alter von 0-12 Jahren (unveröff.) 1997
Stadt Münster: Zuschussbescheid (Muster) der Stadt Münster, Sozialamt, über eine Pauschalförderung an einen Verein (unveröff.) 1998
Verbund sozialtherapeutischer Einrichtungen (VSE): Selbstdarstellung, 1998

Westfälische Wilhelms-Universität Münster (WWU): UniKunstKultur. SS 1998, Heft 1, 1998
Westfälische Nachrichten: Ganz konkrete Vorstellungen entwickelt. Zukunftswerkstatt im Baugebiet Meerwiese.Trägerverein gründet sich am 26. Juni, 29.4.1998
Westfälische Nachrichten: Porträt des MHD innerhalb der Serie „Profis in Sachen Hilfe", 6.8.1998
Westfälische Nachrichten: Porträt der JUH innerhalb der Serie „Profis in Sachen Hilfe", 4.8.1998
Westfälische Nachrichten: Porträt des ASB innerhalb der Serie „Profis in Sachen Hilfe", 21.7.1998
Westfälische Nachrichten: Der Kuchen wird kleiner. Angst vor dem neuen Landesjugendplan, 23.7.1998
Westfälische Nachrichten: „Weitergereicht" wird keiner mehr. Caritas-Bezirksstellen neu strukturiert, 6.5.1998
Westfälische Nachrichten: „Sagenhafte Disziplin der Jugendlichen". Angelmodder rackern für das Junker-Jörg-Jugendheim, 2.1.1998
Westfälische Nachrichten: Katzenjammer in Kindergärten?, 19.9.1997

Neu im Programm Politikwissenschaft

Wilfried von Bredow
Die Außenpolitik der Bundesrepublik Deutschland
Eine Einführung
2006. 297 S. (Studienbücher Außenpolitik und Internationale Beziehungen)
Br. EUR 17,90
ISBN 3-531-13618-6

Dieses Studienbuch gibt eine systematische und umfassende politikwissenschaftliche Einführung in alle wichtigen Aspekte der deutschen Außenpolitik.

Gunther Hellmann
Deutsche Außenpolitik
Eine Einführung
Unter Mitarbeit von Rainer Bauman und Wolfgang Wagner
2006. 260 S. (Grundwissen Politik 39)
Br. EUR 21,90
ISBN 3-531-14906-7

Im Zentrum dieses Lehrbuchs steht die Analyse deutscher Außenpolitik. Der Schwerpunkt liegt auf einer problemorientierten Einführung anhand gängiger theoretischer und methodischer Instrumentarien, wie sie in der Außenpolitikanalyse zumeist zur Anwendung kommen. Die Leserinnen und Leser sollen mit unterschiedlichen Herangehensweisen vertraut gemacht werden, damit sie die Zusammenhänge zwischen theoretischen Perspektiven und entsprechenden Forschungsmethoden auf der einen Seite und konkreten Gegenständen der empirischen Analyse deutscher Außenpolitik auf der anderen Seite besser verstehen und dabei sowohl die Chancen wie auch die Grenzen der jeweiligen Perspektiven erkennen lernen.

Manfred G. Schmidt
Sozialpolitik in Deutschland
Historische Entwicklung und internationaler Vergleich
3., vollst. überarb. und erw. Aufl. 2005.
330 S. (Grundwissen Politik 2)
Br. EUR 21,90
ISBN 3-531-14880-X

In diesem Buch wird die Politik der sozialen Sicherung in Deutschland vom 19. Jh. bis in das Jahr 2005 analysiert und mit der Entwicklung der Sozialpolitik in anderen Staaten verglichen. Entstehung und Ausbau der sozialen Sicherung, ihre Antriebskräfte und ihre Auswirkungen auf die Politik, die Wirtschaft und die Gesellschaft sind die Hauptgegenstände dieses Buches. Es basiert auf dem neuesten Stand der historischen und der international vergleichenden Sozialpolitikforschung. Es ist als Einführung in die Sozialpolitik gedacht und zugleich als problemorientierte Hinführung zur entwicklungsgeschichtlich und international vergleichenden Analyse von Innenpolitik.

Erhältlich im Buchhandel oder beim Verlag.
Änderungen vorbehalten. Stand: Januar 2006.

www.vs-verlag.de

VS VERLAG FÜR SOZIALWISSENSCHAFTEN

Abraham-Lincoln-Straße 46
65189 Wiesbaden
Tel. 0611.7878-722
Fax 0611.7878-400

Neu im Programm Politikwissenschaft

Maria Behrens (Hrsg.)
Globalisierung als politische Herausforderung
Global Governance zwischen Utopie und Realität
2005. 359 S. (Governance Bd. 3)
Br. EUR 32,90
ISBN 3-8100-3561-0

Der Band setzt sich kritisch mit dem Konzept der Global Governance auseinander. Ausgehend von dem Problem einer scheinbar unkontrollierten Globalisierung gehen die AutorInnen der Frage nach, ob und wie die politische Handlungsfähigkeit im internationalen System durch multilaterale Koordinationsmechanismen zurückgewonnen werden kann. Damit liefert der Band eine umfassende Einführung in das Thema und ermöglicht ein tieferes Verständnis von Global Governance.

Ludger Helms
Regierungsorganisation und politische Führung in Deutschland
2005. 237 S. mit 8 Tab. (Grundwissen Politik 38) Geb. EUR 19,90
ISBN 3-531-14789-7

Der Band bietet eine politikwissenschaftliche Gesamtdarstellung der Bedingungen und Charakteristika der Regierungsorganisation und politischen Führung durch Kanzler und Bundesregierung in der Bundesrepublik Deutschland. Im Zentrum der Studie steht eine vergleichende Analyse der politischen Ressourcen und Führungsstile deutscher Kanzler seit Konrad Adenauer. Diese werden auf zwei Ebenen – innerhalb des engeren Bereichs der Regierung und auf der Ebene des politischen Systems – betrachtet. Historische Rückblicke und ein internationaler Vergleich runden die Studie ab.

Richard Saage
Demokratietheorien
Historischer Prozess – Theoretische Entwicklung – Soziotechnische Bedingungen. Eine Einführung
2005. 325 S. mit 3 Abb. (Grundwissen Politik 37) Br. EUR 24,90
ISBN 3-531-14722-6

Dieser Band stellt die Entwicklung der Demokratie und der Demokratietheorien von der Antike bis zur Gegenwart dar. Er erläutert die Veränderungen des Demokratiebegriffs und der wissenschaftlichen Diskussion über die Herrschaftsform und erklärt den Übergang von der alten, auf die Selbstbestimmung des Volkes abzielenden (direkten) Demokratie zur reduzierten Demokratie als Methode der Generierung staatlicher Normen und effizienter Elitenrekrutierung, wie sie sich in der Folge von Kontroversen und politischen Kämpfen herausgebildet hat

Erhältlich im Buchhandel oder beim Verlag.
Änderungen vorbehalten. Stand: Januar 2006.

www.vs-verlag.de

VS VERLAG FÜR SOZIALWISSENSCHAFTEN

Abraham-Lincoln-Straße 46
65189 Wiesbaden
Tel. 0611.7878-722
Fax 0611.7878-400

Printed by Printforce, the Netherlands